II
HO
朝日選書
1039

道長ものがたり

「我が世の望月」とは何だったのか――

山本淳子

朝日新聞出版

はじめに

平安時代を代表する権力者・藤原道長《ふじわらのみちなが》の心を探る――。本書はそれを目指しました。道長は十世紀から十一世紀にかけての摂関《せっかん》政治の時代に貴族として頂点を極めた人物であり、彼の政治のあり方については、歴史学の視点から様々な議論がなされています。一方、一人の人間としての道長については、特に人の心を注視する文学研究者の視点からそれが論ぜられることは、比較的少なかったように思います。

しかし、例えば現在、道長を象徴するものとしてしばしば引き合いに出されるのは、次の和歌でしょう。

此《こ》の世をば　我が世とぞ思ふ　望月《もちづき》の　欠けたる事も　無しと思へば

（『小右記《しょうゆうき》』寛仁《かんにん》二〈一〇一八〉年十月十六日）

この和歌を、「この世は私のものだと思うぞ。満月の欠けたところもないと思うと」と読んで権力を独占した喜びを詠むものとする理解は、少なくとも和歌の解釈としては正しくありません。これは道長の遺《のこ》した貴重な生の言葉ですが、彼は和歌という文学の形式に託して思いを詠んだのですから、和歌の型にしたがって読み解いてこそ彼の心を理解できるのです。道長がこの一首に込めた真の意味は、どうぞ本書を読んで確認してください。

もちろん、彼の人生を辿《たど》るにあたり最も重要な手がかりとしたのは、歴史資料です。道長には『御堂《みどう》関白記《かんぱくき》』という日記があり、ありがたいことに一部は自筆本が伝えられてもいて、史実とそれに対する彼のリアルタイムでの関わりを伝えてくれています。同時に、『御堂関白記』には必ずしも出来事を網羅的に記さないという特徴があり、他の貴族日記と照合することで、彼が何を書きとめたいと思い、何については触れたくないと思ったかも推測させてくれます。他の貴族日記とは、道長より九歳年長で藤原嫡流《ちゃくりゅう》の誇りも高い実資《さねすけ》の記した『小右記』と、一条《いちじょう》天皇の側近ながら道長の意をも汲《く》んだ働き者・藤原行成《ゆきなり》の『権記《ごんき》』が主なもので、それぞれの記主《きしゅ》である実資と行成の政治的立場や性格を反映し、その時その場面の道長を照らし出してくれています。

その一方で文学資料も重要で、特に心情を知るための一次資料として見落とせないのが和歌です。和歌は詠み手の思いをのせて相手に伝えるコミュニケーションツールでもあり、原典の詞書《ことばがき》などにより状況の明らかな場合には、当事者の証言として扱うことができます。ただ「この世をば」の和歌のように、掛詞《かけことば》などの修辞法《しゅうじほう》のほか、見立てや寓意《ぐうい》などの手法が用いられていることがあり、精密な読解が必要です。

また、別の立場からの証言として欠かせないのが、清少納言《せいしょうなごん》の随筆集『枕草子《まくらのそうし》』の日記的章段（回顧録）と、紫式部《むらさきしきぶ》の書き残した職場実録『紫式部日記』です。道長は若い頃に一時期、清少納言が仕えた中宮定子《ちゅうぐうていし》の事務方長官である中宮大夫《ちゅうぐうのだいぶ》を務めており、清少納言は特別な思いで彼を注視していました。また紫式部は、よく知られるように道長の娘である中宮彰子《しょうし》に仕え、『源氏物語《げんじものがたり》』を書きながら、彰子の初産の記録として『紫式部日記』を記しました。この時に敦成親王《あつひらしんのう》（のちの後一条《ごいちじょう》天皇）が生まれたことが道長の運命を決めました。紫式部は彰子の傍《そば》に控えて道長の満悦の姿に目を凝らしています。彼女にはまた、清少納言とは違った、道長への特別な思いがありました。

　さらに、時代が道長をどう見ていたかを知るうえで欠かせないのが歴史物語の『栄花物語《えいがものがたり》』と『大《おお》鏡《かがみ》』です。『栄花物語』の特に正編三十巻は、道長の死後まもなく成立したものと考えられますが、その形式は〈ものがたり〉であり、どんな史実を取り上げてどのように「語り伝える」のか、はっきりとした意図と方法をもって「創作」されています。『栄花物語』の「栄華《えいが》」とは道長の栄華であり、それを語るためには時に「事実」を超えることすらありますが、むしろそれこそが『栄花物語』の姿勢を鮮明にするものです。『大鏡』は院政《いんせい》期に成立したと考えられ、その時代から過去を振り返って、道長を摂関期と院政期とを貫く骨太の存在ととらえています。その他、道長は多くの説話に登場しており、事実性はさておき、やはり後代の道長観を反映していて侮《あなど》れません。

　道長は、一家の末子でした。最初から専制権力者の座を約束されてはおらず、青年期は若造らしい猪《ちょ》口才《こざい》さが目立ちます。三十歳で思いがけなく公卿《くぎょう》中第一位の地位に就いてからは、父祖の到った「外《がい》祖父摂政《そふせっしょう》」――娘が天皇との間に産んだ孫を幼帝に立て、その全権を代行する職――という高みを目指して、必死で走り続けました。結果、五十一歳でめでたく摂政職を得ると、一年で息子に禅譲《ぜんじょう》し表向きは引退しながらも、「大殿《おおとの》」と呼ばれ歴史上未曽有の権力を保ちました。別荘も含め幾つもの豪邸を平安京内外に構え、華やかな行事を催し、栄華を極めました。

そんな生涯を通じて彼とともにあったのが、一つには〈幸《さいは》ひ〉と呼ばれた天運、そしてもう一つには〈恐怖〉でした。『大鏡』が、道長が三十歳で実権を握った折の経緯につき「物心ついて以来こんなことはなかった」と語り手である百九十歳の翁《おきな》・大宅世次《おおやけのよつぎ》に舌を巻かせているように、事実として道長の行く先にはあり得ないことが次々と起こり、まるで天が彼の前に道を開けてくれるかのようでした。しかしそれは、具体的には長兄・道隆《みちたか》と次兄・道兼《みちかね》の立て続けの死であったり、道隆の息子たちの暴力事件による自滅であったりと、要するに他人の不幸でした。道長の栄光への道は、死者や敗北者を踏み台にしての道だったのです。そのため道長は、兄たちが怨霊《おんりょう》となって祟《たた》ることを真剣に恐怖し続け、政権奪取以降は幾度となく病に伏しました。病床の彼は怨霊に取り憑《つ》かれることもしばしばでした。それを非科学的と嗤《わら》っては、彼の心を覗《のぞ》くことができません。平安人にはそれこそが科学だったのです。『大鏡』は兄たちの死を道長の運に圧倒されたせいだとしており、稀有《けう》の〈光〉に恵まれた彼はそれゆえに他者を死なせる〈闇〉を引き受ける運命にあったと考えています。

ただ、彼の人生にも人の不幸にあたらない〈幸ひ〉をもたらしてくれた存在がいました。次々と子供を産んでともに歩んだ妻の源 倫子《みなもとのりんし》、一条天皇に嫁いで忍苦の末に皇子《おうじ》を産んだ娘の彰子ら、家族たちです。道長の心は家族に支えられていたのです。

道長はどんな思いで生き、そして死んでいったのでしょうか。人々は彼をどのように見ていたのでしょうか。それは巨大な権力者の〈ものがたり〉であると同時に、ささやかな一人の人間の心の〈ものがたり〉でもあります。どうぞ彼の〈ものがたり〉に耳を傾けてください。

目次

道長ものがたり

「我が世の望月」とは何だったのか——

【第十二章】「我が世の望月」……240

【第十三章】雲隠れ……263

〈巻末〉

図表すべて上泉 隆

道長ものがたり

「我が世の望月」とは何だったのか――

山本淳子

第一章

超常的「幸ひ」の人・道長

カリスマ四天王

藤原道長《ふじわらのみちなが》の〈ものがたり〉を始めるにあたり、鎌倉時代、まことしやかに伝えられていた一つの説話から話を起こしたいと思う。

ある時、御堂関白《みどうかんぱく》道長は物忌《ものい》みに際し、殿中《でんちゅう》に四人の特殊技能者を侍《はべ》らせていた。四人とは、僧正《そうじょう》観修《かんしゅ》、陰陽師《おんようじ》安倍晴明《あべのせいめい》、医師《くすし》丹波忠明《たんばのただあき》、そして武士 源 義家《みなもとのよしいえ》である。

御堂関白殿御物忌《おんものいみ》に、解脱寺《げだつじ》の僧正《そうじやう》観修・陰陽師晴明・医師忠明・武士義家朝臣参籠《さんろう》して侍りけるに、五月一日、南都《なんと》より早瓜《はやうり》を奉《たてまつ》りたりけるに、「御物忌の中に取り入れられん事いかがあるべき」とて、晴明にうらなはせられければ、晴明うらなひて、一つの瓜に毒気候《さぶら》ふよしを申して、一つをとり出《いだ》したり。

（御堂関白・藤原道長様が、星巡りが悪い日で家にこもっていた時のことだ。供には解脱寺の僧正の観修、陰陽師の安倍晴明、医師の丹波忠明、武士の源義家が、道長様の邸《やしき》にこもっていた。折しも五月一日のことで、奈良から早採れの瓜《うり》が献上されたが「星巡りの悪い日に外部から家の中に物を入れるのはいかがなものか」との心配があったので、道長様は晴明に占わせなさった。すると晴明は占って、瓜の一つに毒気があると言い、幾《いく》つもの瓜の中から一つを取り出した）

（『古今著聞集《ここんちょもんじゅう》』巻七　術道「陰陽師晴明、早瓜に毒気あるを占ふ事」）

物忌みとは、陰陽道で邪気の襲撃を受けやすい期間を言う。占いで物忌みとされた人は、特別な札《ふだ》を御簾《みす》に掛けたり、門を固く閉じたりして、外部から〈邪〉が入り込むことを防いだ。この時は道長が物忌みのため、自邸に引きこもったわけである。そこへ奈良より早生瓜《わせ》が献上され、道長は邪気の侵入を恐れた。そこで待機していた四人の出番となる。果たして晴明は、邪の存在を指摘した。多くの瓜の中から一つを特定し、それに毒気があるという。このように、要人警護にあたり最初期段階で、吉凶、邪の有無、邪の居所《いどころ》の特定を行うのが陰陽師であった。

「加持《かぢ》せられれば、毒気あらはれ侍るべし」と申しければ、僧正に仰《おほ》せて加持せらるるに、しばし念《ねん》誦《じゅ》の間に、その瓜はたらき動きけり。その時、忠明に毒気治すべきよし仰せられければ、瓜をとりまはしとりまはし見て、二《ふた》ところに針をたててけり。その後、瓜はたらかずなりにけり。義家に仰せて瓜をわらせられければ、腰刀《こしがたな》をぬきてわりたれば、中に小蛇《こへび》わだかまりてありけり。針は蛇の左右の眼《まなこ》に立ちたりけり。義家なにとなく中をわると見えつれども、蛇の頸《くび》を切りたりけり。

（「僧正に加持《かじ》をおさせになれば、毒気が出現するでしょう」と晴明が言うので、道長殿は僧正の観修に加持を命ぜられた。すると僧正がしばらく経文《きょうもん》を唱える間に、その瓜が動き出したではないか。即座に道長様は、医師の丹波忠明に「毒気を治せ」と仰《おお》せになった。忠明は瓜を手に取りあちらへ回したりこちらへ回したりして見て、二カ所に針を立てた。すると瓜は動かなくなった。次いで武士の源義家に命じて、瓜を割らせた。義家が腰刀を抜いて割ると、中に小蛇がとぐろを巻いていた。忠明の針は蛇の左右の目に突き刺さっていた。また義家も、何気《なにげ》なく中心を割っただけのように見えて、刀はすぱっと蛇の首を切り落としていた）

（同前）

先に陰陽師が毒気を占定《うらさだめ》した瓜から僧は加持祈禱《きとう》で邪をおびきだし、いわば「見える化」する。医師は医術で邪の作用を止める。そして武士が、邪の息の根を止める。四人はそれぞれに仕事を果たした。

名を得たる人々の振舞《ふるまひ》、かくのごとし。ゆゆしかりける事なり。

（高名な人々の技とはこうしたものだ。実に神業《かみわざ》といってよかろう）

（同前）

説話はこう語り、四人の技術の正確さを讃《たた》えている。

だが、多くの説話がそうであるように、これは実話ではない。なぜならば、この四人はそれぞれ活躍した年代が異なり、道長の護衛のために一堂に会することは不可能だからである。安倍晴明（九二一〜一〇〇五）と観修（九四五〜一〇〇八）は、いずれも実際に道長の信頼を得て占いや加持祈禱を行っており、時期も重なる。しかし丹波忠明（九九〇〜？）は朝廷の侍医《じい》になったのが寛仁《かんにん》三（一〇一九）年で、二人の存命中にはまだ十代の若さだった。ましてや八幡太郎《はちまんたろう》と呼ばれた武家の棟梁《とうりょう》・源義家（一〇三九〜一一〇六）は、道長没後の生まれである。要するに彼らは、占術・加持祈禱・医術・武術という特殊技能の伝説的専門家として、そのカリスマ性ゆえにここに集められた、言わば幻の要人警護〈四天王〉なのである。

では、護衛される側の道長はどうか。彼もまた平安貴族を代表するカリスマ政治家として登場していることには、誰も異論はないだろう。だが、その「カリスマ性」つまり超人的資質とは、彼の場合何を指すのだろうか。

実は、彼は政治家として論ぜられる以前に、異様なほど〈運〉に恵まれた人物だった。それはまさに、ものの喩《たと》えではあっても、四天王に守護されていたとでも言いたくなるほどなのである。

超常的「幸ひ」の人・道長

光源氏《ひかるげんじ》のモデルの一人などとして優雅なイメージを持つ道長だが、彼の栄華《えいが》への道は周囲の人々の相次ぐ死と失脚によって開かれたものだった。

【道長　栄華への道】

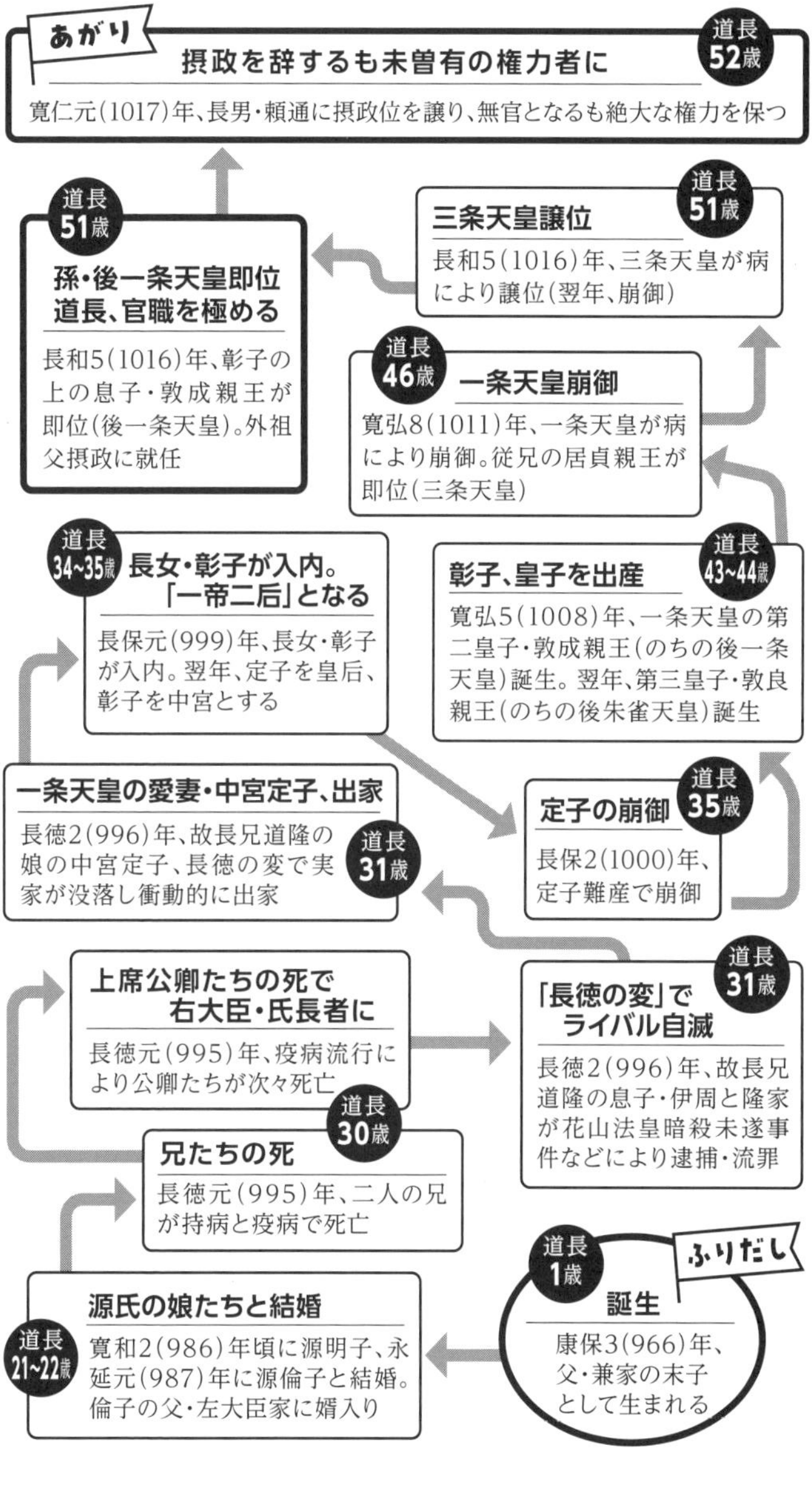
ふりだし
道長 1歳
誕生
康保3(966)年、父・兼家の末子として生まれる
道長 21~22歳
源氏の娘たちと結婚
寛和2(986)年頃に源明子、永延元(987)年に源倫子と結婚。倫子の父・左大臣家に婿入り
道長 30歳
兄たちの死
長徳元(995)年、二人の兄が持病と疫病で死亡
上席公卿たちの死で右大臣・氏長者に
長徳元(995)年、疫病流行により公卿たちが次々死亡
道長 31歳
「長徳の変」でライバル自滅
長徳2(996)年、故長兄道隆の息子・伊周と隆家が花山法皇暗殺未遂事件などにより逮捕・流罪
道長 31歳
一条天皇の愛妻・中宮定子、出家
長徳2(996)年、故長兄道隆の娘の中宮定子、長徳の変で実家が没落し衝動的に出家
道長 34~35歳
長女・彰子が入内。「一帝二后」となる
長保元(999)年、長女・彰子が入内。翌年、定子を皇后、彰子を中宮とする
道長 35歳
定子の崩御
長保2(1000)年、定子難産で崩御
道長 43~44歳
彰子、皇子を出産
寛弘5(1008)年、一条天皇の第二皇子・敦成親王(のちの後一条天皇)誕生。翌年、第三皇子・敦良親王(のちの後朱雀天皇)誕生
道長 46歳
一条天皇崩御
寛弘8(1011)年、一条天皇が病により崩御。従兄の居貞親王が即位(三条天皇)
道長 51歳
三条天皇譲位
長和5(1016)年、三条天皇が病により譲位(翌年、崩御)
道長 51歳
孫・後一条天皇即位
道長、官職を極める
長和5(1016)年、彰子の上の息子・敦成親王が即位(後一条天皇)。外祖父摂政に就任
あがり
道長 52歳
摂政を辞するも未曽有の権力者に
寛仁元(1017)年、長男・頼通に摂政位を譲り、無官となるも絶大な権力を保つ

もとより、権力者・藤原兼家《かねいえ》の息子として生まれたとはいえ末子だった道長の前には、同腹の長兄・道隆《みちたか》と次兄・道兼《みちかね》という壁が立ちはだかっていた。ところが道長が三十歳で公卿《くぎょう》（閣僚級の上級貴族）の中堅にあった時、二人は相次いで病死。同時に他の上席公卿たちも流行の疫病で死亡し、権力の座は一気に道長の手中に転がりこんだ。ライバルとして対峙《たいじ》した甥《おい》の藤原伊周《これちか》は、翌年自ら罪を犯してあっけなく自滅、やがて政界復帰の兆しをみせたものの、結局は若くして死んだ。伊周の妹で一条《いちじょう》天皇（九八〇〜一〇一一）の寵愛《ちょうあい》を独占した中宮定子《ちゅうぐうていし》は、兄の事件で自ら出家し没落、その後后《きさき》に復活を遂げるも、難産のため二十四歳の若さで崩御《ほうぎょ》した。一条天皇も、道長の娘・彰子《しょうし》との間に二皇子《おうじ》を生《な》し、道長が天皇の退位を願い始めたまさにそのタイミングで、三十二歳で崩御した。一条天皇の後に即位し事あるごとに道長と対立した三条《さんじょう》天皇（九七六〜一〇一七）は、わずか五年で病を受け退位、翌年崩御した。道長が長女・彰子の産んだ外孫・後一条《ごいちじょう》天皇（一〇〇八〜三六）のもとで摂政《せっしょう》の座に就き、権力の頂点を極めたのは、この時である。なお「御堂関白」と呼ばれる道長だが、関白職に就いたことはない。一条天皇の時代には、本来関白が務める「内覧《ないらん》」の業務を担当し、事実として関白同然ではあったのだろう、『大鏡《おおかがみ》』はその時に彼が三十歳で「関白」となったと記している。しかし、正式な官職であるのはこの摂政のほうである。

さて道長自身は、生活習慣病の持病があり何度も病臥《びょうが》したものの、六十二歳まで生き延びた。二人の妻もそれぞれ享年が九十、八十五という長寿のうえ、彼の子を六人ずつ産んだ。最初に生まれた娘・彰子は、上の息子が後一条天皇として即位、下の息子はそのもとで春宮《とうぐう》（皇太子）となり、天皇と春宮を擁する「天下第一の母」(『大鏡』「道長」)として、道長と共に国を支えた。彰子の弟・頼通《よりみち》はそつがなく、道長の後見のもと若くして摂政・関白の座に就き、長期安定政権を築いた。道長はこの息子に摂政を譲り、自分は公的に無官となりながら、実権を握り続けた。こうした権力のあり方は、過去には無かった。道長の死後のことだが、彰子は八十七歳、頼通は八十三歳と破格の齢《よわい》を全うした。短命だった敵対者たちとの差は歴然である。

道長の強運は、戦慄《せんりつ》を覚えさせるほどである。平安時代の言葉では、強運を「幸ひ《さいはひ》」と呼ぶ。例えば富、権力、結婚、家族、長寿。道長はそのすべてを手に入れた、まさに超常的な「幸ひ」の人であった。そして、そうした見方の一端を反映したのが鎌倉時代の『古今著聞集』だったと考えるのである。

似た例は、幾つも見いだせる。例えば道長の死後百年を経ずして院政《いんせい》期に成立した歴史物語『大鏡』は、道長が若い頃から負けず嫌いで、道長兄弟にとって又従兄弟《またいとこ》にあたる藤原公任《きんとう》が何事にも優れていることを父(兼家)がほめ「うちの子たちはそれとはほど遠い、影法師《かげぼうし》も踏めないな」と嘆いた時、「影など踏みません、面《つら》を踏んでやりますよ」と血気盛んなことを言ったと記す。また道長が豪胆で、兄たちと内裏《だいり》で肝試しをした時、おびえる兄たちに対し彼は平然として目的地に行ってのけたという逸話を載せる。これらはすべて、道長の成功を受けた後付けの伝説にほかならない。少なくとも、逸話の内容がそのまま事実なのではない。『大鏡』が成立した院政期という時代においてまことしやかにこうした武勇伝が囁《ささや》かれるほど、道長が骨太の実力者と見られ崇敬されていたということが事実なのである。見過ごせないのは、兄たちの生前、ある人相占いが道長の顔を見て「毘沙門《びしやもん》の生本《いきほん》(生きた見本)」と讃えたと記すくだりである（以上「道長」）。『大鏡』は道長を神秘化したがっている。

いや、それは既に同じ歴史物語の『栄花物語《えいがものがたり》』において始まっていた。その正編三十巻は万寿《まんじゅ》四（一〇二七）年の彼の死後まもなく成立したとされるが、道長が出家した頃、長谷寺《はせでら》の僧が「道長は弘法大師《こうぼうだいし》の生まれ変わりである」という夢の告げを得たとか、また聖徳太子《しょうとくたいし》の日記に道長が太子の生まれ変わりだとほのめかされているとかいった巷説《こうせつ》を記している（巻十五）。道長の栄華に息をのみ、そこに神がかり的なものを感じる目は、既に彼の生前からあった可能性がある。

当然ながら、道長は生身の人間だった。にもかかわらず、彼は生きながらにしてカリスマ化された。道長とは一体どのような人物だったのだろうか。

父からの学び、姉からの信頼

藤原道長は、康保《こうほう》三（九六六）年、のちに摂政となった剛腕政治家・藤原兼家の五男として産声をあげた。母は受領《ずりょう》・藤原仲正《なかまさ》の娘の時姫《ときひめ》。同母のきょうだいに長兄の道隆、次兄の道兼、長姉の超子《ちょうし》、次姉の詮子《せんし》がいた【系図1】。

兼家は艶福家《えんぷくか》で、外には『蜻蛉日記《かげろうにっき》』作者を母に持つ道綱《みちつな》など、異腹の子供たちが何人もいた。兼家はまた権力欲が人一倍強く、二人の兄がいながら頂点に立つ意欲をあらわにした。まだ公卿にもならない身で娘の超子を冷泉《れいぜい》天皇（九五〇〜一〇一一）に入内《じゅだい》させたのは、道長が物心もつかない三歳の年である。当時の上級貴族たちは、皆こうして一家の娘や妹を天皇に入内させ、皇子が生まれることを渇望

【系図1】道長の親・きょうだい

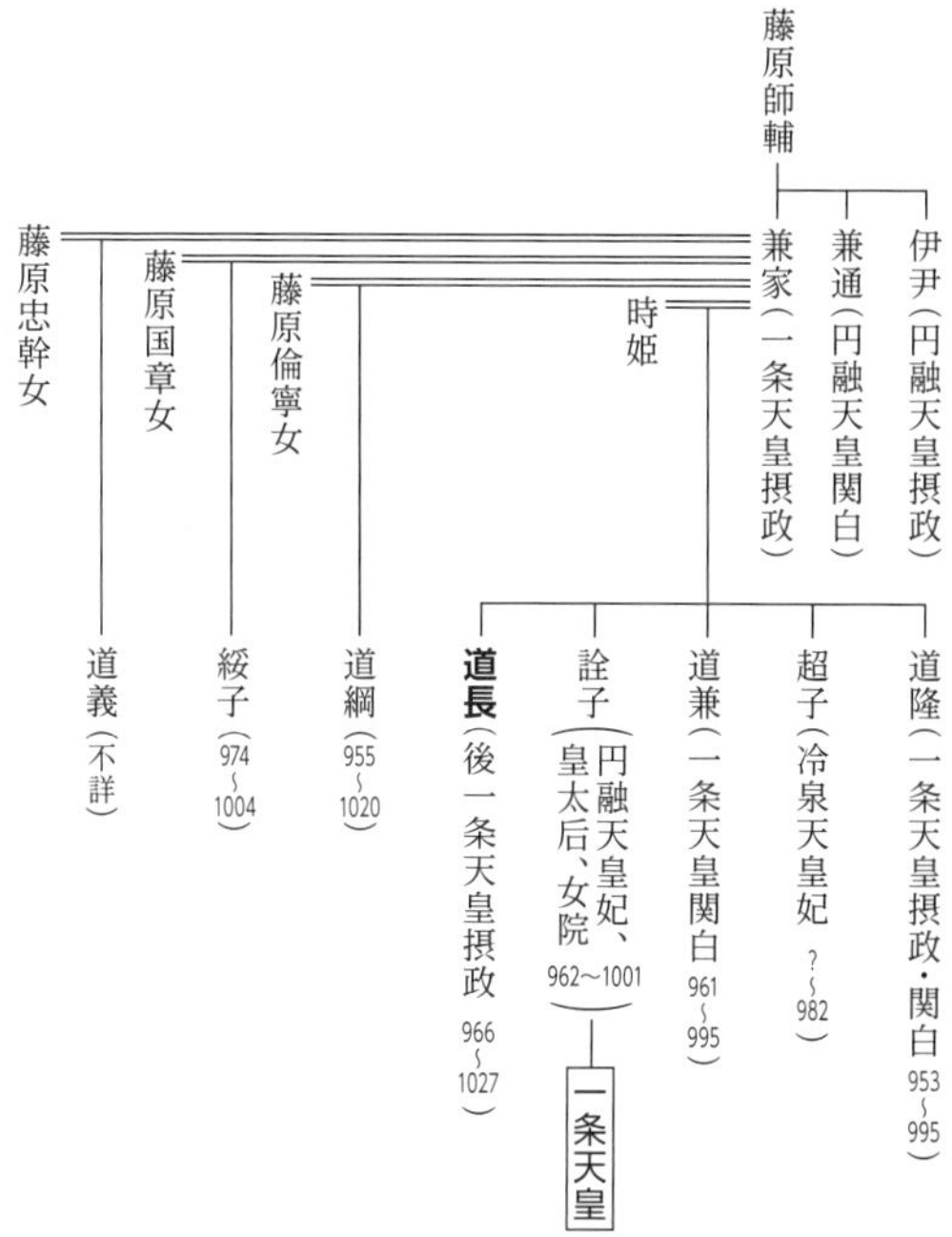

した。自分と血の近いその皇子をあわよくば天皇に立て、外戚《がいせき》として権力を握ることを夢見たのである。

さて、『栄花物語』（巻三）は、道隆、道兼、道長の三兄弟を並べて紹介している。道長より十三歳年長の長兄・道隆は「御かたちも心もいとなまめかしう、御心ざまいとうるはしうおはす（お顔立ちも性格も実に優雅で、ご気性はきちんとしていらっしゃる）」としつつ、女性に関しては「よろづにたはれ給ひける（誰彼《だれかれ》構わぬ浮気性）」だったという。おそらく、女好きは父を見習ったのだろう。彼の子と言われる公達《きんだち》があまたいたというが、そこには父と同じく子女らを武器として一門を固めようとする意図があったと考えられる。

一方、道長と五歳違いの次兄・道兼は「御顔色悪《あ》しう、毛深く、ことのほかに醜《みにく》くおはする」だったという。また、年の割にひねた性格で勇ましかったとも記す。優雅で端正な兄との個性の違いが際立つ。さらには、道兼は妙に恐ろしい気配を漂わせて底意地が悪く、常に兄の道隆に意見していたという。『栄花物語』は批判的だが、おそらく彼は彼で父を見習い、自分なりの考えを持ち、ことあらば兄を追い落としたいという野心を抱いていたのかもしれない。

そして道長を、『栄花物語』は次のように紹介する。


五郎君《ごろうぎみ》、三位中将《さむゐのちゆうじやう》にて、御かたちよりはじめ、御心ざまなど、兄君たちをいかに見奉《みたてまつ》り思《おぼ》すにかあらん、ひきたがへ、さまざまいみじうらうらうじう雄々《をを》しう、道心もおはし、わが御方に心よせある人などを、心ことに思し顧《かへり》み、はぐくませ給へり。御心ざますべてなべてならず、あべき限りの御心ざまなり。

（兼家様の五男の君〈道長〉はいま三位《さんみ》の中将《ちゅうじょう》で、見た目を始めご気性など、兄君たちをどのようにご覧になっているのか、お二人とは正反対で、何かと素晴らしく利発で勇ましく、信心《しんじん》深く、自分に味方してくれる人々に特別に目をかけて可愛がり、世話されている。ご気性は何から何まで並外れ、望みうる最高のご気性である）

（『栄花物語』巻三）

道長を五男と呼ぶのは、道綱など異腹も含めた数え方である。『栄花物語』正編の作者は道長の妻・倫子《りんし》や娘・彰子に仕えた女房《にょうぼう》、赤染衛門《あかぞめえもん》が擬せられるように、道長やその一家に近侍《きんじ》した人物とおぼしい。それはこの〈物語〉の主人公を最上級の礼賛でもって登場させていることからも推測されるが、注目したいのは、道長が兄たちを観察して、あえて彼らとは違った自分を志したと言っていることである。また道長は人との絆《きずな》を大切にしたとあり、この頃から独自の人脈づくりを考えていたようだ。これが事実であったことは、間もなく、彼の伴侶選びで明らかになるところだ。

以後の道長の歩みを見れば、兄たちが見習った父を彼も手本としたことがわかる。しかも、兄たちよりもずっと自然に、迷わず父の生き方を真似《まね》た。兄やライバルがいて先が読めなくても諦めないしぶとさや、いざとなれば驚くべき行動に出る実行力、身内に容赦《ようしゃ》しない冷酷さも、父と道長は共通する。

思えば道長が十五歳で元服《げんぷく》した時、父・兼家は既に五十二歳、右大臣《うだいじん》で政界第三位の地位にあった。彼は長年かけて頂点を狙い続け、あと一息で辿《たど》り着く自信を持っていた。思春期の道長は、そんな父と暮らしつつ自己形成することができた。また、既に他家の婿《むこ》となって家を出た兄たちの生き様をじっくり観察することもできた。道長にとって、末子であることは不運ではなかったのである。

もう一つ、実家暮らしの道長にとって大きかったのが、姉・詮子とその息子・懐仁親王《やすひとしんのう》、つまりのちの一条天皇の存在だろう。詮子は円融《えんゆう》天皇（九五九〜九一）に入内し、天皇の一人子である皇子を産んだ。だが天皇が彼女以外の女御《にょうご》を正妻の中宮に立てたため心傷つき、息子を連れて実家に戻ると、夫が退位するまで内裏に帰らなかった。道長が十七歳から十九歳、姉の詮子は二十一歳から二十三歳、のちに一条天皇となる甥が三歳から五歳までの二年半、彼らは共に暮らす家族だったのである。

推測するに、詮子にとってこの時、道長は夫以上に信頼できる生涯の身内となった。兄たちは家を出ていたし、それぞれの思惑も持っていて気が許せない。しかし道長はまだ若く、安心して愚痴《ぐち》がこぼせたからだ。この姉との強固な関係が、やがて道長の運を拓《ひら》くことになる。『栄花物語』（巻三）は、彼女が道長を「わが御子《みこ》」と呼び、万事特に目をかけて可愛がったと記している。

源氏の女

その時は、意外に早くやって来た。

寛和《かんな》二（九八六）年六月、時代が大きく動いて一条天皇が七歳の幼さで即位、兼家が念願の摂政に就任した、ちょうどその頃のことである。詮子はある女性を引き取った。かつて左大臣《さだいじん》の要職にありながら、安和《あんな》二（九六九）年、「安和の変」で失脚した源高明《たかあきら》の娘・明子《めいし》である。『栄花物語』によれば、明子は父が九州の大宰府《だざいふ》に流罪《るざい》となったのち叔父の盛明《もりあきら》親王の養女となり、姫宮としてかしずかれて育った。だがその親王も亡くなり、詮子のもとに引き取られた。母の愛宮《あいみや》が兼家の異母妹で、明子と詮子とは従姉妹《いとこ》同士だったからである【系図2】。ところでこの明子を言う「姫宮」や明子の母「愛宮」の「宮《みや》」とは何か。それは皇族の一員ということである。明子の父・高明は醍醐《だいご》天皇（八八五〜九三〇）の子、つまり明子は天皇の孫で、歴代公卿一覧の『公卿補任《くぎょうぶにん》』には「明子女王《にょおう》」と記されている。

明子の母・愛宮は、父は藤原師輔《もろすけ》だが母親は皇女《おうじょ》の雅子内親王《がしないしんのう》で、やはり天皇の孫にあたる。皇族であることは、この時代、圧倒的な貴種《きしゅ》性を意味した。

　藤原氏の男性は、決して「宮」にはなれない。だが、藤原氏の女性にはその可能性があった。それが、天皇に入内して正妻となること、あるいは息子を即位させて国の母となることである。

　歴史学では、天皇と婚姻関係にある女性の総称として「キサキ」という語を用いる。キサキには「女御」や「更衣《こうい》」など様々な称号がある。これらは「妃」の字をあてられ、もちろん天皇の妻だが、言わば側室である。天皇の正妻は原則としてただ一人で、「中宮」または「皇后《こうごう》」の称号を与えられる。この原則はやがて破られ、正妻は中宮と皇后の二人体制となるのだが、ともあれこれが「后」の字をあてられる正妻であり、「后」となった妻だけが皇族となって「宮」の地位を獲得するのである。ただ、夫

【系図2】 詮子と明子

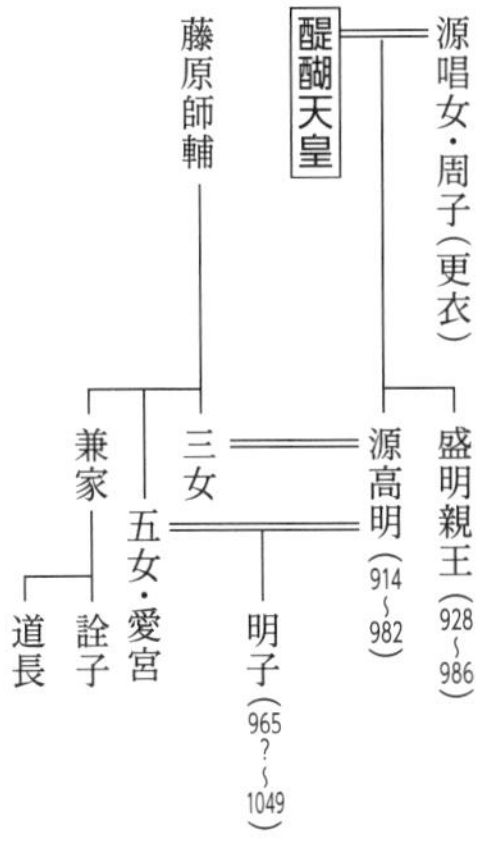

である天皇の正妻になれなくても、息子が天皇になれば、その母として皇族の地位を獲得することはできる。その場合は「皇后」の上の地位である「皇太后《こうたいごう》」になるのであり、詮子がまさにそれであった。
　詮子はこの寛和二年七月、一条天皇の母として皇太后の座に就き「宮」と呼ばれるようになった。詮子の夫・円融天皇は、彼女を「宮」にしてはくれなかった。だが息子の即位で、通常は皇后経験者が得る皇太后の称号を受け、彼女はようやく宮となったのだった。

明子は引き取られると詮子から「宮《みや》の御方《おんかた》」と呼ばれた。この「宮」は、明子自身のことである。明子は不運な人生を送ってきたが、一方で明らかな貴種だった。そのように生まれながらにして宮である彼女を庇護《ひご》することは、なかなか宮になれなかった詮子にとって、何かに復讐《ふくしゅう》するように小気味《こきみ》よいことだったのではないか。

さて、案の定、明子には何人もの男たちが結婚を申し込んだ。中には長兄の道隆もいたが、詮子はこの兄の多情が好きではなく、断固として許さなかった。そうこうするうち、いつの間にか道長が明子と思い合っていたのである。

宮も、「この君はたはやすく人にものなど言はぬ人なればあへなん」と、ゆるし聞こえ給ひて、さべきさまにもてなさせ給へば、わが御こころざしも思ひ聞こえ給ふうちに、宮の御心用《こころもち》ゐも憚《はばか》り思《おぼ》されて、おろかならず思されつつありわたり給ふ。

（皇太后様も「道長は戯《たわむ》れに女に言い寄る男ではないから大丈夫」とお許しになり、仲をしかるべく取り持たれた。それで道長殿は、ご自分の愛情もさることながら皇太后様のご配慮が勿体《もったい》なく、この方を下へも置かず大切にされたのだった）

（『栄花物語』巻三）

こうして道長は、最初の妻を得た。もちろん、それまで縁談がなかったわけではない。『栄花物語』によれば彼を婿取りしたいという上級貴族は多かった。だが彼は、女との付き合いには深入りせず、結婚については「思ふ心あり（考えがある）」と控えていたという（巻三）。ならば、明子と初めは女房を介して情を通じていたのも、遊びの延長程度のつもりだったのだ。少なくともそれは、まず家の許しを得るという正式な結婚の方法ではないからだ。ところが、姉は本気で受け止め二人を取り持った。ここで彼の認識が切り替わったのだと、私は思う。

今や父は、一条天皇の摂政。姉は、天皇の母で皇太后。その天皇とは、かつて家族として成長を見守った甥っ子である。そして自分は、幾多の求婚者の中から姉に許されて、醍醐天皇の孫という高貴な女を手に入れた。自分に負けた求婚者の中には、美形で知られる長兄もいる。だが自分は勝った。自分にはそれだけの価値があるのではないか――。

道長、この時二十一歳。末っ子が自分に本気で期待し始めて翌年、人生最大の賭けに出た。だがそれは意外にも、明子をさしおいた新たなる妻との結婚、そしてその家への婿入りだった。

証言するのは、この二十年ほど後に編纂《へんさん》された勅撰《ちょくせん》和歌集『拾遺和歌集《しゅういわかしゅう》』中の一首の詞書《ことばがき》である。冒頭の「左大臣《ひだりのおとど》」は『拾遺和歌集』編纂時点の官職を言い、道長を指している。

左大臣の、土御門《つちみかど》の左大臣の婿《むこ》になりて後、したうづの型《かた》を取りにおこせて侍りければ

愛宮

年を経《へ》て　たちならしつる　葦鶴《あしたづ》の　いかなる方《かた》に　跡《あと》とどむらん

（今の左大臣・藤原道長様が、当時土御門の左大臣と呼ばれた源雅信《まさのぶ》様の婿になってから、

使いに足袋《たび》の型を取りに来させたので、詠みました歌

ずっとこちらの潟《かた》に立ちなれていた鶴は、今は一体どちらの方に足跡をとどめているのでしょう

――娘に通って馴染《なじ》んだはずの道長様、今はどちらにお住まいなのかしらね

愛宮

（『拾遺和歌集』雑上　四九八番）

作者の愛宮は、明子の実母。道長をなじってこの和歌を詠んだ。彼のしたことは詞書にあるとおりである。故源高明の家への婿入りではなく、当時現職の左大臣で源氏を代表する政治家だった源雅信の娘婿に、道長はなった。〈死んだ源氏〉から〈生きている源氏〉へと、彼は出世の足掛かりを広げたのである。狙ったのは、父・兼家に加えてこの人物からも後見を得ること、いわば藤原氏と源氏の相乗りだった。

源倫子という同志

ここで、「源氏」という氏族について説明しなくてはならない。源氏とは、血の源流を天皇家に持つ氏族である。皇族が多すぎると皇室の経済が逼迫《ひっぱく》するので、一部はそのつど皇族から切り離され、姓を与えられた。こうした氏族は「王氏《おうし》」と呼ばれ、在原《ありわら》氏や平氏《へいし》も王氏である。だがそれらが天皇の孫や曽孫《ひまご》に与えられる姓だったのに対し、源氏姓は一世つまり天皇の子に与えられることも多かった。嵯峨《さが》

天皇（七八六～八四二）の子たちに与えられたのが始まりで、『源氏物語』の光源氏も天皇の子である。したがって源氏は王氏の中でも最も血統が天皇に近く、その意味で最も高貴な氏族だった。歴史上、源氏姓の人々は多いが、遡《さかのぼ》れば誰もがいずれかの天皇に辿り着く。今も昔も臣下の藤原氏とは、血が違うのである。

さて、道長の企《くわだ》ては、まだ若く、摂政の息子ながら末子である彼の分際にしては、やはり思い切ったものだったらしい。やがて舅《しゅうと》となる源雅信は、当初はあきれ、一笑に付したとされる。

土御門《つちみかど》の源氏の左大臣殿の、御女二所《むすめふたところ》、嫡妻腹《むかひばら》に、いみじくかしづき奉りて、后《きさき》がねと思《おぼ》しきこえ給ふを、いかなるたよりにか、この三位殿、この姫君をいかでと、心深う思ひきこえ給ひて、気《け》色《しき》だちきこえ給ひけり。されど大臣《おとど》、「あなもの狂《ぐる》ほし。ことのほかや。誰《たれ》か、ただ今さやうに口わき黄《き》ばみたるぬしたち、出《いだ》し入れては見んとする」とて、ゆめに聞こしめし入れぬを、母上例《れい》の女《をむな》に似給はず、いと心かしこくかどかどしくおはして、「などてか、ただこの君を婿《むこ》にて見ざらん。時々物見《ものみ》などに出《い》でて見るに、この君ただならず見ゆる君なり。ただ我にまかせ給へれかし。このこと悪《あ》しうやありける」と聞こえ給へど、殿《との》、「すべてあべいことにもあらず」と思《おぼ》いたり。

（豪邸・土御門殿《どの》に住む左大臣・源雅信殿は、正妻との間に二人の娘をお持ちだった。大切に育て、いつかは后にと思ってきたが、何の縁でか、道長殿が姉の姫君を心に染め結婚を願い出てきた。大臣は「はあ？　馬鹿馬鹿《ばかばか》しい。問題外だ。誰が今、あんなくちばしの黄色い奴《やつ》を婿取りして、邸に出入りさせるというのか」と言って、耳も貸そうとなさらない。しかし姫の母上はそこらの女とは違って賢く才覚があり、「どうしてあの君を婿取りしないのですか？　私は時々、行事見物などに出かけて公達をお見かけすることがございますが、この君はただ者には見えません。すべて私にお任せくださいませ。悪い縁談なものですか」と言う。しかし殿は「全くあり得ないことよ」とお思いだった）

（『栄花物語』巻三）

源雅信（九二〇～九三）は、宇多《うだ》天皇（八六七～九三一）の孫。父の敦実《あつみ》親王は醍醐天皇の同母弟で、母は菅原道真《すがわらのみちざね》を追い落とした左大臣・藤原時平《ときひら》の娘である【系図3】。彼の代で皇族籍を離れ、源の姓を賜《たまわ》って臣下に降りたとは言え、高貴な血の自負は強い。父の親王譲りの楽才で管絃《かんげん》の名手と、優雅な一方、政治力もあり、天暦《てんりゃく》二（九四八）年、二十九歳で村上《むらかみ》天皇（九二六～六七）の秘書官長にあたる蔵人頭《くろうどのとう》を務めて以来、エリート街道を走ってきた。同じ源氏の源高明が失脚した安和の変（九六九）でも難を免《まぬか》れ、円融天皇の天元《てんげん》元（九七八）年から左大臣を務めて約十年になる。兼家より九歳年上で、この時六十八歳。つまり雅信は、ここ四十年来朝廷の中枢にあって、藤原氏のやり方をずっと見てきた人間なのだった。道長の父・兼家が兄と骨肉の争いを繰り広げ、最近はクーデターまがいのやり口で前の花山《かざん》天皇（九六八～一〇〇八）を退位させ、孫を即位させて摂政に収まった強引さも熟知している。雅信から見れば、兼家は野心にまみれた下品な成り上がりだったろう。その兼家の、それも末子が、こともあろうに最も期待をかけた長女に求婚とは、身の程知らずも甚《はなは》だしい。

しかし彼の妻・穆子《ぼくし》はこれを良縁として夫を説得した。彼女の息子たちがなぜか次々と出家して俗世を捨てたため、倫子と結婚して家に入ってくれる婿殿にすがるしかないという切実な事情があったからだと『栄花物語』は記している。

では、当の倫子の気持ちはどうだったか。『栄花物語』は全く触れていないが、想像してみたい。永《えい》延《えん》元（九八七）年、倫子は道長より二歳の年長で、二十四歳。『栄花物語』は父が彼女を「后がね（中宮候補）」として育てたと記す。年恰好《としかっこう》から言って、これはさきの花山天皇への入内であろう。花山天皇は倫子より四歳年下である。しかし彼が女性に関して極端な性格で、入内したキサキを寵愛しては飽きて忘れるなどの振る舞いが重なったため、上級貴族たちは恐れをなして、娘を入内させるのを控えた。その後、花山天皇が兼家の謀略により突然失踪して出家、つまり退位して、後を襲《おそ》った一条天皇は幼帝だった。倫子とは十六歳の年の差があり、まだ元服もしていない。倫子はこの時、行き場を失ったのである。

【系図3】源雅信・倫子の血筋

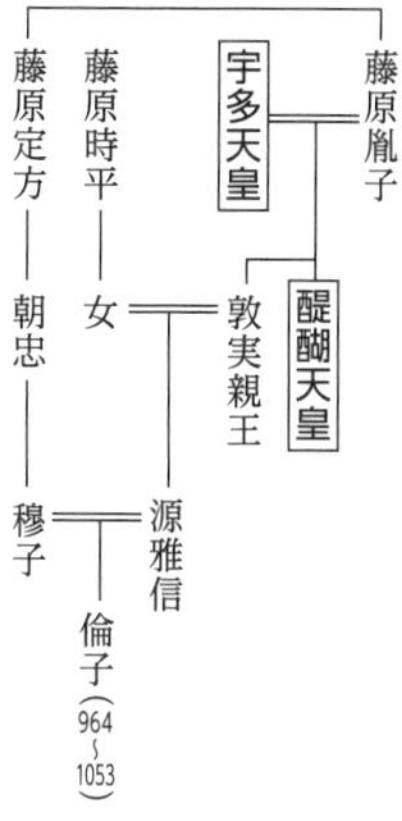

『源氏物語』に、光源氏の最初の正妻となる葵上《あおいのうえ》という女性がいて、彼女も左大臣の娘である。光源氏より四歳の年長であることを恥じ、夫婦仲はしっくりいかない。年齢差だけでなく、光源氏以前に彼の兄である春宮との縁談がありながら、父がそれを断り光源氏を婿としたことも、わだかまりの遠因だった。葵上には葵上の、后妃《こうひ》に懸ける夢

があり、人生設計があったのだ。翻《ひるがえ》って、現実の左大臣の娘・倫子にも同じ思いがあったとして不思議ではない。だが、結果から言えば倫子は葵上とは逆の道を選んだ。失った夢を、次の夢で取り返す道である。道長が彼女に賭けたように、彼女も道長に賭けた。そして十二月に結婚するや、翌永延二（九八八）年、即座に彰子を産んだ。自分が果たせなかった入内の夢を、今度は娘に懸けたのである。

道長と倫子は、同じ夢に向かって駆け上る同志だった。兄たちに阻《はば》まれた末っ子とバスに乗り遅れた姫。出遅れた二人は手を組み、目を見交わして頂点を目指してゆく。なお、『栄花物語』は倫子との結婚を明子とのそれより前の事と記しているが、『拾遺和歌集』が記すように事実ではない。倫子にきわめて近い立場だったとされる『栄花物語』の作者が、倫子に配慮したものだろう。

次の和歌は、結婚から三十六年後の治安《じあん》三（一〇二三）年、めでたく六十歳を迎えた倫子のために、祝賀の宴で道長が詠んだものである。この時には倫子も道長も老いて出家の身であった。

ありなれし　契《ちぎ》りは絶えで　いまさらに　心けがしに　千代《ちよ》といふらむ

（『大鏡』「道長」）

（長年連れ添った契りは、決して絶えないものだな。あなたが六十歳と聞くと、互いに出家したにもかかわらず、今更ながら未練がましく「千代までも一緒に」と言ってしまう私だよ）

彼女との結婚が彼に〈幸福〉をもたらしたことを、何より雄弁に語る言葉だろう。

第二章

道長は「棚から牡丹餅」か？

藤原道長《ふじわらのみちなが》をカリスマ的成功者と描く歴史物語『大鏡《おおかがみ》』は、彼の母（時姫《ときひめ》）についても謎めいたエピソードを記している。

「幸ひ」の人の母

この御母、いかに思《おぼ》しけるにか、いまだ若うおはしける折、二条《にでう》の大路《おほぢ》に出《い》でて、夕占《ゆふけ》問ひ給ひければ、白髪いみじう白き女のただ一人《ひとり》行くが、立ち止まりて、「なにわざし給ふ人ぞ。もし夕占問ひ給ふか。何事《なにごと》なりとも、思さむことかなひて、この大路よりも広く長く栄えさせ給ふべきぞ」と、うち申しかけてぞまかりにける。人にはあらで、さるべきものの示し奉《たてまつ》りけるにこそ侍《はべ》りけめ。

（道長殿たちの御母上は、何を思われたか、まだお若かった時、二条《にじょう》の大路《おおじ》に出て夕占《ゆうけ》を試みられました。すると真っ白な白髪頭で一人きりで歩いていた女が立ち止まり、「あなた、何をなさっているのですか？　もしや、夕占ですか？　ならば、どんなことでも願いはすべて叶《かな》い、この大路よりも広く長くお栄えになることでしょう」とだけ言って立ち去った。人ではなく、なにか然《しか》るべきモノのお告げでございましょう）

（『大鏡』「兼家《かねいえ》」）

「夕占」とは民間信仰の一つで、夕方に辻《つじ》に立って行う占いである。当時の百科事典『拾芥抄《しゅうがいしょう》』によれば、交差点に立って米を撒《ま》き呪文を三度唱え、道行く人の言葉に耳を澄《す》まして占うという。超常的な「幸《さいは》ひ」の人は、既に母の代から超常的な何かに人生を約束されていた。道長の成功はそのようにまで考えねば説明できないと、『大鏡』は言いたいのだろう。それにしてもこの夕占。ちょっと試してみたい気もする。『拾芥抄』の記す呪文は、「ふなどさや　夕占の神に　物問へば　道行く人よ　うらまさにせよ（道の神様、夕占の神様に大切なことを伺いますから、道を行く方々よ、どうぞ正しく占いにこたえて下さい）」である。

左大臣家の婿

さて、永延《えいえん》元（九八七）年十二月十六日、二十二歳の藤原道長は時の左大臣《さだいじん》・源雅信《みなもとのまさのぶ》の長女倫子《りんし》と結婚し、その土御門邸《つちみかどてい》（土御門殿《どの》）に婿《むこ》入りした。結婚の日にちまでが伝わっているのは、院政《いんせい》期の藤原頼長《よりなが》の日記『台記《たいき》』に〈吉例〉として引かれているからで、道長夫婦の功績の後代への影響力がわかる（『台記別記《べっき》』久安《きゅうあん》四〈一一四八〉年七月三日）。

【表1】永延二年正月二十九日の公卿と席次（『公卿補任』から）

		官職	人物
	1	摂政	藤原兼家
大臣	2	太政大臣（名誉職）	藤原頼忠
大臣	3	左大臣	源雅信
大臣	4	右大臣	藤原為光
大臣		内大臣	不在
納言	5・6	大納言	源重信（雅信弟）など二人
納言	7・8	権大納言	道隆など二人
納言	9~11	中納言	三人
納言	12~14	権中納言	道兼・**道長**など三人
	15~20	参議	六人
	21~26	非参議従三位	六人

舅《しゅうと》の雅信は、娘が求婚された折には「さやうに口わき黄《き》ばみたるぬしたち（あんなくちばしの黄色い奴《やつ》）」と一笑に付し、迷いもあったものの、いざ道長を家族の一員とするや態度をがらりと変え、彼をことさらに重々しくもてなした。つまり自分が道長の後ろについたことをはっきりとアピールしたのである。これには道長の実父である兼家が「まだ官位の低い若輩者《じゃくはいもの》なのに」と恐縮し、道長に左京大夫《さきょうのだいぶ》の職を与えたという（『栄花物語《えいがものがたり》』巻三）。

だが道長がこの職に就いたのは、実際には結婚の三カ月前の九月のことだった（『公卿補任《くぎょうぶにん》』永延元年）。結婚祝いというならば、むしろ二人の結婚直後、永延二（九八八）年正月二十九日の人事異動で、道長が権中納言《ごんちゅうなごん》になったことだろう【表1】。それまでの道長は非参議従三位《ひさんぎじゅさんみ》で、公卿中の末席にあった。ところが六人を飛び越え、参議を経ずして権中納言に就任したのである。これで権大納言《ごんだいなごん》である長兄・道隆《みちたか》（三十六）の背中も見えてきた。次兄・道兼《みちかね》（二十八）に至っては同じ権中納言、官位こそ従二位《じゅにい》と道長の従三位より二階級上だが、手の届くところにいる。もちろんこの人事は実父・兼家だけのものではなく、岳父《がくふ》・雅信の〈推し〉も関わっていよう。政界トップの摂政《せっしょう》の息子が源氏《げんじ》の重鎮である左大臣の婿になるとは、こういうことなのだった。

「男《をのこ》は妻柄《めがら》なり」

『栄花物語』は、道長の結婚が世に次のように受け止められたと記している。

今二所《ふたところ》の殿ばらの御北《おんきた》の方《かた》たち、ことなる事なう思ひきこえたるに、この殿はいとどもの清くきららかにせさせ給へりと、殿人《とのびと》も何事につけても心ことに思ひきこえたり。

（ほか二人の御兄弟の御本妻《ごほんさい》たちについては大した家柄でもないと思っていたが、この道長殿は何だか大層すっきりとご立派に婿入りなさったものだと、実家の召使《めしつかい》たちも万事別格の認識を抱いたことだった）

（『栄花物語』巻三）

長兄・道隆の本妻は高階貴子《たかしなのきし》といい【系図1】、一条《いちじょう》天皇の父・円融《えんゆう》天皇（九五九〜九一）の時代に内裏《だいり》で掌侍《ないしのじょう》を務めた女官、つまり女性国家公務員だった。掌侍とは百人以上にものぼる女官たちを

【系図1】何とか知性を取り入れたい〈道隆型〉

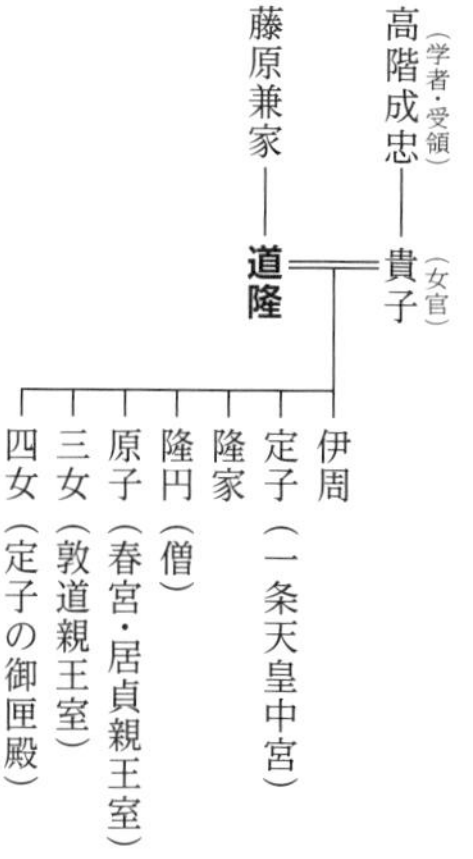

【系図2】とりあえず手近で見つける〈道兼型〉

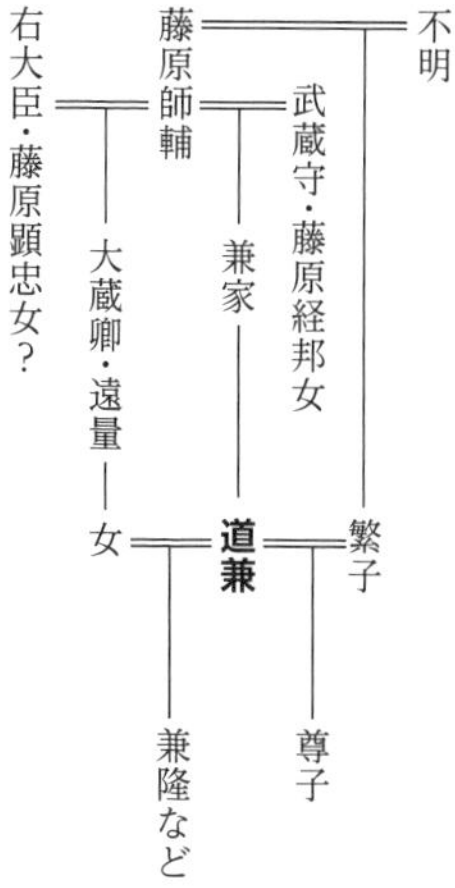

統括する内侍司《ないしのつかさ》の管理職で、トップの尚侍《ないしのかみ》、次官の典侍《ないしのすけ》に次ぐNo.3である。天皇の傍《そば》に控え、儀式の重役をこなし、女官たちを率いて宮中の実務の中核を担った。

貴子は特に漢文に長《た》け、『大鏡』は彼女を「まことしき文者《もんじゃ》（本物の漢詩人）」「少々の男《をのこ》にはまさりて（生半《なまはん》可《か》な男よりは有能）」と評し、自作の漢詩文もあったとする（『大鏡』「道隆」）。彼女はいわゆる「バリバリのキャリアウーマン」だったのである。だが、当時の貴族社会の価値観においては、仕える身の女房《にょうぼう》はしょせん女房、上級貴族の箱入り娘に比べれば、品の劣る立場であることは口にするまでもなかった。まして彼女の家は高階氏、たかだか受領《ずりょう》（朝廷から派遣された中流貴族の地方官）階級に過ぎない。とはいえ、道隆が欲しかったのは〈高貴さ〉ではなく〈知性〉の方で、これは見事に当たり、母と同じく知性に秀でた長女の定子《ていし》はこの二年後の正《しょう》暦《りゃく》元（九九〇）年、一条天皇（九八〇～一〇一一）に入内《じゅだい》してその寵愛《ちょうあい》を独占することになる。

いっぽう、次兄・道兼の本妻は父・兼家の異母弟にあたる遠量《とおかず》の娘で【系図2】、いとこ同士の結婚になる。ただ遠量は大蔵卿《おおくらきょう》など凡庸な官職で、結局公卿にもなれなかった。道兼は兼家の異母妹で自分の叔母にあたる繁子《はんし》を愛人とし、娘（尊子《そんし》）もいた。だが、繁子が内裏の女官だったためか、道兼はこの親子に対しほとんどネグレクトの状態だったという（『栄花物語』巻三）。たとえ叔母でも女官は妻扱いしない点、彼は彼で妻の〈格〉にこだわったつもりなのかもしれない。

実際、妻の格ということでいえば、『大鏡』の夕占のエピソードで触れた、道隆・道兼・道長三兄弟を産んだ母その人が受領階級出身である【系図3】。兼家は、妻の血統に頼らぬ実力主義の人だった。彼は道長らの母・藤原仲正女《なかまさのむすめ》（時姫）を正妻扱いし、道綱《みちつな》の母・藤原倫寧女《ともやすのむすめ》（『蜻蛉日記《かげろうにっき》』の作者）を次妻扱いした。どちらの父も摂津守《せっつのかみ》や陸奥守《むつのかみ》など実力派の実務官僚だが、受領国司《こくし》で地位は高くない。兼家には参議・源兼忠女《かねただのむすめ》という悪くない血統の恋人もいて一女を生《な》していたが、彼女がなぜか娘ともども行方知れずになったのに、血眼《ちまなこ》で捜すふうでもなかった（『蜻蛉日記』下巻）。また村上《むらかみ》天皇（九二六〜六七）の皇女・保子内親王《やすこないしんのう》といった高貴な妻もいたが、やがて関係が途絶え、内親王は嘆きつつ亡くなったという（『栄花物語』巻三）。かと思えば、近江《おうみ》という名で伯父・実頼《さねより》に仕えていた召人《めしうど》（性関係付きの女房）を伯父の死後にもらい受け、生まれた綏子《すいし》を春宮《とうぐう》・居貞《いやさだ》親王に嫁がせた（『蜻蛉日記』中巻・『栄花物語』巻三）。

結局兼家にとっては、妻の家柄など考慮の外《ほか》だったとしか思えない。つまり兼家の家において、血統のよい家に婿取りされて自分の〈格〉を上げようという考えを持ったのは、末子の道長が初めてなのだった。

なお、『栄花物語』は道長を「ご立派に婿入りなさったものだ」と見直したのが、「殿人」つまり道長の実家・兼家宅に勤める召使たちだったと言う。召使たちは平安時代の階級社会においては下層に属するが、決して無視することのできない存在だった。何しろ、圧倒的に数が多い。平安京の人口は十数万人、うち朝廷から五位《ごい》以上の位を賜《たまわ》っている貴族たちと言えば、家族も含めて千人かそこら（朧谷《おぼろや》寿《ひさし》「王朝貴族と源氏物語」）に過ぎない。しかし召使たちは女房や臨時雇いも含めれば一家に数百人、平安京全体では数万人に及ぶ大集団である。しかも横のつながりがあって、同業者同士や近隣のネットワーク内で日常的に噂《うわさ》を流し合っていた。そんななかで、道長を身近に知る実家の召使たちが彼を見る目を変えたならば、その情報は早晩、ほかの貴族の召使にも内裏の下層官人たちにも及ぶ。召使には女房や現代の運転手にあたる牛童《うしわらわ》など、主人の身近で働く者もいて、彼

【系図3】妻の血統無視または手当たり次第〈兼家型〉

藤原兼家
- 摂津守・藤原仲正女（時姫）
  - 道隆～道長ら男女五人（摂政・関白・天皇后妃）
- 陸奥守・藤原倫寧女（『蜻蛉日記』作者）
  - 道綱（大納言）
- 参議・源兼忠女（出家）
  - 女（道綱母の養女に）
- 村上天皇第三皇女 保子内親王（寵愛なく死亡）
- 藤原実頼の召人 近江（寵愛）
  - 綏子（春宮・居貞親王妃待遇の尚侍）

らを通じて情報は上級貴族にも及ぶ。「兼家様の御子《みこ》ではあるものの、ただの末っ子の坊ちゃんに過ぎない」というそれまでの道長像は、結婚ということ一つで塗り替えられていった。

道長は強運の人で、そのめぐりあわせは「棚から牡丹餅《ぼたもち》」と揶揄《やゆ》されることも多い。だが落ちてきた「牡丹餅」を受け止める準備ができていないと、幸運はつかめない。彼の準備の最たるものは、結婚だった。道長は十分意図してそれを行ったし、結果として結婚が自分の人生を切り拓《ひら》いたことを、はっきりと自覚していた。彼が後年、息子の頼通《よりみち》の結婚に際して「男《をのこ》は妻柄《めがら》なり。いとやむごとなき辺りに参りぬべきなめり（男は妻の素性《すじょう》次第だ。高貴な家に婿取りされるのが良かろう）」（『栄花物語』巻八）と助言したことは、よく知られている。

結婚翌年の永延二（九八八）年、倫子は長女の彰子《しょうし》を産んだ。結婚が前年十二月であったことを考えると、ハネムーンベイビーに近い。二十五歳の倫子は、最速で頂点への道を歩みだした。そこには強運の助けもあろうが、彼女自身の意志が大きく働いていたに違いない。

雌伏《しふく》の始まり

正暦元（九九〇）年は、兼家一家にとって大きな変化の年だった。大黒柱の兼家が病に倒れ、七月二日、ついに他界したからである。死因は飲水病《いんすいびょう》、現代の糖尿病だった。ゆっくり悪化するこの持病と闘いながら、兼家は様々な手を打っていた。彼が数十年の歳月をかけて執念で手にした権力を、他の家に移すことなく次代に譲りたい。その相手は、長男の道隆（三十八）しかない。それを見越して、彼はこの前年、道隆を内大臣《ないだいじん》につけていた。これは常設の大臣職ではなく、上席の左右大臣を飛び越えて摂政・関白《かんぱく》に就くことの可能な、臨時の職である。

だが、そもそも道隆はまだ三十代という若さである。また天皇との関係も、兼家が一条天皇の外祖父《がいそふ》であることに比べ、道隆は外伯父《そとおじ》で一段遠い。権力は弱体化するのではないか。案じた兼家と道隆は、かなり強引な策に出た。まだ幼い一条天皇の元服《げんぷく》、道隆の娘・定子の入内、さらに立后《りっこう》である。そしてこの策は、道長の身にもじかに及んだ。定子の事務方筆頭である中宮大夫《ちゅうぐうのだいぶ》に任じられ、道隆・定子の傘下に組み込まれることになったのである。

詳しく見ていこう。正暦元年正月五日、一条天皇は数え年十一歳で元服した。だがこの時、彼は満年齢ではわずか九歳と半年の少年だった。体はまだ子供であったに違いない。だが、道隆が天皇との間に兼家同様の太い絆《きずな》を持つためには、定子を入内させて天皇の岳父となる必要があった。そのためには、天皇を成人としなくてはならなかったのである。

そして二十日後の正月二十五日、道隆の長女・定子が入内した。彼女は十四歳、天皇より三歳年上だった。


内大臣殿の大姫君《おほひめぎみ》、内《うち》へ参らせ給ふ有様《ありさま》、いみじうののしらせ給へり。殿《との》の有様、北の方など宮仕《みやづかへ》にならひ給へれば、いたう奥深《おくぶか》なることをばいとわろきものに思《おぼ》して、今《いま》めかしう気近《けぢか》き御有様なり。

（内大臣道隆様のご長女・定子様が入内なさる時のご様子ときたら、大層な騒ぎだった。道隆様ご一家の姿勢として、正妻の貴子様などが女房勤《づと》めに慣れていらっしゃるので、控えめなのは全くよろしくないというお考えで、はやりのくだけたご様子である）

（『栄花物語』巻三）

女房は人前に出て能力を発揮し、自らの存在をはっきりと示さなくてはならない。高階貴子は掌侍としてそのように振る舞い、当時女性は敬遠しがちだった漢詩文においても、男性官人はだしの力を見せた。またその力を見込まれて、道隆の正妻になった。彼女が自分の成功体験を子供たちの教育に注ぎ込むことは、当然である。それは彼女の使命でもあった。

こうして、教養のみならず華《はな》やかさにおいてもお茶目《ちゃめ》さにおいても、きわめて女房に近い価値観と行動様式を持った妃《きさき》が誕生した。知性にあふれつつ、親しみやすく、一緒にいて楽しい。定子は自信に満ち、そのオーラは内気な少年だった一条天皇の心をわしづかみにした。一条天皇のまさに寵妃《ちょうひ》となったのである。

五月五日に関白となった兼家は、その三日後に出家して政界を引退、次いで道隆が関白に就任した。「摂政」と「関白」はかなり異なる。摂政は天皇が元服前や病気で政務に当たれない時に、天皇代行として置かれ、権力をほぼ独占する役職。いっぽう関白は成人した天皇のもとに、その助言役として置かれる役職である。今回の場合、一条天皇は元服して大人になっているのだから、道隆が関白に就任するのは当然だった。ところが彼はひと月も経たぬ五月二十六日、摂政に転じた。おそらく十一歳の天皇は、やはり摂政が必要なほど幼かった。加えて道隆に、自ら全権を掌握《しょうあく》したい欲望があったのだろう。

本来なら、天皇の元服と定子の入内、道隆の摂関就任は、まず兼家から道隆への摂政移譲、天皇の成長を待ち元服、次いで定子の入内という順序で、数年の時間をかけて行われるべきことだった。にもかかわらず、兼家の病の進行という都合、道隆の権力欲という我意《がい》によって、彼らはことを急いだ。かなり強引で恣意《しい》的であったと言わざるを得ない。

七月二日、兼家は亡くなった。享年六十二。その死を受けて、道隆一家「中関白家《なかのかんぱくけ》」の短くも絢爛《けんらん》たる栄華《えいが》が始まった。次弟の道兼も、また末弟の道長も、それぞれの思惑を胸に抱きつつ、雌伏の時を過ごすこととなった。

定子、中宮となる

十月五日、道隆は定子を天皇の正妻である「中宮」とした。これを「立后」という。このわずか十日ほど前、立后の噂を耳にした藤原実資《さねすけ》は、その日記『小右記《しょうゆうき》』に「驚奇《きやうき》少なからず」と記した。「皇后四人の例、往古聞かざる事なり（天皇の正妻である后《きさき》が四人という例は過去に聞いたことがない）」という理由からである（『小右記』正暦元年九月二十七日・三十日）。

ここで、やがて右大臣《うだいじん》に到るこの人物・藤原実資（九五七〜一〇四六）と彼の日記『小右記』について紹介しておこう。実資は道長の又従兄弟《またいとこ》【系図4】。彼の祖父・藤原実頼《さねより》（九〇〇〜七〇）は摂政太政《だいじょう》大臣まで務めた人物で、道長の祖父・師輔《もろすけ》の兄にあたる。実頼の系統は藤原北家《ほっけ》でも「小野宮家《おののみやけ》」

と呼ばれ、嫡流《ちゃくりゅう》の矜持《きょうじ》をもち、莫大な資産を有していた。実資は祖父の養子となって小野宮家を継承、彼から見れば分家筋にあたる兼家や道隆、さらに道長の栄華の中で、常におもねることがなかった。『平安時代史事典』は彼を評して「反骨を秘めながら、抗せず媚びず、常に道理を旨として中道を歩み、着実に重きを加えていったことは偉とすべき」とまで記している（執筆＝関口力《せきぐちつとむ》）。『小右記』は彼が六十年以上にわたりほぼ毎日記し続けた漢文日記で、内容の詳細さ・確かさに加え、歯に衣《きぬ》を着せぬ物言いがリアルタイムの空気を感じさせてくれる一級資料である。

さて、この正暦元年、実資は三十四歳で参議。たった四歳年上だが既に摂政・内大臣の道隆には遠く水をあけられ、九歳年下で権中納言の道長に対してもその後塵《こうじん》を拝していた。だが、おかしなことはおかしいと言う、それが実資である。彼が「驚奇」といぶかしがったのは、その頃「后」と呼ばれる天皇の正妻の座が埋まっており、定子の入る余地がないということだった【系図5】。

【系図4】ご意見番・藤原実資

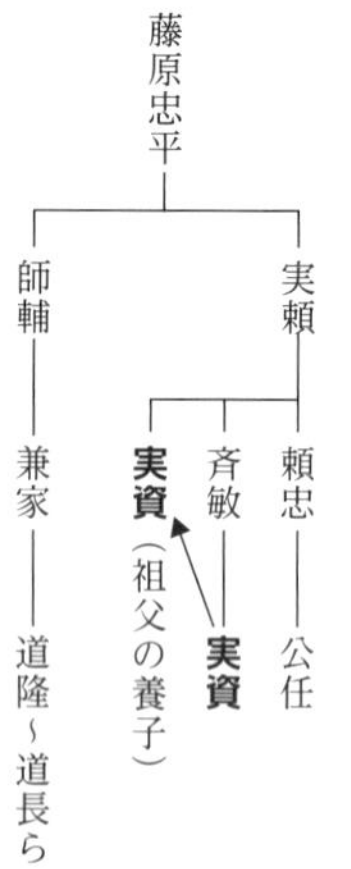

【系図5】正暦元年「后」満席の状況

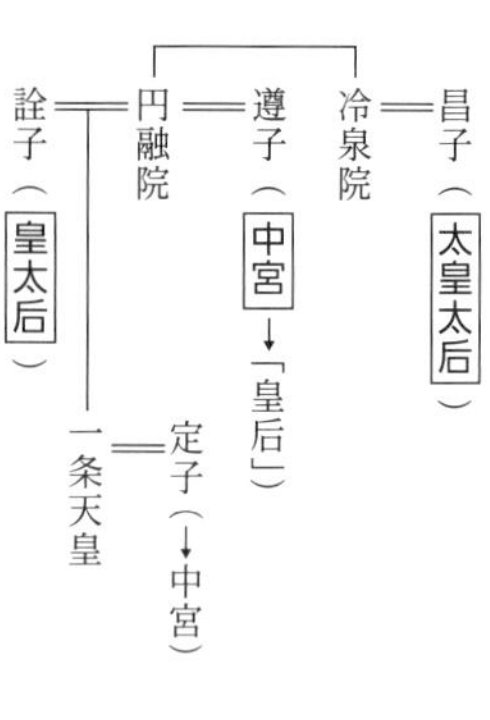

実は制度上、「后」と呼ばれる地位は三つあり、中宮（皇后《こうごう》）と皇太后《こうたいごう》と太皇太后《たいこうたいごう》をいう。最も単純に言えば、中宮は今上《きんじょう》天皇の、皇太后は前の天皇の、太皇太后はさらに前の天皇の正妻である。ただ后の地位は天皇とは独立していて、天皇の代替わりや死によって后が代わることはない。つまり新しい中宮が立てられる時とは、后である三人の誰かが亡くなるなど何らかの理由で空席ができたタイミングしかない。そのため、天皇と中宮にずれが生じ、新しい天皇の御代《みよ》になっても中宮には以前の天皇の正妻が就いたまま、ということがあった。そしてこの時の状況がまさにそれにあたっていた。加えてそこには別の理由もあって、皇太后には今上天皇の母がなるというルートも存在した。円融天皇の正妻としては后になれなかった詮子《せんし》が四年前の寛和《かんな》二（九八六）年、息子・一条天皇の即位によって皇太后にいわば「横入り」したため、中宮は先々代の円融天皇の正妻である遵子《じゅんし》、皇太后は詮子、太皇太后は円融天皇の前の冷泉《れいぜい》天皇（九五〇～一〇一一）の正妻・昌子《しょうし》と、三つの「后」は満席状態だったのである。

そこで道隆は、アクロバット的な方法をとった。中宮に「皇后」という異名があることを利用し、中宮の地位を二分割して、現中宮を皇后、定子を新中宮として立后させたのである。これを「二后冊立《にこうさくりつ》」という。このことの非常識さは、現代日本の総理大臣に置き換えてみればわかりやすいかもしれない。「総理大臣」に「首相」という異名があることを利用して、現総理とは別にもう一人首相が立つ。あり得ないことで、混乱は目に見えている。しかし道隆は、「中宮」と「皇后」でそれをやってのけた。実資が「聞いたことがない」と記す通り、前代未聞のことだった。

この時、一条天皇のキサキはまだ定子独《ひと》りきりで、しかも天皇は定子を溺愛《できあい》していた。敵のいない間に№1の座を確保しておきたい。そう考えた道隆は、強硬手段をとったのである。

中宮大夫・道長

それだけではなかった。道隆は定子の立后の日取りを正暦元年十月五日とした。七月二日に兼家が亡くなってからほんの三カ月にしかならない。当日、新中宮・定子のために設けられた役所「中宮職《ちゅうぐうしき》」の人事を聞き、実資は日記に記した。「長官の『大夫』は中納言・道長、長官補佐の『権大夫《ごんのだいぶ》』は道綱。どちらも喪中ではないか」(『小右記』同年十月五日)。彼は強い違和感を覚えたのだった。

『栄花物語』の記し方は、さらに際立っている。立后の日をまだ兼家が病中だった六月一日とし、「こんな折でなくても」と世人《せじん》が非難したとするのである。おそらく事実誤認ではなく、道隆政権の不適切さを過大に描くため、ひいては次の道長の世の正しさを強調するための、意図的な改ざんだろう。道長の栄華を記すという目的のもとには、大胆なフェイクもお構いなしというのが『栄花物語』の姿勢なのである。

さらに『栄花物語』は、中宮大夫に任ぜられた道長の思いに踏み込む。

> 中宮大夫には、右衛門督殿《うゑもんのかみどの》をなし聞こえさせ給へれど、こはなぞ、あなすさまじと思《おぼ》いて、参りにだに参りつき給はぬほどの御心ざまも猛《たけ》しかし。

(中宮大夫には、右衛門督《うえもんのかみ》・道長殿を就かせなさった。だが道長殿は「これは何だ、全く心外だ」

とお思いになって、役所に寄り付くことすらなさらなかったとは、そのご気性の勇ましいこと

（『栄花物語』巻三）

新中宮・定子のために設けられた中宮職の長官に、定子の叔父であり摂政・道隆の末弟である道長を就け、定子に仕えさせる。道隆はこの人事を、道長を抱き込む作戦として思いついたのかもしれない。最近は源氏の左大臣の後援などを得て粋《いき》がっているようだが、まだ年若《としわか》である。父・兼家も亡くなったばかりだし、ここは長兄の自分が目をかけてやろうじゃないか、と。道隆にとって道長はその程度の存在だったのではないか。だが、道長は反発した。そしてこの点においては、『栄花物語』の書き方はフェイクではない。実資の『小右記』がそれを裏付けている。定子の立后当日、兼家の遺《のこ》した東三条院《ひがしさんじょういん》でにぎにぎしく行われた儀式について、実資は次のように記している。

大夫、重服《ぢゆうぶく》に依《よ》り、見えず。

（中宮大夫は、喪中なので、列席しなかった）

（『小右記』同日）

中宮としての門出《かどで》という定子にとって最も晴れがましい日、彼女の側近になることを命じられた道長は、この人事を呑《の》んだ。だが父の喪中ということを理由に、姿を見せなかった。道隆への異議申し立てと受け取られても仕方がない。

三年後もはみ出し「中宮大夫」

道長は、定子の事務方長官に就きながら、彼女の一世一代の儀式を欠席した。道隆に反発する意図があったと感じるのは、千年後の私たちだけではない。日記を記した実資自身が、そう受け取っていた節《ふし》がある。というのも、実資は『小右記』で道長を滅多《めった》に「中宮大夫」と呼ばないのである。

貴族の日記は、上級貴族のことは原則として肩書で呼ぶ。または肩書に本名を添えて呼ぶ。だが上級貴族はいくつもの肩書を持つ場合があり、そのうちどれで呼ぶかは日記を記す者の自由である。『小右記』は、道長が中宮大夫となっても彼をほとんど「中宮大夫」と呼ばず、以前と変わらず「右衛門督」と呼び続けている。「中宮大夫」と呼ぶのは五年にわたった在任期間のうち四回きりで、最初の一回は道長が大夫になった時、最後の一回は長徳《ちょうとく》元（九九五）年、道隆が死を前に出家を遂げたことを、道長が定子の事務方の立場から実資に告げてきた時。それらの記事を除くと、実資はわずか二回しか道長を「中宮大夫」と記してはいない。そしてその二回が、いずれもきわめて意味深なのである。

ここでは、このうち一つ目を掲げよう。道長の中宮大夫就任から三年の時が流れた、正暦四（九九三）年。道隆邸で弓の遊びが行われたとの記事である。

昨日、摂政第《てい》に於《お》いて射有り。内大臣以下、公卿多く会す。前日の弓の負態《まけわざ》と云々《しかじか》、藤大納言〈朝《あさ》光《てる》〉、銀の弦袋を以《もつ》て懸物《かけもの》と為《な》す。而《しか》るに主人、虎皮の尻鞘《しりざや》を以て相替へ懸くと云々。上下以て目すと云々。中宮大夫〈道長〉、中《ちゆう》科《か》。
（昨日、摂政・道隆様の邸宅で弓の試合があった。内大臣の道兼様以下、多くの公卿たちが参会した。前日の弓の試合に負けた罰ということで、大納言の藤原朝光が、銀の弦袋を今回の賞品に用立てた。ところが主人の摂政殿は、それに替えて虎皮の尻鞘を賞品にするという。これには皆が目を付けたとか。中宮大夫・道長が的の中心を射貫《いぬ》き、賞品を手にした）

（『小右記』正暦四年三月十三日）

道隆邸で弓の試合が行われた。大勢の公卿が集まる大掛かりな催しである。当初決まっていた賞品があったが、道隆はそれに替えて、虎皮の尻鞘を優勝賞品に立てた。虎の皮というからには舶来《はくらい》、派手好きな彼らしい大盤振る舞いだ。そしてそれを手中にしたのが、「中宮大夫」道長だった。

この頃、道長は権大納言に昇進していて、『小右記』は前後の記事では彼をその肩書で呼んでいる。だがここだけは「中宮大夫」である。道隆邸で行われた弓の儀だから、道長はその娘に仕える中宮大夫として参加したということか。しかしそれならば、彼は主催者側として配慮しなくてはならない立場にある。現代の接待ゴルフ同様、皆がときめいた豪華優勝賞品を、もてなす側が奪ってしまうのはマナー違反だ。ところが道長はそうした。それも、「中科」つまり的の真ん中を射貫き、優勝したのだ。彼は「中宮大夫」なのに「中宮大夫」らしからぬ行動をとった。おそらく故意に、である。実資はそれをおもしろがり、あえてここでは「中宮大夫」の呼び名を使ったのだろう。先に意味深と言ったのは、そのためである。

「この矢よ、当たれ」

国史学者の倉本一宏《くらもとかずひろ》氏は、この実話から『大鏡』の次の逸話が作られたものと想像する。『大鏡』は弓の儀を、史実の翌年の正暦五（九九四）年八月以降の、道隆がわずか二十一歳の息子・伊周《これちか》を内大臣にひきあげ、道長は甥《おい》の下の官職に甘んじる屈辱を味わっていた時期に設定している。逸話でも『小右記』の史実同様に道隆邸で弓の儀が行われるが、招かれてもいなかった道長がぶらりと現れるのは『大鏡』お得意の演出である。道隆は驚きながらも歓待し、道長に射させた。すると、伊周に花を持たせる出来《でき》レースの予定が、矢数二本の差で伊周の負けとなってしまった。道隆も客たちも伊周を応援し、逆転を期して二本分の延長戦を行う次第となった。

やすからず思しなりて、「さらば、延べさせ給へ」と仰《おほ》せられて、また射させ給ふとて、仰せらるるやう、「道長が家より帝《みかど》・后《きさき》立ち給ふべきものならば、この矢当たれ」と仰せらるるに、同じものを中心《なから》には当たるものかは。

次に、帥殿《そちどの》射給ふに、いみじう臆《おく》し給ひて、御手もわななく故《け》にや、的《まと》のあたりにだに近く寄らず、無辺世界《むへんせかい》を射《い》給へるに、関白殿、色青くなりぬ。また、入道殿射給ふとて、「摂政・関白すべきものならば、この矢当たれ」と仰せらるるに、はじめの同じやうに、的の破るばかり、同じところに射させ給ひつ。

（道長殿はうんざりして「さらば、延長なされ」と仰《おお》せになり、再び的に向かって立つやおっしゃった。「道長の家から帝・后が立ち給う運命ならば、この矢当たれ」。すると当たるどころではない、的の中心を射貫いたではないか。

次に伊周殿が立たれたが、ひどく気圧《けお》されて手がぶるぶる震えていたためか、的から逸《そ》れてあらぬ所を射てしまったので、道隆殿は青くなった。次はまた道長殿の番だ。今度は「私が摂政・関白をする運命なら、この矢当たれ」と仰せになって射ると、初めの矢同様、的も破れんばかりに中心を射貫かれたのだった）

（『大鏡』「道長」）

史実として、道長は道隆邸で空気を読まず、勝利を奪った。そこにヒントを得たのだろう、『大鏡』はこれを天道《てんとう》からの啓示という逸話に作り替えた。息子可愛さで負けを認めない卑怯《ひきょう》な道隆。怒りをこらえ、逆にこれを機会として天に問いかける道長。天は答えた。彼の家から帝が生まれる。そして彼の娘は母后《ははきさき》となる。そして道長自身は、摂政・関白になる。それは天の決定なのだと——。

これは史実ではない。だが史実に照らしても、少なくとも道長が道隆・定子の配下に甘んぜず、意識的にはみ出した行動をとっていたことが窺《うかが》われる。そして『小右記』を見る限り、実資のような中立派は、道長のスタンスを認めつつ高みの見物を決め込んでいた。

ひざまずく道長

この章の最後に、清少納言《せいしょうなごん》に登場してもらおう。「春は、あけぼの」の『枕草子《まくらのそうし》』で知られる彼女は、正暦四（九九三）年、既に知的な女房の集められていた定子のもとに中途採用された。記事はその翌年のことである。清少納言は定子について天皇の清涼殿《せいりょうでん》に来ていた。天皇の成長を受けて前年に関白となった道隆がちょうど退出する折で、隙間《すきま》なく並んだ女房たちが彼を送る。戸口の前の女房が色とりどりの袖口《そでぐち》も美しく御簾《みす》を上げると、外では権大納言の伊周が待ちうけ、道隆に沓《くつ》を履かせる。「関白殿ってすごい。大納言なんていう方に沓を履かせてもらうなんて」。教養あふれる貴公子・伊周に憧れる新人の清少納言は、道隆の栄華に溜息《ためいき》をつく。

清涼殿の戸口のすぐ北は弘徽殿《こきでん》、その北は登華殿《とうかでん》と、後宮《こうきゅう》の御殿が並んでいる。その登華殿の前まで、官人たちが居並び、みな道隆のためにひざまずいている。全員が四位《しい》以上の位を持った上級貴族たちである。その時、清少納言は彼らのなかに道長の姿を見つけた。

宮の大夫殿《だいぶどの》は、戸の前に立たせ給へれば、ゐさせ給ふまじきなめりと思ふほどに、すこし歩み出《い》でさせ給へば、ふとゐさせ給へりしこそ。なほいかばかりの昔の御行ひのほどにかと見たてまつりしこそいみじかりしか。

（中宮の大夫・道長殿が戸の前にお立ちだったので、私は「大夫殿は道隆殿にひざまずかれないだろうな」と思って見ていた。が、道隆殿が少し歩み出されると、大夫殿がさっとひざまずいたではないの！　やっぱり関白殿、前世の行いがよほど良かったのね。私はそう拝察して感動したことだった）

（『枕草子』一二四段「関白殿、黒戸より」）

清少納言の目は道長に引き付けられた。そして「道長様は関白様にひざまずくまい」と予想し、固唾《かたず》を呑んで見守った。この時まだ彼女は新人女房だったが、やはり道長と中関白家の間には、はっきりした緊張関係があると知っていたのだ。結局、道長は清少納言の予想を裏切って道隆にひざまずいたが、最初は一人だけ突っ立っていて、道隆が歩き出した時に初めて身をかがめたのだから、十分目立っている。その効果を十分に計算に入れた、道長の示威《じい》行為と言えはしないだろうか。

清少納言は、目撃したことを半ば興奮して定子に伝えた。

大夫殿のゐさせ給へるを、返す返す聞《きこ》ゆれば、「例《れい》の思ひ人」と笑はせ給ひし。

（大夫の道長殿がひざまずかれたことを、何度も何度も申し上げると、「例によって大夫はあなたの御贔屓《ごひいき》ね」と、定子様はお笑いになった）

（同前）

この定子の言葉「例の思ひ人（いつもの御贔屓ね）」を、額面通りに受け取る者はいまい。もし本当に清少納言が定子と道長との対立を知りながら道長を贔屓にし、日頃からそれを公然と口にしていたのなら、仕える身として緊張感がなさすぎる。清少納言が道長に注目していたのは、むしろ定子への忠誠心からだった。

かたや定子の方では、清少納言の一喜一憂をそのままに受け取っては、中宮として威厳がなさすぎる。それでまぜかえして、いつも道長を気にしている清少納言を〈道長推し〉と笑ったのだろう。それは定子ならではの〈機知〉だった。中関白一家は道隆も定子も日頃から、事実と逆のことを言う冗談がお得意だったのだ。

いずれにせよ、道長は道隆・定子の栄華のもと、その配下に組み込まれながら、独自の道を歩もうとしていた。まさに虎視眈々《こしたんたん》というにふさわしい雌伏の時期だった。だが、天はその間にも道長に味方しつつあった。定子と清少納言を悲劇が襲い始めるのは、この翌年からのことである。

第三章

〈疫〉という僥倖《ぎょうこう》

三歳の彰子

正暦《しょうりゃく》元（九九〇）年、定子《ていし》が一条《いちじょう》天皇（九八〇〜一〇一一）の正妻・「中宮《ちゅうぐう》」となると、藤原道《ふじわらのみち》長《なが》はその事務方長官・中宮大夫《だいぶ》に任ぜられた。一般にこのポストは中宮と血縁の近い人物が就くことが多いので、叔父《おじ》－姪《めい》という二人の間柄から見れば、決しておかしな人事ではない。だが道長は反発した。彼にはこの時、すでに娘・彰子《しょうし》がいたからである。

道長と源倫子《みなもとのりんし》との間に永延《えいえん》二（九八八）年に生まれた彰子は、この年、まだ数えで三歳。しかし道長は大きな期待をかけていた。彼だけではない。彰子の母の倫子、その父で現職の左大臣《さだいじん》である源雅《まさ》信《のぶ》、その正妻で倫子の母の藤原穆子《ぼくし》、さらに穆子の実家の兄弟【系図1】までが、彰子を本気で盛り立てようとしていた。それがわかるのは、正暦元年十二月二十五日の着袴《ちゃっこ》の儀《ぎ》をめぐる一件による。

着袴とは、幼児の成長を祝い初めて袴《はかま》を着せる儀式である。客を招き、占いで吉とされた方角に子供を向け、親が袴を着せた後、宴席で酒を酌《く》み交わす。こうして子供は貴族社会にお披露目され、当家の姫君や若君として知られるようになるのである。

『小右記《しょうゆうき》』の記主である藤原実資《さねすけ》は、彰子の着袴の儀について前もって知らされていた。知らせたのは穆子の弟、藤原理兼《まさかね》である。しかし、その後改めて誘いがなかったので、正式に招待されてはいないと解釈し、出席しなかった。すると式の翌日、内裏《だいり》で公卿《くぎょう》の一人に耳打ちされた。「昨日、雅信左大臣と道長右衛門督《うえもんのかみ》が何度も首を傾《かし》げていたぞ」。なぜ儀をすっぽかしたのかと怪しむこと頻《しき》りだったというのである。「明日、謝ります」。実資は即座に言うと、翌朝出勤前に雅信宅を訪れて頭を下げた（『小右記』正暦元年十二月二十五・二十六・二十七日）。道長はともあれ左大臣の不興《ふきょう》を買ったのは、実資にとって一大事だったのである。

つまりはこれが、三歳の彰子の貴族社会における〈存在感〉だった。実資にとって彰子は当初、特に重く見るほどの存在ではなかった。しかし父の道長と祖父の雅信は、実資の欠席を大げさに不審がって見せ、彰子を盛り立てる左大臣家の本気度を、参列者に態度で示した。実資はその見せしめにされたのだ。これによって、実資はもちろん公卿たちの誰もが、彰子を侮《あなど》れない姫として脳裏に刻むことになったのである。

【系図1】彰子に賭ける人々

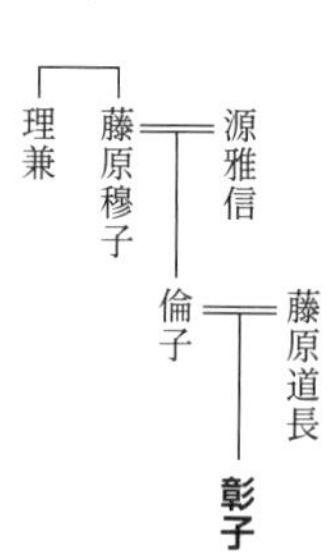

虎視眈々

后《きさき》候補は用意した。後は大切に育て、入内《じゅだい》のチャンスを窺《うかが》うだけ。ただ、この時点で道長が彰子を一条天皇に入内させると決めていたかどうかは、わからない。一条天皇の後宮《こうきゅう》では既に定子が立后《りっこう》されてしまったので、他の誰が入内しても女御《にょうご》止まりに過ぎない。史実としてこの五年後の長徳《ちょうとく》元（九九五）年に長兄・道隆《みちたか》が病死するとか、翌長徳二年には「長徳の政変」が起きて定子が出家し、後宮から消えるなどということが、予想できたはずがない。道長には、一条天皇狙いは見送り、彰子のターゲットを春宮《とうぐう》（皇太子）に据える方法も、十分にあり得た。この時期天皇家は両統迭立《りょうとうてつりつ》状態にあり、春宮は一条天皇の四歳年上の従兄《いとこ》・居貞親王《いやさだしんのう》だった【系図2】。年は彰子の一回り上になるものの、不可能な縁談ではない。何より、春宮ならば中宮選びは即位後まで持ち越される。道長は虎視眈々《こしたんたん》として様子を窺っていたことだろう。

それにしても、定子の事務方となり兄摂政《せっしょう》の傘下に組み込まれるのが嫌ならば、道長は大夫の職そのものを拒否することもできたのではないか。なぜそうせずに、とりあえず職を引き受け、内部から反発の態度を示すような方法をとったのだろう。その方が反対分子である自分の存在感を示せるということか。もしそう

【系図2】　両統迭立状態の天皇と春宮

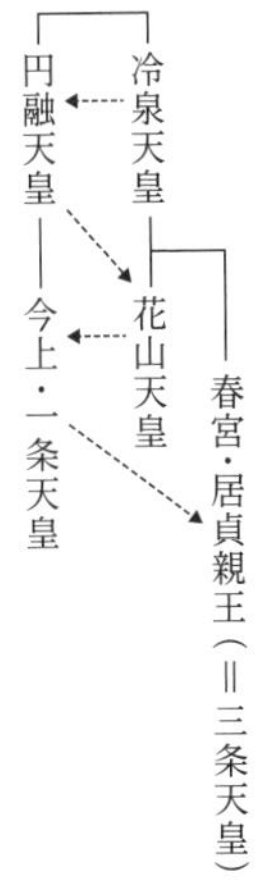

ならば実に狡猾《こうかつ》、一方の定子と中関白家《なかのかんぱくけ》にとっては面倒な存在であることこの上ない。当時の道長は、天皇代行という絶大な権力を持つ道隆に比べれば、その二十五歳の末弟、たかが権中納言《ごんちゅうなごん》という小粒な存在に過ぎなかった。だがその実際よりも自分を大きく見せる術《すべ》を彼は知っており、意識してそうした。道長は面倒で小癪《こしゃく》な〈役者〉だったのである。その好例が、清少納言《せいしょうなごん》が目撃した道隆への拝礼だった（第二章、『枕草子《まくらのそうし》』一二四段「関白殿、黒戸より」）。道隆の前に皆がひれ伏すなか、道長は一人で突っ立っていて、緊張の高まった最後の瞬間にひざまずいた。自分を目立たせて存在感を高めようと狙ったのだ。果たして効果はてきめんだった。興奮して定子に報告した清少納言は、まんまと道長の術中にはまったと言えよう。

中関白家の栄華

さて、『枕草子』にはもう一例、中宮大夫としての道長を記す章段がある。そこでも彼は面倒な大夫であり、また小癪な役者ぶりを見せつけてもいる。

正暦五（九九四）年二月、前年に再び関白となった道隆は、寺を建立して大々的な法会《ほうえ》を催した。場所は父・兼家《かねいえ》の遺邸、二条院《にじょういん》。父が死の直前に建立《こんりゅう》した法興院《ほこいん》の中に御堂《みどう》を建てて仏像を安置し、これを積善寺《しゃくぜんじ》と名付けたのである。積善寺は御願寺《ごがんじ》、つまり天皇や貴族らのための祈願を行う特別な寺ともされた。清少納言はこの前年に初出仕したばかりでまだ新米だったが、定子に伴って一連の行事を体験し、中関白家全盛の栄華《えいが》に次々と度肝《どぎも》を抜かれた。例えば、道隆が定子のために新造した御殿《ごてん》の美しさ。またその装飾の斬新さである。

つとめて、日のうららかにさし出《い》でたるほどに起きたれば、白う新しうをかしげに造りたるに、御《み》簾《す》よりはじめて、昨日《きのふ》掛けたるなめり。御しつらひ、獅子《しし》・狛犬《こまいぬ》など、いつのほどにか入《い》りゐけむとぞをかしき。桜の一丈《いちぢやう》ばかりにていみじう咲きたるやうにて、御階《みはし》のもとにあれば「いととく咲きにけるかな。梅《むめ》こそただ今は盛《さか》りなれ」と見ゆるは、作りたるなりけり。すべて、花のにほひなど、つゆまことにおとらず。

（早朝、日が昇りうららかに差しだした頃に起きると、真っ白でおしゃれな新築の御殿に、御簾を始めあれこれの間仕切りは、昨日掛けたのだろう。御帳台《みちょうだい》の前には獅子・狛犬などまで、いつの間に上がり込んだのかしらと、かわいい。一丈《じょう》〈約3ｍ〉ほどの桜の木が、庭への階段のたもとにあって、満開だった。「なんて早咲きなの。今の時期は梅が盛りなのに」と思って見ると、何と造花じゃないの。花の色合いやなんか、完全に本物そっくりで何一つ引けを取らない）

（『枕草子』二六〇段「関白殿、二月二十一日に」）

真新しい御殿の中で清少納言が目を留めた獅子・狛犬とは、定子の寝所《しんじょ》にあたる「御帳台」の正面に、中の尊貴な人を敬って置かれる置物である。内裏の御殿から定子を追ってきて上がり込んでいるのだと、清少納言には生きている動物のようにかわいく思えた。また、早咲きと思って見上げた庭の桜は、造花だった。一丈ほどもある本物そっくりの木のオブジェを、道隆は定子のために造らせたのだ。ただこの数日後、夜間に雨が降ると、オブジェは即座に撤去された。完璧に美しくなければ装飾ではない。損なわれた姿は見せない。それが中関白家の美意識なのだった。

宮司《みやづかさ》の混乱

ところで、この美しいしつらいだが、前夜到着した時の清少納言には目に入らなかった。あまりに眠かったからだ。というのも、内裏からの移動の際、乗車の順序が守られず取り残されてしまったのだ。先に到着していた定子は、なかなか着かない清少納言を心配しながら待っていた。

「いかなれば、かうなきかとたづぬばかりまでは見えざりつる」と仰《おほ》せらるるに、ともかくも申さねば、もろともに乗りたる人、「いとわりなしや。最果《さいは》ちの車に乗りて侍《はべ》らむ人は、いかでかとくはまゐり侍らむ。これも、御厨子《みづし》がいとほしがりて、譲りて侍るなり。暗かりつるこそわびしかりつれ」とわぶわぶ啓《けい》するに（後略）。

（「どうしたの？　いなくなったかと心配して捜したのですよ。こんなに遅いなんて」と定子様がおっしゃるが、私は何とも言えずにいた。すると同乗した先輩女房《にょうぼう》が「本当に大変だったのです。最後の車に乗った私たちが、早く到着などできましょうか。これでも下仕《しもづか》えの者が気の毒がって順

番を譲ってくれたのですわ。暗くて怖いことでした」と、情けなさそうに申した）（同前）

清少納言の先輩女房の言葉を聞き、定子は「行事《ぎやうじ》する者の、いと悪《あ》しきなり（差配の係官《かかりかん》がなっていないのです）」と答えた。また「定めたらむさまの、やむごとなからむこそよからめ（規定を遵守《じゅんしゅ》した、品位ある乗車順であるべきなのに）」とも口にして、不愉快そうな表情をした。女房の乗車には規則があり、それに従って秩序だって行われることを定子は望んでいたのに、うまくいかなかったのだ。女房のせいではない、宮司（中宮職《ちゅうぐうしき》）の担当者が到らないのだ。定子がそう即断したからには、おそらく同様のことが常態化しており事態を憂慮《ゆうりょ》していたところだったのだろう。『枕草子』によれば、乗車係は清少納言の先輩女房と口論までしている。中宮職の職員と女房の関係がうまくいっていなかったのだ。末端の実務者の落ち度ではあるが、それだけだろうか。長である中宮大夫・道長が日ごろから職務を軽視しており、職員に対する監督も行き届いていないことが響いて、業務のトラブルを引き起こしたとは言えないか。

数日後、法会のために清少納言たちが再び牛車《ぎっしゃ》に乗った時には、差配したのは定子の兄弟・伊周《これちか》と隆《たか》家《いえ》だった。定子は道長に改善を命じるのではなく、身内で対応したのである。そのため女房たちの乗車はスムーズにできたが、今度は貴公子たちの準備が遅れて、行事は結局大幅に遅れた。

このように、道長は中宮職の実務を必ずしも丁寧に遂行しなかった。加えて定子と道長は、うまくコミュニケーションの取れる関係ではなかった。そのため組織はぎくしゃくし、運営に支障が出ていたのである。

「いと好き給へりな」

一方、晴れの法会当日には、道長は見事な存在感を見せた。

この日、清少納言たちは牛車二十台で定子の御殿を出発し、二条大路《おおじ》に車を整列させた。天皇の母で正暦二（九九一）年に出家し史上初の「女院《にょいん》」となった詮子《せんし》の一行も、牛車十五台を連ねて待機している。ここで定子の輿《こし》と合流し、寺に向かうのだ。清少納言の胸は高鳴った。ところが、当の定子がなかなか出てこない。「いつになったらお出ましになるのかしら」。清少納言は心配になり、「いと久《ひさ》し」「いかなるらむ」と気をもんだ。

やっと姿を見せた定子の輿は素晴らしく、まるでこの日二度目の日の出が訪れたかのように輝かしかった。清少納言は髪の毛が逆立つほどの感動を覚えた。しかし、寺に着くと定子は清少納言に言った。

「久しうやありつる。それは、大夫《だいぶ》の、院の御供《とも》に着て人に見えぬる同じ下襲《したがさね》ながらあらば、人わろしと思ひなむとて、こと下襲縫はせ給ひけるほどに、遅きなりけり。いと好き給へりな」

（「遅かったでしょう？　それは大夫が、女院様のお迎えに着て行って人に見られたのと同じ下襲ではみっともないだろうと、別のを縫わせていらっしゃって、遅れてしまったのよ。たいそうお洒落《しゃれ》さんですこと」）

（同前）

駒競行幸絵巻（模本＝狩野晴川院養信）　出典：ColBase（https://colbase.nich.go.jp/）

遅くなったのは、定子のせいではなかった。原因は道長で、定子もまた彼に待たされていた。しかも理由は、彼の着替えであったという。道長はこの日、道隆や次兄・道兼《みちかね》と共にまずは詮子を迎えに行き、定子の御殿まで随行した。そしてその後、皆で寺へ向かった。つまり二度の行列を行ったわけだが、それが同じ「下襲」ではまずかろうと、御殿でそれを着替えた。いや、着替えるだけならよい、その場で新しい物を縫わせて着替えたというのである。

道長が気にした「下襲」とは、束帯《そくたい》の袍《ほう》の下に着るもので、後ろ側のすそに「裾《きょ》」と呼ばれるしっぽのような部分が付いている。これを後ろに長く引きずるのが美麗とされ、長さは地位や身分によって規定があった。鎌倉時代初期に成立した故実書『餝抄《かざりしょう》』によると、平安後期、大臣で一丈四五尺（4m20〜50㎝）、大納言《だいなごん》で一丈二三尺（3m60〜90㎝）というから、かなりの長さである。また紋様《もんよう》や色目については、通常は身分や年齢によって規定があったが、特殊な行事の折には「一日晴《いちにちば》れ」といって規定外の自由なものが許されもした。図（53頁）は万寿《まんじゅ》元（一〇二四）年、道長の息子・頼通《よりみち》の邸宅で行われた競馬《くらべうま》の盛事を描いた「駒競行幸絵巻《こまくらべぎょうこうえまき》」（鎌倉時代末期）の模本だが、ここで寝殿《しんでん》の簀子《すのこ》に座した参加者たちが欄《らん》干《かん》に掛けている豪華な長い布が裾である。現代ならば男性のファッションで目立つのはネクタイやチーフだが、平安貴族たちはそれよりもずっと巨大なアイテムで、自分の地位や富裕さやセンスを可視化し、競っていたのである。

さて、史料によれば当日定子が遅れたのは小一時間だった（『本朝世紀《ほんちょうせいき》』正暦五年二月二十日）。小一時間で新しい下襲を用意することが可能なのか。京都の装束店・井筒法衣店《いづつほういてん》の専門家に尋ねたところ、縫製自体は不可能ではないという。だがそもそも、当日その場で縫製させることがおかしい。別の裾を見せたいなら、あらかじめ仕立てた物を持参して着替えればよいのだ。だが道長はそうしなかった。つまりこれは、下襲の縫製も着替えも、それによって当然見込まれる行事の遅れも含めて、道長の〈計画的犯行〉だった。

道長が着替えると言い出し、美しい布をその場に広げた時、中関白家の人々はどんなに啞然《あぜん》としたことだろう。縫製の間、どんなにやきもきしながら待ったことだろう。だが彼が新しい裾を引いて見せた時には、やはり美しさに息を呑《の》んだのだろう。

もちろん定子は、道長の行為が嫌がらせであることに気付いていた。清少納言に言った言葉「いと好き給へりな」は、本心ではなく痛烈な皮肉である。彼女は中宮としての矜持《きょうじ》にかけて、道長の悪意に動じない態度を示したのである。

それにしても道長、大した役者である。中関白家を困らせ、皆の注目を集め、うならせた。だが彼を誰も批判できない。批判すれば彼は堂々と「定子様や中関白家の晴事《せいじ》に敬意を払ってのこと」と答えただろう。

女院・詮子に頼る

道長が中宮大夫であった正暦元（九九〇）年から長徳元（九九五）年は、まさしく長兄・道隆一家、中関白家の栄華の五年だった。だが見てきたとおり、道長はその初期から彼らと同調せず距離を取り続けた。

むしろ道長は、姉であり、一条天皇の母后《ははぎさき》でもある女院・詮子に密着した。二人には自然とそうなるべき歴史があったのだ。第一章にも記したが、円融《えんゆう》天皇（九五九〜九一一）の時代、詮子は天皇のたった一人の子を産んだにもかかわらず中宮に選ばれなかった。傷心を抱いて息子を連れ実家に引きこもった時、そこにいたのはまだ十代で独身の道長だった。辛《つら》い時期を一つ屋根の下で過ごすことで、詮子と彼女の小さな皇子《おうじ》は、道長と強い紐帯《ちゅうたい》で結ばれることになった。時が流れ、皇子が今上《きんじょう》天皇、詮子は天皇を最も傍《そば》で後見する母・皇太后《こうたいごう》、さらに女院・東三条院《ひがしさんじょういん》となっても、道長との関係性は変わらなかった。詮子と道長は、いつまでも素のままの姉と弟であった。

詮子は、兄の道隆については、その正妻・高階貴子《たかしなのきし》の実家のことが意に染《そ》まなかったらしい。実際高階氏は、身分も受領《ずりょう》階級と低いがその心のありようにおいても、貴族社会で首を傾げられる存在だった。例えばのちに定子が零落《れいらく》し二十四歳で非業《ひごう》の死を遂げた時、彼らはまるで他人のように振る舞い、一部の義憤《ぎふん》を買っている（『権記《ごんき》』長保《ちょうほう》二〈一〇〇〇〉年十二月十七日）。

そんななか道長については寛和《かんな》二（九八六）年、詮子は自分が面倒を見ていた源明子《めいし》と道長の結婚を差配し、やがて明子が男子・頼宗《よりむね》を産むと、その着袴は詮子の御所で行った（『権記』長徳四〈九九八〉年十二月二十五日）。彼女は身内のなかでもとくに道長に目をかけており、道長を「わが御子《みこ》」と呼んでいたと『栄花物語《えいがものがたり》』（巻三）が記すのは誇張ではなかった。また正暦二（九九一）年、詮子が女院となると身を寄せたのは道長のいる土御門殿《つちみかどどの》（邸）であった。翌正暦三年には天皇も土御門殿に出向いて、母への朝覲行幸《ちょうきんぎょうこう》（天皇が父母への挨拶《あいさつ》に出向く儀）を行った（『日本紀略《にほんきりゃく》』同年四月二十七日）。道長は自宅への行幸をしおおせた褒美に従二位《じゅにい》へと位を引き上げられた。翌年もさらにその翌年も、天皇は詮子に挨拶するために土御門殿に行幸した。道長は詮子を尊重し、詮子もまたこの弟に頼り、その関係性は母思いの天皇に影響を及ぼしたのである。のちのことになるが、詮子がその命を終える長保三（一〇〇一）年、死の二カ月前に数え四十歳を祝う四十賀《しじゅうのが》の儀を挙行したのも、道長と倫子の土御門殿だった。その時も天皇は行幸している。

二つの病

さて、積善寺で法会があった正暦五年は、道隆と道長が優雅な火花を散らしていた裏で、まがまがしい事の起こりつつある年だった。『栄花物語』はこの年最初の記事を次のように記している。

いかなるにか今年世《よ》の中《なか》騒がしう、春よりわづらふ人々多く、道大路《みちおほち》にもゆゆしき物ども多かり。
（どうしたことか、この年は世の中が騒然とし、春から病にかかる人が多く、都大路《みやこおおじ》も忌《い》まわしいもの——病死した人々の遺体——であふれた）

（『栄花物語』巻四）

文学作品で「世の中騒がし」とは、疫病《えきびょう》の流行を表す。この年、九州から流行し始めた疫病は北上し、都を襲った。積善寺供養の一カ月後の三月、朝廷は大規模な恩赦《おんしゃ》を行った。また、税を免除し、老いた者には食べ物を、貧しい者には金を与えた（『日本紀略』正暦五年三月二十六日）。すべて疫病対策である。しかし四月から七月には「京都の死者、過半」（同七月）と言われるまでの惨状となった。死者は庶民ばかりではなく、「五位《ごい》以上六十七人」（同）と、貴族層に及んだ。

道隆は八月、公卿内部の大幅な昇進人事を行い、政権のてこ入れを図った。弟の道兼を右大臣《うだいじん》に、息子の伊周を内大臣《ないだいじん》に。道長は昇進の対象にされず権大納言《ごんだいなごん》どまりで、八歳も年下の甥《おい》・伊周に官職を追い越されるという屈辱を味わわされた。また伊周の異母兄にあたる道頼《みちより》が権大納言に昇って、道長と並んだ。さらに伊周や定子の同母弟・隆家までが、従三位《じゅさんみ》の位を得て公卿となった【系図3】。わずか十六歳、『公卿補任《くぎょうぶにん》』による限り平安時代始まって以来最年少の公卿である。道隆が息子たちを昇進させるやり方は、あまりに露骨すぎる。

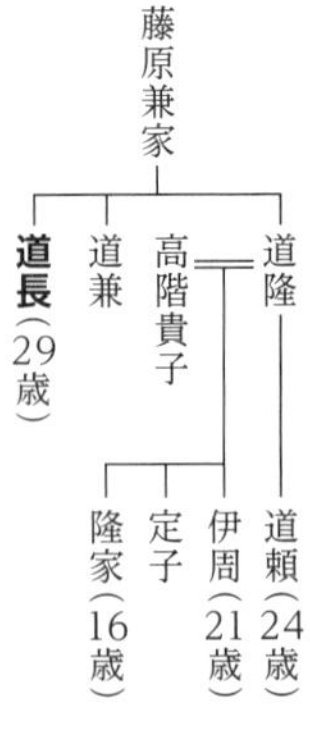

【系図3】道隆の息子たち（正暦五年）

おそらくこの裏には、もう一つの病の影があった。道隆自身の持病。飲水病《いんすいびょう》――現代の糖尿病の進行である。彼は『大鏡《おおかがみ》』「道隆」が「御酒《みき》の乱れ」で死んだと記すように、大の酒好き、しかも日常的な大酒飲みだった。史料に彼の病が記されるのはこの年十一月十三日（『小記目録《しょうきもくろく》』）だが、本人にはしばらく前から自覚症状があったのではないか。その焦りがあからさまな人事に直結したと思えてならない。

明けて長徳元（九九五）年正月二日、一条天皇は母・東三条院詮子に正月挨拶の朝覲行幸をすることになっていた。ところが当日の早朝になって、関白・道隆が病で参れないという。知らせを受けた天皇は詮子に使いを送ったが、詮子は頑《がん》として中止を許さなかった。行幸が中止になれば、彼女は息子に会うことができない。数時間ものやりとりを経て、結局道隆抜きで行幸が行われることになった（『小右記』同日）。

なお、この日の行幸の会場は明記されている史料がなく、わからない。だが前年までの道長の土御門殿ではなかっただろう。なぜなら道長自身がこの行幸を欠席しているからである。大納言の藤原朝光《あさてる》と済時《なりとき》も同様に不参加だったが、この二人は道長と同様に昨夏の人事にあずかれず、伊周に地位を越された人物である。共に中関白家に不満を抱いてのことだろう。かつては二人とも道隆の酒友で、一つの牛車に乗り込んでは酒持参で祭り見物に繰り出すほどの仲だったのだが（『大鏡』「道隆」）。

この日の行幸後には定子主催の大饗《だいきょう》（正月の宴）も行われたが、左大臣と右大臣は行幸だけでさっさと帰り、大臣で参加したのは内大臣の伊周だけだった。道長はと言えば、中宮大夫なので主催者側として立ち働かなくてはならないはずだが、やはり不参加を決め込んだ。朝光と済時もそのまま姿を見せず、宴は寂しいものになった。道隆の強引な人事は公卿内の結束も兄弟の絆《きずな》も壊し、結局は中関白家を孤立に追い込む結果となったのである。

道隆は三カ月後の四月十日に薨去《こうきょ》。しかし、それに前後して三月二十日に朝光、四月二十三日に済時が亡くなるとは、誰が予想しただろうか。彼らの死因は疫病だった。『大鏡』「道隆」によれば、道隆はいまわの際に「済時・朝光なんどもや極楽にはあらむずらむ（済時や朝光なんかも極楽にいるのかのう）」と言ったという。若干日にちがずれるのは『大鏡』の説話ならではの御愛敬としよう。彼の友情は死の床《とこ》でよみがえった。きっとあの世でまた、三人で宴会を開くつもりだったのだろう。

次兄・道兼と道長

時間を戻して、道隆が重病の床にあった長徳元年春の道長の動きを確認しよう。道長は、二月十七日、次兄・道兼の息子・兼隆《かねたか》の元服《げんぷく》式に参加した。公卿の過半が参加したが、道隆と伊周は不参加。ほかも幾人かが姿を見せていないのは、病中のためでもあったか。道長は加冠《かかん》の役《やく》を務めた。加冠とは、元服する当人に大人のしるしの冠を被《かぶ》らせる、元服式では最も重要な役割である。

少年は髪を両側で束ねる「あげまき」という髪型に結っているが、元服式ではそれを現代の力士のように頭頂部で一つの髻《まげ》に束ねる大人の髪型に改め、冠を被らせる。平安時代の男性は、特殊な職業の人々を除いては貴族から庶民に至るまで、必ず冠を被る。冠は成人男性にとってとても大切なもので、これを脱いだ姿は「裸頭《らとう》」といい、人に見られてはならない恥ずかしい姿とされていた。その冠を被らせるのが加冠役である。例えば『源氏物語』の光源氏《ひかるげんじ》の場合、加冠の役を務めたのは彼の生涯の後見人となる岳父《がくふ》・左大臣であった。道兼はそのように息子の一生に関わる重要な役割を、弟の道長に委ねたことになる。

普通に考えれば、この役に最もふさわしいのは、兄で関白の道隆のはずである。だがおそらくこの時、道隆は病で、もう役を務められる状態になかった。少なくとも先が見えていて、息子の将来を頼むにはふさわしくなかった。ならば道隆の子の伊周という方法もないではない。伊周は若いとはいえ、道長より上位の内大臣である。しかし、道兼はそうしなかった。つまりこれは、道兼が中関白家と袂《たもと》を分かち、道長と共に別派閥を形成することの宣言だったのである。ポスト道隆は、道隆の息子の伊周ではなく弟の自分。道長はその右腕となる――。その構想を道長も受け入れたのだ。そしてこれは、道兼が三十五歳、伊周がまだ二十二歳という年齢や経験値、公卿内のバランスから言って、十分に現実的な構想だった。

だがこの時、その道兼が、四月十日の道隆の死からひと月も経たない間に疫病で世を去るなどとは、誰が想像したことだろうか。同月二十七日、道兼を関白とする詔《みことのり》が下った。同じ日、道長は左大将《さだいしょう》に昇進した。そこまでは二人の計算どおりだった。だが五月二日、天皇に就任御礼の挨拶を言上《ごんじょう》すると、道兼はそのまま立てなくなった。五月八日には薨去。世は彼を「七日関白」と呼んだ（『公卿補任』）。

なお、元服した兼隆には関白となった父のもとで輝かしい将来が待ち受けているはずだったが、父の死でそれは途絶えた。しかし道長は、兄との約束を守り、兼隆を生涯後見した。兼隆は、道長に付き従う人生を選んだ。例えばこの約二十年後の寛仁《かんにん》元（一〇一七）年、彼は春宮の地位についていた敦明《あつあきら》親王をそそのかして辞めさせ、その後に道長の孫・敦良《あつなが》親王を配する工作を行ったという（『大鏡』「道兼」）。史料の裏付けはないが、真実ならば、さすがは次章で詳述する謀略《ぼうりゃく》上手の道兼の息子である。道長が彼を後見したのは、誠意か、それとも死者となった兄に怨《うら》まれまいとしてか。あるいは、兄に似て狡猾酷薄《こくはく》なこの少年を、役に立つと踏んだためか。おそらくはそのすべてであろう。

粟田口《あわたぐち》のにらみ合い

再び時間を戻そう。この長徳元（九九五）年二月二十八日、東三条院詮子は石山寺《いしやまでら》に参った。彼女は石山寺を好み、史料で確認できるだけで生涯に六回も参っているという。石山寺は観音霊場、現世利益《げんせりやく》の寺である。この時詮子が祈ったのは、結婚六年目の息子・一条天皇の子宝か、それとも体の弱い自分の病気平癒《へいゆ》か。道長は騎馬で詮子の供をした。ところが伊周は牛車で、しかも京のはずれ・粟田口まで来ると京に戻るという。詮子を蔑《ないがし》ろにする甥に、道長は怒った。

御車の轅《ながえ》に属《つ》き帰洛の由を申す。此《こ》の間《かん》中宮大夫、騎馬にて御牛の角の下に進み立つ、人々属目《しょくもく》す。其の故有るに似たり。

（内大臣〈伊周〉は、女院の牛車の柄《え》のところで帰京の挨拶をされた。その間に中宮大夫〈道長〉は、馬に乗ったまま女院の牛の角のもとに進み出、内大臣を見下ろした。その様子に、人々は注目した。いかにも訳ありな場面だった）

（『小右記』長徳元年二月二十八日）

かたや、関白ながら今や死《し》に体《たい》の道隆を笠に着る若造・伊周。またかたや、道隆の死後を狙う右大臣・道兼と女院・詮子という兄姉に密着した道長。『小右記』の記主・実資は、このにらみ合いの一件を、天皇の秘書官長・蔵人頭《くろうどのとう》の源俊賢《としかた》から聞いた。二者の対立は上級貴族の間で面白おかしく囁《ささや》かれ、広まったのである。ちなみにここで実資が道長をわざわざ「中宮大夫」と記していることに注目したい。先にも述べたとおり、実資は、いつもは道長をこの職名では呼ばない。彼が中関白家に楯突《たてつ》き、中宮大夫らしからぬ行動をとった時に限って、揶揄《やゆ》をこめてこう呼ぶのである。

『大鏡』はこの記事に取材し、次の逸話を載せている。

入道殿は御馬をおしかへして、帥殿《そちどの》の御項《うなじ》のもとに、いと近ううち寄せさせ給ひて、「とく仕《つか》うまつれ。日の暮れぬるに」と仰せられければ、あやしく思《おぼ》されて見返り給へれど、おどろきたる御気《け》色《しき》もなく、とみにも退《の》かせ給はで、「日暮れぬ。とくとく」とそそのかせ給ふを、いみじうやすからず思せど、いかがはせさせ給はむ、やはら立ち退かせ給ひにけり。父おとどにも申し給ひければ、「大臣軽《かろ》むる人のよきやうなし」とのたまはせける。

（道長殿は前を進んでいたが、馬を引き返すとその鼻先を伊周殿の首筋あたりにぐっと近づけた。そして牛使いに「早く致《いた》せ。日が暮れてしまうぞ」と仰《おお》せになった。伊周殿は怪訝《けげん》な顔で振り返る。だが道長殿はひるむ様子もなく、すぐに馬の鼻面《はなづら》を退けようともせず、「日が暮れる。早く早く」と促された。伊周殿は腸《はらわた》が煮えくり返ったが、どうしようもない。しぶしぶ引き下がり、女院の牛車から離れられたのだった。帰京して父上の道隆殿に泣きつき、「大臣を見下げる奴《やつ》に碌《ろく》なことはないさ」となだめられたとか）

（『大鏡』「道長」）

二人の緊迫した様子は、牛車の中の詮子にも感じ取れただろう。いや、役者の道長のことだ。むしろそのためにこそ、この毅然《きぜん》とした態度をとって見せたのかもしれない。自分のために伊周に凄《すご》みをきかせてくれる弟に、詮子は胸を熱くしたのではないだろうか。

「あはや、宣旨下りぬ」

こうした強い絆で結ばれた姉弟である。道隆亡く、道兼も亡き後、伊周と道長が次代の権力を争うことなった時、女院・詮子は圧倒的に道長に肩入れしたに違いない。その読みが、『大鏡』に次の名場面を想像させた。

女院《にょうゐん》は、入道殿を取り分きたてまつらせ給ひて、いみじう思ひ申させ給へりしかば、帥殿《そちどの》は、うとうとしくもてなさせ給へりけり。帝《みかど》、皇后宮をねんごろにときめかさせ給ふゆかりに、帥殿はあけくれ御前にさぶらはせ給ひて、入道殿をばさらにも申さず、女院をもよからず、ことに触れて申させ給ふを、おのづから心得《こころえ》やせさせ給ひけむ、いと本意《ほい》なきことに思し召《おぼめ》しける、ことわりなりな。

（女院・詮子様は、道長殿に特別の御愛情をかけておられたので、伊周殿にとっては疎《うと》ましい存在だった。そこで伊周殿は、一条天皇の皇后宮・定子様へのご寵愛《ちょうあい》につけこんで、明け暮れ帝の御前に侍《はべ》っては、道長殿のことはもちろん女院についても、何かにつけて良からぬことを吹き込まれた。自然と女院はお察しになったのだろうよ、実に心外と思し召しになった。当然のことよ）

（『大鏡』「道長」）

伊周が天皇とべったりの関係であったことは、『枕草子』の諸章段からも窺われる（二一段「清涼殿《せいりやうでん》の丑寅《うしとら》の隅《すみ》の」、一九三段「大納言殿参り給ひて」など）。確かにそこで伊周は定子と共に帝の近くに侍り、定子に話を合わせたり自らの漢詩文の知識を奏上したりして、帝を興じさせていた。取り入っていると言われても仕方がないが、帝の義兄弟として睦《むつ》まじく親交していただけとも言える。だが『大鏡』では、伊周がそうした機会をとらえて敵対派閥である道長と詮子の悪口を語っていたことになっている。その事実は確認できないが、これを読むとあったのかもしれないという気になってくる。『大鏡』の巧みな創造力だ。

詮子は、伊周を排し道長を最高権力者とするよう、天皇を説得する。だが天皇は渋る。道隆亡き後、実家の後ろ盾を失う定子を慮《おもんぱか》ってのことという。しかし詮子は、いったん道隆から道兼、つまり兄から弟へという継承の順を示した以上、それを違《たが》えては天皇自身のためにならぬと食い下がる。実に筋が通った言い分だ。すると天皇は不快になり、呼び出しに応じなくなったという。『大鏡』が描く一条天皇は私情にもろく、妙に子供っぽい。

されば、上《うへ》の御局《みつぼね》にのぼらせ給ひて、「こなたへ」とは申させ給はで、我、夜《よる》の御殿《おとど》に入らせ給ひて、泣く泣く申させ給ふ。
その日は、入道殿は上の御局にさぶらはせ給ふ。いと久しく出《い》でさせ給はねば、御胸つぶれさせ給ひけるほどに、とばかりありて、戸を押し開けて出でさせ給ひける。御顔は赤み濡《ぬ》れつやめかせ給ひながら、御口はこころよく笑《ゑ》ませ給ひて、「あはや、宣旨下《くだ》りぬ」とこそ申させ給ひけれ。
（それで女院は清涼殿《せいりょうでん》の上の御局に上がり込むと、「こちらへ」とは申されないで、自ら帝の寝室にお入りになり、泣く泣く説得された。

その日同行された道長殿は、上の御局に控えて姉君を待った。なかなか出て来られない。心臓は今にも破れそうだ。と、しばらくして、姉君は戸を押し開けてお出ましになった。顔は紅潮し、涙に濡れて光っている。そして口もとには快哉《かいさい》の笑みをたたえて、おっしゃったのだった。「やったわ……決定が下りたのよ」）（同前）

まるで見てきたかのように語る――。これこそが歴史物語の真骨頂である。息子の寝室というきわめて私的な密室で、母としての自分を賭け、泣きながらかき口説《くど》く詮子。襖障子《ふすましょうじ》を隔てた上の御局で、じっと待つ道長。やがて襖障子が開き、光が差すとともに姉が姿を見せる。その表情を見た瞬間に、彼はすべてを悟っただろう。姉は勝った。息子を泣き落とし、道兼の後には道長を据えるとの言質《げんち》を取ったのである。

重ねて断るが、この場面を裏付ける史料は見当たらない。だが詮子の論理、口説いた方法、有様《ありさま》の一つ一つが生き生きとして、読む者を引き込む。こうしたことが実際にあったのだと信じる気持ちにさせられる。それはもちろん『大鏡』の手柄でもあるが、何より詮子という、不当に耐え続けたキサキの人生と、彼女と息子の固着的関係性、彼女と道長の共犯的関係性が、この一場面に凝縮しているからだ。

それにしても、この時、心臓の潰《つぶ》れる思いだったという道長の胸中は、どうだったのだろう。彼は、詮子に寄り添い道兼に与《くみ》するという形で「準備」を進めてきた。だが道隆に続いて道兼までが死んでしまうとは、まさか考えてもいなかっただろう。『大鏡』は二人の死を道長の「運に押されて（強運に圧倒されて)」のことと言い放つが、それは結果を知った後人にしか言えないことである。

兄たちの相次ぐ病と死、そして転がり込んできた権力は、まずは道長にとって驚愕《きょうがく》と戦慄《せんりつ》の事態だったに違いない。これを〈僥倖《ぎょうこう》〉とするか。それとも身に負えぬ重荷とするのか。いや、泣き笑う姉を前に、道長に許された道は一つしかなかった。

第四章

中関白家《なかのかんぱくけ》の自滅

あはれ道兼

朝顔の　あしたの花の　露《つゆ》よりも　あはれはかなき　世にも経《ふ》るかな

（朝顔の、朝咲く花の上に降りた露。何と儚《はかな》いものか。だがそれよりもっと儚い人の世を、私たちは生きているのですね）

（『続古今和歌集《しょくこきんわかしゅう》』雑上　一五七六番）

早朝に開き、わずかな時間で萎《しお》れてしまう朝顔。その花の短い命と競うように、露もまたわずかな時間で消えてしまう。しかし人の命はどうなのか？　自分自身の生のほうが、花よりも露よりも脆《もろ》いものではないか。人の世の定めである「無常＝あはれ」を歌うこの和歌の作者は、藤原道長《ふじわらのみちなが》の次兄・道兼《みちかね》である。彼は和歌を好んだが、天皇の命によって編纂《へんさん》された勅撰集《ちょくせんしゅう》に採られた和歌は生涯にこれを含めて二首だけであった。『続古今和歌集』の詞書《ことばがき》によれば、朝顔の花に付けて源英明女《みなもとのふさあきらのむすめ》におくった和歌という。彼女は道兼より二十歳以上年かさで、おそらく恋仲ではない。むしろ、若い彼にもようやく実感されてきた人生への思いを年長のひとにうちあける和歌だったのだろう。彼の歌に、英明女は悟り切った和歌を返した。

人の世か　露か何《なに》ぞと　見し程《ほど》に　おも慣れにける　朝顔の花
（儚いもの、それは人の世か、露か、それとも何なのだろうと見ておりますうちに、慣れて平気になってしまいました、朝顔の花には。私はもう年でございますので）　（同前　一五七七番）

この贈答がいつ交わされたものかは、わからない。だが少なくともこの時、やがて道兼が実際に三十五歳の若さで疫病《えきびょう》に倒れ、数日であっけなく亡くなるとは、どちらもよもや思ってはいなかっただろう。道兼はまるで、自らの死に手向《たむ》ける和歌を、それと知らずに詠んでいたかのようではないか。

藤原道兼という人

藤原道長の次兄・道兼ほど口惜《くちお》しい思いで死んだ人物は、滅多《めった》にいないだろう。彼は長徳《ちょうとく》元（九九五）年四月、長兄・道隆《みちたか》の持病による死を受け、念願の関白《かんぱく》の座を手中にした。だがその折も折、公《く》卿《ぎょう》たちの間で猛威を振るっていた疫病に罹患《りかん》、志半ばで薨去《こうきょ》し世に「七日関白」と呼ばれた。
道長は長兄・道隆とは距離を取っていたが、この次兄・道兼とは手を組み、道兼の息子の元服《げんぷく》式で加《か》冠《かん》の役《やく》を務めるほどだった。予想された道隆の死の後、道兼は関白、道長はその片腕となる。姉の国《こく》母《も》・詮子《せんし》の強力な後押しも得て、安定した政権運営を行う――。道兼の構想はおそらくそこまで進んでいた。またその構想が夢物語ではないほど、道兼には実力があった。何しろ『栄花物語《えいがものがたり》』には、父・兼家《かねいえ》の在世中から何かと兄の道隆を「教へ（諭し）」ていたと記される彼だ（巻三）。自分ならこうする、という思いがずっとあったのだ。彼は策謀《さくぼう》と実行の人で、次に記すようにその実績もあった。また人脈があり、歌人や文人とも交流があったことが明らかになっている。自作の和歌からは濃《こま》やかな情が感じ取れる。『栄花物語』は彼を「御顔色悪《あ》しう、毛深く、ことのほかに醜《みにく》くおはする」（巻三）と貶《おとし》めているが、それはむしろ彼の力を認めていたがゆえに、道長を引き立てるため殊更《ことさら》に歪《ゆが》めて言いなしたものではないだろうか。

　さて、道兼と言えば、何といっても『大鏡《おおかがみ》』に記される花山《かざん》天皇（九六八～一〇〇八）退位の謀略の一件である。寛和《かんな》二（九八六）年六月二十二日深夜、内裏《だいり》から天皇を連れ出して出家させ、退位に持ち込んだのは道兼だった。

> おりおはしましける夜は、藤壺《ふぢつぼ》の上《うへ》の御局《みつぼね》の小戸《こど》より出《い》でさせ給ひけるに、有明《ありあけ》の月のいみじく明《あ》かかりければ、「顕証《けんしよう》にこそありけれ。いかがすべからむ」と仰《おほ》せられけるを、「さりとて、とまらせ給ふべきやうはべらず。神璽《しんし》・宝剣《ほうけん》わたり給ひぬるには」と、粟田殿《あはたどの》のさわがし申し給ひけるは、まだ帝《みかど》出でさせおはしまさざりけるさきに、手づからとりて、春宮《とうぐう》の御方に渡し奉《たてまつ》り給ひ

てければ、かへり入らせ給はむことはあるまじく思《おぼ》して、しか申させ給ひけるとぞ。

（退位の夜、帝は清涼殿《せいりょうでん》の藤壺《ふじつぼ》の上《うえ》の御局の小戸から内裏脱出を図られた。だが、有明の月がまぶしく輝いている。「これでは丸見えではないか。どうしたらよかろう」。帝が尋ねると、答えたのは藤原道兼殿だった。「だからといって、もう後には引けません。神璽《しんじ》も宝剣も、天皇の御印はもう春宮のもとに渡ってしまっております」。そう言ってせかしたのもそのはず、道兼殿自身が帝の脱出前に自分で春宮の所に運んでしまっていたのだ。今更《いまさら》帝に計画を中止されては大変だから、こう促したのだ）

（『大鏡』「花山院」）

謀略の首謀者は、父・藤原兼家だった。彼は一日も早く娘・詮子の子である春宮・懐仁《やすひと》親王（のちの一条《いちじょう》天皇。九八〇〜一〇一一）を即位させたかった。そのためには今上《きんじょう》・花山天皇を退位させなくてはならない。急ぐ兼家の命を受けて道兼は蔵人頭《くろうどのとう》となり、天皇に密着していた。そして天皇が亡き愛妃・忯子《しし》を心から悼《いた》んでいると知るや、出家を勧めた。「共に出家する」とまで言う道兼を天皇は信じた。道兼には間者《かんじゃ》の才、人たらしの才があったのだ。深夜、二人で内裏を脱出。『大鏡』がありありと語るところによれば、ようやく月が雲に陰《かげ》り脱出の好機となった折も折、天皇が「忯子の手紙を置いてきた」などと言い出し取りに戻りたがると、道兼は泣き真似《まね》までして止めたという。度胸も演技の才もあったのだ。さて東山《ひがしやま》の花山寺《かざんじ》で天皇を剃髪《ていはつ》させるや、彼は「父に出家前の姿を見せておきたい」などとけろりと嘘《うそ》をついて都に戻った。非情になりきれることも、政治家には時に必要な才である。

道兼の言葉に「朕《われ》を謀《たばか》ったな」。花山天皇、もとい既に天皇の地位を失った花山院がようやく気付いた時には、父・兼家の手配した名だたる源氏《げんじ》の武者たちが一尺ばかり（約30㎝）の刀をすっと抜きかけて、道兼を守ったという。紛《まぎ》れもなく、道兼が一世一代の大活躍を演じた一幕だった。道兼こそが、詮子の息子・一条天皇の時代を開き、父・兼家を悲願の摂政《せっしょう》の座に就けた立役者だった。

この役を演じた時、彼は二十六歳。似た年ごろでの道長と言えば、二十八歳の時の道隆邸での弓の儀の一件があった（『小右記《しょうゆうき》』正暦《しょうりゃく》四〈九九三〉年三月十三日）。定子《ていし》に仕える中宮大夫《ちゅうぐうのだいぶ》という身にもかかわらず空気を読まずに優勝したもので、身内相手に粋《いき》がっていたわけだが、いかにも平和である。この弓競べを「道長の家から帝・后《きさき》が立つなら、この矢よ当たれ」「我《われ》が摂政・関白すべきものなら、この矢よ当たれ」と道長が唱えながら射たなどという勇ましい逸話に仕立てたのは、歴史をすでに知っている『大鏡』の後付けの演出に過ぎない。史実では、この時点における道長は道隆に真っ向から立ち向かう立場ではなかった。それは道兼の役割であり、道長は彼に次ぐ二番手だった。だから現政権への示威《じい》行為といっても、これまで見てきたような、中宮大夫の仕事を適度にサボる、中関白家《なかのかんぱくけ》の弓競べで勝ってみせる、中関白家のイベントで美しい装束をひけらかす程度で、彼の役割としては十分だったのだ。

言いたいのは、道長はずっとクリーンでスマートな貴公子で、道兼のように修羅場をかいくぐった経験があるようには思えないということである。だが長徳元年、思いがけなくも道兼を喪《うしな》ったことで、彼は道兼が引き受けていたような重い役割を引き受けなくてはならなくなった。場合によっては汚れ役、あるいは重責や秘密を背負う立場に、唐突に置かれたのである。道兼を恃《たの》み姉にすがってきた道長に、その準備はできていたのだろうか。

集いの主《あるじ》・道兼

道兼は、しばしば自宅に人々を招き、漢詩や和歌に興じていた。藤原実資《さねすけ》の記す『小右記』の次の記事は、道隆が内大臣《ないだいじん》に内定した、つまり父の後継である摂政・関白は道隆であることが決まった日のものである。

深更《しんかう》、権中納言の御許《おんもと》より御消息有り、仍《よ》りて直衣《なほし》を着て参詣《さんけい》す。作文《さくもん》・和歌等有り、雲上の侍臣《じしん》多く以《もつ》て会合す。

（夜遅く、権中納言《ごんちゅうなごん》〈道兼〉から連絡があったので、直衣《のうし》を着て伺った。漢詩漢文や和歌などの遊びがあり、殿上人《てんじょうびと》が多く集っていた）

（『小右記』永祚《えいそ》元〈九八九〉年二月二三日）

『大鏡』「道兼」は、道兼が、花山院を騙《だま》して退位させたのは自分なのに、父が自分でなく兄に関白を譲ったことを恨《うら》んでいたと記す。そして父の喪中にはあてつけがましく人々を呼び集め、後撰《ごせん》集や古今《こきん》集を広げて興じ、哀悼の様子も示さなかったという。右の『小右記』は父の亡くなる前年のものだが、やはり道兼には父への怒りや摂関《せっかん》を逃したことへの悔しさがあって、まさに兄の内大臣就任が決定した日の深夜、自身の存在感を誇示するような集まりを開いたように読める。だが看過できないのは、〈中道〉の人である実資が招待に応じ、深夜に道兼邸を訪れていることである。しかもそこには既に多くの殿上人がいた。剛腕の兼家、奢侈《しゃし》の道隆は、どちらも身内びいきな政治家だったが、彼らに比べて道兼には、より広い人々を赴《おもむ》かせる人望があったのではないだろうか。『江談抄《ごうだんしょう》』「第一　摂関家の事」は、兼家が次の関白を誰にすべきかと迷っていた時、文人でのちには公卿に昇進した実力者・藤原有国《ありくに》が道兼を推挙したと記す。

道兼が詩歌《しいか》の会を開いたのは純粋に文学好きだったからでもあるようだ。国文学者の徳植俊之《とくうえとしゆき》氏によれば、道兼は二十代半ばの若い頃から折に触れ自宅に歌人たちを招き、和歌を詠ませたり歌会を主催したりしていたという。集った面々は、例えば清原元輔《きよはらのもとすけ》、大中臣能宣《おおなかとみのよしのぶ》、藤原為頼《ためより》。彼らはすぐれた歌人たちだったが、常に官職に汲々《きゅうきゅう》としていた。そんな彼らを呼んで和歌を詠ませるとは、褒美を与えて彼らを経済的に支えたということである。道兼はまだ若く、文化のパトロンとまではいかなかっただろうが、歌人たちに慕われていたことは想像がつく。

これら道兼の文学仲間たちは、その多くが道長ともかかわっている。清原元輔は清少納言《せいしょうなごん》の父、大中臣能宣は百人一首「いにしへの　奈良の都の　八重桜」で知られる伊勢大輔《いせのたいふ》の祖父、藤原為頼は紫式部《むらさきしきぶ》の伯父。清少納言だけは定子の女房《にょうぼう》となったが、彼らの家から輩出した才女たちは、やがて彰子《しょうし》の女房として道長に吸収されてゆく。

次の和歌は、道兼の家に人々が集まり桜を楽しんだ時のものである。作者は為頼の弟の藤原為時《ためとき》、紫式部の父である。

遅れても　咲《さ》くべき花は　咲きにけり　身《み》を限りとも　思ひけるかな

（遅咲きではあるけれど、咲くべき花は咲きましたなあ。私はわが身をこれでおしまいと見限っていましたよ。でも、そう、咲くべき花は咲いたのですなあ）（『後拾遺和歌集《ごしゅういわかしゅう》』春下　一四七番）

諦めていた出世。しかし目の前の桜のように、時間はかかったが道が開いた。わが身を遅咲きの桜に重ねてしみじみと喜ぶ様子から、これは花山天皇の時代、為時が苦労の末に六位《ろくい》蔵人兼式部丞《しきぶのじょう》の職を得た時期のものと思われる。道兼は五位《ごい》蔵人、為時のすぐ上の上司だった。このわずか一、二年後に時代は一条天皇の世へと変わり、為時は職を失って十年の沈淪《ちんりん》生活を余儀なくされる。しかしその時期も彼は道兼に乞《こ》われて詩文を作っていた（『本朝麗藻《ほんちょうれいそう》』「海浜神祠《しんし》〈住吉社〉」）。道兼は京の東郊・粟田《あわた》に瀟洒《しょうしゃ》な山荘を営み、その襖障子《ふすましょうじ》に描かれた名所絵に合わせて、詩人や歌人らに詩歌を詠ませたのである。文人・大江匡衡《おおえのまさひら》もこれに詩を詠んでおり、十四首が彼の詩集『江吏部集《ごうりほうしゅう》』に見える。匡衡は『栄花物語』の作者に擬せられる赤染衛門《あかぞめえもん》の夫である。

道長は漢文好きで自分でも漢詩の会などを開いていたので、為時とは早くから知己《ちき》を得ていた可能性がある。匡衡のことは、明らかに自邸に招いていた。道兼と道長は文人仲間を共有していたと言える。道兼が文芸の世界で培った人脈は、道長自身の人脈と綯《な》い合わされるように道長に引き継がれ、彼の世を絢爛《けんらん》たる文化の時代として輝かせたのである。

手におえない子

あと一つだけ、道兼について筆を割いておきたい。道兼には童名《わらわな》を福足《ふくたり》という長男がおり、どうしようもないやんちゃ者だった。『栄花物語』（巻三）は「世人から愛想をつかされていた」と記す。また『大鏡』「道兼」は「あきれるほど始末が悪い」とこきおろして、祖父・兼家の六十歳の賀で舞《まい》を舞うのを嫌がり、髪を振り乱して装束を引きちぎったエピソードを載せる。福足は幼くして死んだが（『小右記』永祚元〈九八九〉年八月十三日）、それについてすら両書とも同情せず、「ヘビをいじめた祟《たた》り」（『大鏡』）などと冷淡である。

だが、福足が遺《のこ》したものがあった。庭のせせらぎに菖蒲《しょうぶ》を植えていたのである。道兼は息子の死の翌年、その芽が出ていることに気付いて、和歌を詠んだ。十数年後、一首は『拾遺和歌集』に載ることになる。道兼が退位に追いやった因縁の上皇・花山法皇《ほうおう》の命による勅撰集である。

福足《ふくたり》といひ侍《はべ》りける子の、遣水《やりみづ》に菖蒲《さうぶ》を植《う》ゑおきて亡《な》くなり侍りにける後《のち》の年、生《お》ひ出《い》でて侍りけるを見侍りて　粟田右大臣

偲《しの》べとや　あやめも知《し》らぬ　心にも　永《なが》からぬ世《よ》の　うきに植ゑけん

（福足という子が遣水《やりみず》に菖蒲を植えたまま亡くなった翌年、その芽が出ているのを見て詠

みました和歌

「これを見て思い出してくれ」というのか。何もわからぬ幼子《おさなご》なりに、短い命を恨めしく思ってこの菖蒲を植えていったのだろうか)

粟田右大臣〈藤原道兼〉

(『拾遺和歌集』哀傷　一二八一番)

世間からどう嫌われようと、道兼にはかけがえのない我が子だった。その子の姿が、彼の眼《め》には浮かんだのである。

道兼の次男・兼隆《かねたか》については、父の死の二カ月半前に道長が加冠役を務めて元服したことを、前章に記した。彼は父の死をうけて、道長に追従する人生を歩んだ。また道兼には兼隆の下に同腹の娘がいたが、彼女はやがて道長の倫子《りんし》腹三女・威子《いし》の女房となる。姫君としては凋落《ちょうらく》を意味し、本人は泣いて嫌がり、道兼までもが物《もの》の怪《け》と化して妻の夢に出て止めたというが、兼隆がなだめすかした(『栄花物語』巻十四)。

道兼がこの世に遺したものを道長は吸収し、わが身のために利用できるものは利用した。それがつまり、〈幸ひ《さいは》〉により生き残った人の方法だった。仕方がない。生き残った者は生きるしかない。ならば、よりよく生きようとして当然ではないか――。道長のつぶやく声が聞こえるようである。

伊周と隆家

道兼が亡くなった三日後の長徳元年五月十一日、道長は「内覧《ないらん》」となった。内覧とは、本来は関白の主要な業務の名で、太政官《だいじょうかん》と天皇の間を行き来するすべての文書に目を通すことを言う。役所は文書で回っているので、それをすべて見て内容を摑《つか》むことは政治の全体を掌握《しょうあく》することを意味した。また六月十九日には右大臣《うだいじん》に就任。太政大臣・左大臣《さだいじん》は空席で、道長の上に立つものはいない。藤原氏一門を統括する「氏《うじ》の長者《ちょうじゃ》」ともなった。

道隆の息子・伊周《これちか》は、内大臣のまま据え置かれて道長の下位となった。年齢と経験を考えれば当然のことであろう。だが、父の生前には身びいきされ、一時は内覧に手の届いたこともある伊周には、これは受け入れ難かった。彼は公卿会議の場で道長に激しく楯突《たてつ》き、それはあたかも「闘乱」のようだったという（『小右記』長徳元年七月二十四日）。また弟の隆家《たかいえ》も、道長と家人同士が七条大路《しちじょうおおじ》で弓矢の「合戦」を引き起こして、道長側に犠牲者が出た。道長は最高権力者であり、藤原氏をまとめる氏の長者であり、また事件の被害者側でもある以上、受けて立たざるを得ない。「下手人《げしゅにん》を差し出さなくては隆家を処罰する」との勅命《ちょくめい》を取り付けた。当然である。何せ事態は、藤原実資が「濫吹事《らんすいこと》多く、皇憲《こうけん》無きに似たり（秩序が乱れ、天皇・朝廷の法はあって無きがごとくである）」と嘆くに至っていた（『小右記』同年七月二十七日・八月三日）。不満を抱えて当たり散らす二人は、道長のみならず貴族たちや天皇にとっても厄介な存在になっていた。

だから翌長徳二（九九六）年正月、またしても二人の下人が暴力事件を引き起こしたと聞いた時も、憚《はばか》る理由など道長にはなかった。彼はすみやかに検非違使《けびいし》庁別当《べっとう》、つまり京中警察の長官にその旨を連絡した。現在ならば警視総監にあたるその職にあったのは、『小右記』の記主・藤原実資だった。彼は当日の日記にこう記した。

右府《うふ》の消息に云《い》はく、花山法皇、内大臣・中納言隆家、故一条太政大臣家で相遇《さうぐう》し、闘乱の事有り。御童子二人殺害、首を取りて持ち去ると云々《しかじか》。

（右大臣・道長殿からの連絡に言う。花山法皇と、内大臣藤原伊周・中納言同隆家が故一条太政大臣為光《ためみつ》の邸宅前で遭遇、乱闘事件発生。法皇側の童子二人が殺害され、首を斬《き》り持ち去られたとのこと）

（『三條西家重書古文書《さんじょうにしけじゅうしょこもんじょ》・小右記逸文《いつぶん》』長徳二年正月十六日）

伊周・隆家の兄弟と、例の花山法皇。その二派が衝突し、犠牲者が出たという。単なる下人同士の衝突のようにも見える一件である。だがこの事件は、後年編纂された準公的史書『日本紀略《にほんきりゃく》』にはこう記されている。

今夜、花山法皇密《ひそ》かに故太政大臣恒徳公《こうとくこう》の家に幸《かう》するの間、内大臣ならびに中納言隆家の従人《じゅうにん》等、法皇の御在所を射奉る。

〈今夜、花山法皇が密かに故太政大臣恒徳公〈為光〉の家を訪問されたところ、内大臣〈伊周〉ならびに中納言隆家の従人等が、法皇の居場所を射申した〉（『日本紀略』長徳二年正月十六日）

射られたのは法皇の御座所、つまり花山法皇自身の間近に危害が及んだという。伊周と隆家による、花山法皇暗殺未遂。栄華《えいが》を誇った中関白家が没落する「長徳の政変」の始まりだった。

「暗殺未遂事件」の真相

伊周と隆家が花山法皇を襲ったのはなぜか。『小右記』も『日本紀略』も記さない事情を記すのは『栄花物語』である。

伊周は故一条太政大臣・為光の三女で美女の評判の高い「寝殿《しんでん》の上」を恋人とし、密かに通っていた。一方、花山法皇はこの家の四女に目を付け、邸宅にも足を運んで言い寄っていた【系図】。二人は姉妹であり、さらにその姉が、花山法皇の亡くなった女御《にょうご》・忯子であった。彼女は花山天皇の即位まもない永観《えいかん》二（九八四）年十月に入内《じゅだい》。天皇から激しく愛され身ごもったものの、妊娠約八カ月で亡くなった。「妊婦で死すると極楽往生できない」。そんな迷信を気にした天皇が亡妃を供養したいと願ったのが道兼に付け込まれる隙《すき》となったとは、これも『栄花物語』のみの語る情報である。それから約十年。出家の身ながら花山法皇はいまだ愛妃を忘れてはいなかったものか。おそらくは面影の似た妹・四女に目を付けた。

ところが、伊周はこの話を小耳にはさみ邪推《じゃすい》してしまった。法皇の相手はよもや四女ではあるまい、美人の世評高いわが恋人・三女だと決めつけたのである。彼は隆家に相談した。隆家からの答えは「いで、ただ己《おのれ》に預け給へれ。いと易《やす》きこと（よし、ともかく俺に任せてくれ。朝飯前さ）」。こうして二人は数人の手下を連れ、故為光邸前で花山院を待ち伏せした。長徳二年正月十六日、月の明るい夜だった。

御馬《むま》にて帰らせ給ひけるを、「威《おど》しきこえん」と思《おぼ》し掟《おき》てけるものは、弓矢《ゆみや》といふものしてとかくし給ひければ、御衣《ぞ》の袖《そで》より矢は通りにけり。

（花山法皇が騎馬でお帰りになるところを「脅かしてやろう」とのつもりで襲撃したのだから、いやはや何とも。弓矢などというものを使い、矢は法皇のお袖を貫通した）

（『栄花物語』巻四）

【系図】愛人関係 相関図（×は故人。「長徳の政変」時点）

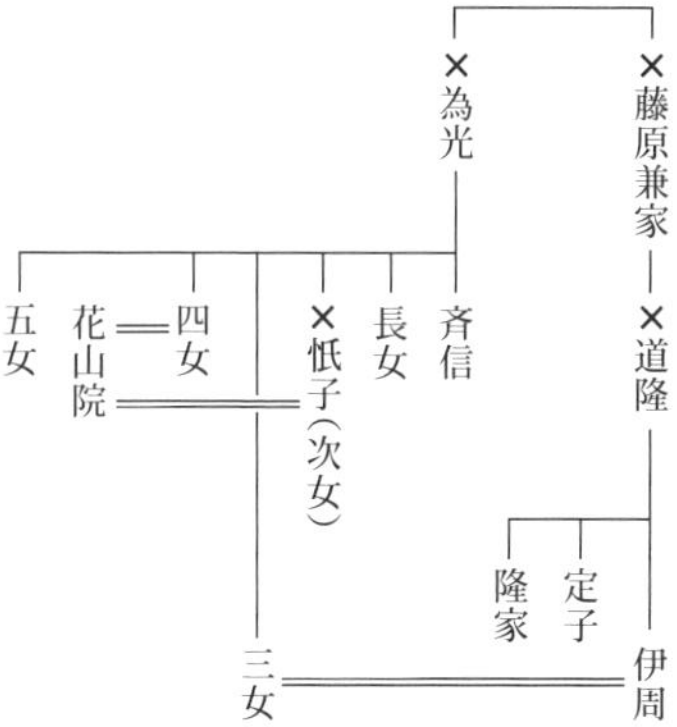

法皇は縮み上がって逃げ帰った。伊周は溜飲《りゅういん》を下げ、隆家も日ごろの鬱憤《うっぷん》を晴らしたことだろう。

「いくら何でも太上天皇《だいじょうてんのう》の身体そのものを狙って矢を射かけるなどということが、実際に行なわれたとは考えられない」という推測からこれを潤色《じゅんしょく》と見る説もあるが（倉本一《くらもとかず》宏《ひろ》『藤原伊周・隆家』）、二人が首謀しての法皇襲撃という構図は揺るがない。また伊周の恋愛問題、それも勘違いという『栄花物語』の趣旨は論破されていない。色好みの法皇二十九歳、雌伏《しふく》を受け入れられない伊周二十三歳、粗暴な隆家十八歳。政治の中心からはみ出てしまった若者たちによる、実に馬鹿馬鹿しい痴話《ちわ》げんかだった。

　それにしても、道長はなぜ当夜のうちにこの事件を知ったのか。そこには、為光家の姉妹の異母兄・斉信《ただのぶ》が介在したと考えられている（赤間恵都子《あかまえつこ》『歴史読み枕草子』）。彼は二人を断罪する裁定が下った四月二十四日当日、頭中将《とうのちゅうじょう》から参議《さんぎ》に昇進した。事件現場から連絡を受けて道長に通報したのは彼だったのだろう。異例の昇進はそれへの論功行賞と見て間違いあるまい。斉信は真相を知っていた。そして、これが道長にとって実に都合のよい出来事であると判断した。だから伊周・隆家はもちろん、出家者であるのに女性にうつつをぬかしていた法皇、巻き込まれた自らの姉妹たちにとっても世間にひた隠しにすべき事件であったにもかかわらず、道長に耳打ちしたのである。

　なお、斉信は『枕草子《まくらのそうし》』にしばしば登場し、清少納言とも親交が深かった。彼が参議になろうという時、清少納言は「しばしならでも候《さぶら》へかし。口惜《くちを》しきに（もう少し頭中将のままでお仕えしてほしいですわ。公卿になって縁遠くなるのが残念なので）」と一条天皇に昇進差し止めの直訴をし、天皇が「さなむ言ふとて、なさじかし（そなたがそう言うなら、昇進させないよ）」と笑ったと記している（『枕草子』一五五段「故殿《ことの》の御服《おんぷく》のころ」）。これなどは実のところ、道長派に翻《ひるがえ》った斉信への怒りを秘めた清少納言と、それを知る天皇との間に交わされた丁々発止《ちょうちょうはっし》のやり取りだったのかもしれない。

さて、道長は事件を検非違使庁別当・実資に連絡した。彼は潔癖で有能であり、必ずや〈適正〉に事件に対処するに違いなかった。その通り検非違使庁は素早く動き、二十日後には伊周が「多く兵《つはもの》を養ふ」との情報を得て、関係者宅の捜索を行った。通常は五位以上の貴族の邸宅の捜索には勅許《ちょっきょ》が必要であったが、いちいち奏上せずに捜検せよ、その他疑わしき場所も捜査せよとの命令が、天皇から直接実資に下されたのだった（『小右記』同年二月五日）。つまり、事件は道長の手から天皇－実資ラインへと独《ひと》り歩きを始めた。一条天皇がのちに「叡哲欽明《えいてつきんめい》」（『続本朝往生伝《ぞくほんちょうおうじょうでん》』）と呼ばれるほどに生真面目《きまじめ》な性格であること、天皇家の権威を重視する人物であることは、道長もよく知っていた。

「政変」とその果て

中関白家兄弟と法皇との乱闘事件から二カ月以上が過ぎた長徳二年三月末、「政変」は新たな局面を迎えた。折しも重い病気に悩まされていた国母・東三条院《ひがしさんじょういん》詮子の容体が悪化、彼女の御在所である寝殿の床下を探ったところ「厭物《まじもの》（呪詛《じゅそ》の道具）」が掘り出されたのである（『小右記』同年三月二十八日）。詮子は関白の座を巡って道長と伊周が対決する形になった時、道長を強力に推した。当然伊周からは恨まれていただろう。呪詛は伊周が命じたものというストーリーが作られるのは容易だった。ただこの時、『小右記』によれば、当の詮子の「御在所」には道長がいた。寝殿の床下を掘り返したのも、道長の息のかかった従者たちだった可能性がある。この「物的証拠」は信頼できるのだろうか。

さらに四月一日、伊周に命じられて「太元帥法《たいげんのほう》」を行ったとの由を小栗栖法琳寺《おぐるすほうりんじ》の僧・仲祚《ちゅうそ》が通報した（『日本紀略』同日）。「太元帥法」は太元帥明王《みょうおう》を本尊として鎮護国家のために行う秘法で、承《じょう》平《へい》・天慶《てんぎょう》の乱に際しても行われ、霊験《れいげん》があったという。法琳寺はこれを独占的に行っており、重要なのはこの修法《しゅほう》を行うことが許されているのは天皇家だけだったということである。臣がこれを行うことは、天皇家の権威を侵犯するものだった。なお、この事件については道長を勝手に国賊に見立ててのものだったとする見方があり、鎌倉時代の仏教説話集『覚禅鈔《かくぜんしょう》』は「内大臣がこの法を行い道長殿を呪詛させたもの」と記している（「五　太元法霊験門」）。これは後年の説話集なので信憑《しんぴょう》性には乏しいが、伊周は以前から、母方の祖父である僧（俗名・高階成忠《たかしなのなりただ》）に道長を呪詛させているとされていた（『百練抄《ひゃくれんしょう》』長徳元年八月十日）。太元帥法はその延長線上のものと、誰もが推測したことだろう。

こうして、伊周と隆家の罪状は三件に及んだ。一条天皇は四月二十四日、関所を閉じる戒厳令の通達を出すと同時に、緊急の人事異動を行い、三つのかどにより内大臣・伊周を大宰権帥《だざいのごんのそち》、中納言・隆家を出雲権守《いずものごんのかみ》に降格、即刻配流《はいる》すべしとの命令を下した（『小右記』同日）。花山院を射たこと、東三条院詮子を呪詛したこと、太元帥法を修したこと、これらは三件とも天皇家に楯突く行為である。義兄弟として二人と親密な関係にあった一条天皇ではあったが、天皇家当主として彼らを見逃すわけにはいかなかった。事件に連座したと見なされた者たちも処罰を免《まぬか》れなかった。

その後の展開はすさまじいものだった。伊周と隆家は出頭を拒《こば》んで定子の御所に立て籠《こも》った。折しも初めて懐妊した定子が内裏から二条《にじょう》の自宅に下がっていたのである。二条大路《おおじ》が野次馬でごった返すなか、邸内の定子は伊周と手を握り合い、体を張って兄をかばった。邸内からは悲しみの泣き声が外に漏れ、人々はもらい泣きを禁じえなかった。しかし天皇は許さず、家宅捜索を命じた。検非違使たちは邸内に乗り込み、天井を壊し床をはがすまでの捜索を行った。隆家は捕らえられ、伊周はいったんは逃亡したが数日後に出家姿で出頭。騒動のなか、定子は髪を切り出家した（以上『小右記』同年四月二十五日・二十八日・五月一日・二日・四日）。

戒厳令は一カ月半に及んだ（『日本紀略』同年六月九日）。またその後も、病気と称して播磨国《はりまのくに》に留め置かれていた伊周が密かに上京し定子にかくまわれていることが発覚、出家も嘘だったことが判明して今度こそ大宰府に送られるなど、ごたごたはこの年いっぱい続いた。実資は「積悪《せきあく》の家、天譴《てんけん》を被《かうむ》るか（数々の悪事を働いた家に天罰が下ったか）」と非難しつつも、天下が嘆いたことを記す（『小右記』同年十月八日・十一日・十一月十日）。『枕草子』に誇らしく描かれる中関白家の栄華は散った。

「長徳の政変」とその事後処理は翌長徳三（九九七）年には落ち着き、同年四月には公卿会議を経て二人を赦免《しゃめん》・召還することが決定された（『小右記』同年四月五日）。そこには一条天皇の強い意向が働いていた。厳しい捜索や流罪《るざい》は見せしめ的なものであり、天皇の内心には二人を許したい思いが強かったのだろう。道長は天皇と息を通じるように動き、事件は落着を見た。

道長の背負ったもの

この「長徳の政変」は、あくまでも中関白家兄弟が引き起こし、発覚後に及んでも無思慮と悪あがきによって事件を拡大させたものである。彼らの没落は自滅だったと言ってよい。だが罪状とされた三件の事案すべてで道長の姿が見え隠れすることには、注意すべきだろう。『大鏡』によれば、道長は後年、隆家にしみじみと語ったという。

「一年《ひととせ》のことは、おのれが申し行ふとぞ、世の中に言ひ侍りける。そこにもしかぞ思《おぼ》しけむ。されど、さもなかりしことなり。宣旨《せんじ》ならぬこと、一言にてもくはへて侍らましかば、この御社《みやしろ》にかくて参りなましや。天道《てんだう》も見給ふらむ。いとおそろしきこと」

（「先年のことは、私が天皇に申して実行したと、世間では言いましたとか。あなたもそうお思いだったでしょう。ですが、そんな事実はなかったのです。勅命にないことを私が一言でも加えていたら、この神社にこうして参れるものですか。お天道《てんとう》様もご覧でしょう。それは本当に恐ろしいことです」）

（『大鏡』「道隆」）

最高権力者が賀茂社《かものやしろ》に参詣する「御賀茂詣《もうで》」の道すがらである。道長の供人へと落ちぶれた隆家を見かねて、道長は彼を牛車《ぎっしゃ》に同車させ、こう言ったのだという。史実か否かは不明だが、世間の見方や弁解せずにいられなかった道長の気持ちがよく表れている。確かに二人の処罰については、すべてが天皇自身の意向と命令に拠《よ》っており、道長が口をはさむことはなかったのだろう。だが、それ以前の段階ではどうか。

暴力事件の通報、詮子を呪詛する厭物の発見、太元帥法の告発。すべての件に道長は多かれ少なかれ関与している。時の趨勢《すうせい》にわずかに手を貸すこと。それもまた結果によっては「いとおそろしきこと」ではないか。道長は中関白家の失脚を見越して、確信犯的に手を下した。自らの権力保持のために政治の泥に手を染めたのである。「長徳の政変」は道長にとって、政治家として〈開眼〉した大きな機会だった。だが、それが彼に多大な緊張を強いたことは想像に難《かた》くない。

二人を赦免して間もなく、道長は病に倒れる（『権記《ごんき》』長徳三年六月八日・七月二十六日）。以後次々と彼を襲い、生涯悩ませることになる多種多様な病悩《びょうのう》の始まりだった。〈幸運〉は彼に光芒《こうぼう》と同時に疲労困憊《こんぱい》と苦痛、そして罪悪感と恐怖をもたらしたのだ。

第五章　栄華と恐怖

心の鬼

紫式部《むらさきしきぶ》の詠んだ和歌に、次の一首がある。彼女は一枚の奇妙な絵を見てこれを詠んだ。

亡き人に　かごとをかけて　わづらふも　おのが心の　鬼にやはあらぬ

（『紫式部集』四四番）

（人は災いに遭《あ》うと、死者の怨霊《おんりょう》を原因と考え、困り果てる。だがそれも、本当の原因は自分自身の〈心の鬼〉ではないのか）

絵には、亡くなった先妻の怨《うら》みによって新しい妻が病にかかったと信じた男が亡妻の霊を呼び出すという、怨霊調伏《ちょうぶく》の場面が描かれていた。物《もの》の怪《け》調伏は当時、病となればまず行われる最も一般的な〈治療法〉であった。平安時代の人々は病や災害などの災禍《さいか》を物の怪によるものと考えたからである。

そして物の怪の代表的なものが死者の怨霊だった。だがそんななかで、紫式部は考えたのである。災いは本当に死者の仕業《しわざ》なのだろうか。それは生者の心の思い込み、自分自身の〈心の鬼〉が引き起こす作用なのではないか、と。

〈心の鬼〉とはこの時代の言葉で、心に潜《ひそ》む邪悪な念、例えば罪悪感などによる疑心暗鬼を言う。絵の男は、妻亡きあと再婚したことに罪悪感を抱いていた。だから新しい妻が患《わずら》った時、亡妻の物の怪による復讐《ふくしゅう》を疑って、懸命に調伏している。だがそれは男の心が作り上げたストーリーに過ぎない、死者は何もしていない――。そう和歌は主張しているのである。ここにはまるで近代人のような科学的精神が見うけられる。

ならば紫式部は、怨霊などいない、それは気のせいだというのだろうか。そうではない。怨霊はむしろ自身の内にある。人が疑心暗鬼を抱く限り、怨霊はそこに生まれる。自らの恐怖心が自分を蝕《むしば》むというこのシステムからは、誰も逃れられないのである。

さて、道長《みちなが》はどうだったか。本書は第一章で、彼は〈幸ひ《さいはひ》〉の人であったと記した。それは当時の歴史物語が記すことで、道長が栄華《えいが》への途上で様々な〈幸運〉にまみえていることは動かしがたい事実である。だがその〈幸運〉の中身とは、まずは長兄・道隆《みちたか》の死、次には次兄・道兼《みちかね》の死であった。さらには甥《おい》・伊周《これちか》と隆家《たかいえ》の「長徳《ちょうとく》の政変」による失脚、姪《めい》・定子《ていし》の出家という悲劇であった。この政変の露見と拡大に、道長は明らかに手を貸した。結果として道長の前から敵はいなくなった。だがそれは道長に〈心の鬼〉をもたらすことになったのではないか。紫式部の考えに随《したが》えば、彼はそれによって自分自身の内部から苛《さいな》まれることになったはずである。

そのとおり、政変の年に左大臣《さだいじん》へと昇った道長が最初に重い病に倒れたのは、その翌年だった。

中関白家の復権と道長の病

道長が病弱であったことはよく知られているが、若い頃の病歴については記録が少ない。だがそれをもって青年期の彼が頑健だったと断ずることはできない。当時の彼の地位がまだ軽く、寝込んでも話題にならなかったに過ぎないという可能性もあるからである。ともあれ確認すると、史料に彼の病が初めて見えるのは永祚《えいそ》元（九八九）年七月二十二日。藤原実資《ふじわらのさねすけ》の日記『小右記《しょうゆうき》』によれば、二十四歳で権《ごん》中納言《ちゅうなごん》だった道長は、朝廷のある業務を担当するはずだったが、病と称して早退した。そして以後数年間、道長の病臥《びょうが》は記録に見えない。ところがやがて、道長はほぼ毎年重病で床《とこ》に臥《ふ》すようになる。

その最初が長徳三（九九七）年。前年の長徳二年、藤原伊周と隆家による「花山法皇《かざんほうおう》暗殺未遂事件」に端を発し都を混乱に陥れた「長徳の政変」は、この初夏、一条《いちじょう》天皇（九八〇〜一〇一一）の差配によって収束した。国母《こくも》・東三条院詮子《ひがしさんじょういんせんし》の病気を理由に大規模な恩赦《おんしゃ》を施して、伊周と隆家をも赦免《しゃめん》し、上京を許したのである（『小右記』長徳三年四月五日）。恩赦を受けて隆家は早くも四月二十一日に出雲《いずも》から帰京したが、その折、天皇は当初の予定にはなかった使いを差し向け、上京の供をさせた。中関《なかのかん》白家《ぱくけ》に対する温情が窺《うかが》われる（『小右記』同月二十二日）。また、伊周のもとには定子から使いが送られたという（『栄花物語《えいがものがたり》』巻五）。非運の続いた中関白家に久々の笑いが戻っただろう。

道長が病に襲われたのは、そんな頃であった。彼は三十二歳、夜中に発病し、心配した天皇は早朝、蔵人頭《くろうどのとう》を見舞いに遣《つか》わした（『権記《ごんき》』同年六月八日）。だが一方で天皇は、その約半月後、自ら出家して俗界を捨てたはずの定子の身柄を、唐突に中宮職《ちゅうぐうしき》の事務所である「職《しき》の御曹司《みぞうし》」に移した。これは定子をキサキとして復権させたこと、少なくともそれが準備段階に入ったことを示す、衝撃的な出来事だった。実資は貴族社会全体が反発したと記す。

今夜、中宮、職《しき》の宮司《みやづかさ》に参り給ふ。天下甘心《かんしん》せず。かの宮の人々、「出家し給はず」と称すと云々《しかじか》。はなはだ希有《けう》の事なり。
（今夜、中宮定子様が中宮職の御曹司に転居される。誰が甘く見るものか。中宮に仕える人々は「中宮様は出家なさっていない」と言っているとか。あり得ないことよ）
（『小右記』長徳二年六月二十二日）

定子の疵《きず》は、兄の伊周が起こした長徳の政変の折に出家したことだった。定子に仕える人々が定子の出家を無かったことにしようとしたのは、そのためである。中宮は天皇家の一員として神事を勤めなくてはならないが、尼《あま》になってしまうとそれはできない。神道にとって尼は仏教という異教の専門家であり、遠ざけるべきだからである。だから定子の出家は、中宮としての正当性を自ら手放したことを意味した。定子自身は、伊周を匿《かくま》っていた自宅への家宅捜索など天皇の厳しすぎる措置に対して断固とした抗議の態度を示すために出家したのかもしれない。だが出家は出家であり、定子は実質的に天皇と離別したものと貴族たちは考えた。定子一人しかキサキのいなかった一条天皇はこの時独身になったと見なされ、だからこそ定子の出家から二カ月後の長徳二年七月には大納言《だいなごん》・藤原公季《きんすえ》が娘の義子《ぎし》を、さらに十一月には右大臣《うだいじん》・藤原顕光《あきみつ》が娘の元子《げんし》を入内《じゅだい》させた。後宮《こうきゅう》を舞台にした権力闘争は定子という最強のキサキの存在によって封印されていたが、彼女の退場によってそれが解かれたのである。政変時、定子は懐妊していたが、生まれたのが女子であったことも上流貴族たちに希望を持たせた。道長が娘・彰子《しょうし》の入内先を一条天皇と決めたのも、この時だっただろう。

ところが、キサキとして終わったはずの定子が復帰するという。実家は没落、自らは出家、頼れる後ろ盾も無いなかで、天皇の寵愛《ちょうあい》ひとつをよりどころとする、あまりにも弱々しい「中宮」。ただしその寵愛なるものが、誰にも全く先が読めないほど激しく深い。実際、定子はこの二年後、世間的には「出家」の身で懐妊・出産することになるのである。一条天皇の後宮は、定子の再登場と共に一つの無秩序状態に入ったと言ってよい。娘を入内させた公季、顕光、そして入内を期している道長は、大きな戸惑いと不安を感じたに違いない。

長徳三年七月五日、道長は除目《じもく》（人事異動）を行って、公季を内大臣《ないだいじん》とした。左大臣・道長、右大臣・顕光、内大臣・公季という布陣を固めたのである。これで、伊周が政界に復帰しても公卿《くぎょう》上級に割り込む席はない。激務がたたったのか、三週間後の七月二十六日、道長はふたたび病に倒れた。「瘧《おこり》病《やまい》」――現代のマラリアにあたるとされ、『源氏物語』「若紫《わかむらさき》」巻で光源氏《ひかるげんじ》も罹《かか》っている感染症である。

病状は重かったが、道長は自宅の簾中《れんちゅう》から雑事を指示した（『権記』同日・二十七日）。権力者は休めない。道長にはこの後、こうしたストレスが生涯続くのである。

出家願望と辞表

翌長徳四（九九八）年、三十三歳となった春の病は、もっとひどかった。病気は腰病《ようびょう》で「邪気の所《しょ》為《ゐ》」とされた。天皇が見舞いに寄越《よこ》した蔵人頭・藤原行成《ゆきなり》が御簾《みす》の中に入ると、道長は言った。「数年来抱《いだ》いてきた、出家の本懐《ほんかい》をこの機会に遂げたい」（『権記』同年三月三日）。

ここで、この蔵人頭にして日記『権記』の記主である藤原行成（九七二〜一〇二七）について紹介しておこう。行成はこの時二十七歳、道長の父・兼家《かねいえ》の長兄で摂政《せっしょう》まで務めた伊尹《これまさ》の孫にあたり、血統としては藤原氏本家《ほんけ》筋にあたる貴公子である【系図1】。ところが祖父・伊尹は彼が生まれた年に亡くなり、父・義孝《よしたか》（九五四〜七四）も彼が三歳の年にわずか二十一歳で世を去った。行成は母方祖父の源《みなもとの》 保光《やすみつ》（九二四〜九五）のもとで育ったが、長徳元年の疫病流行でこの祖父も亡くしてしまう。路頭に迷いかけていたところ、思いがけなくも蔵人頭に大抜擢《だいばってき》されたという苦労人である。

【系図1】 苦労人・藤原行成

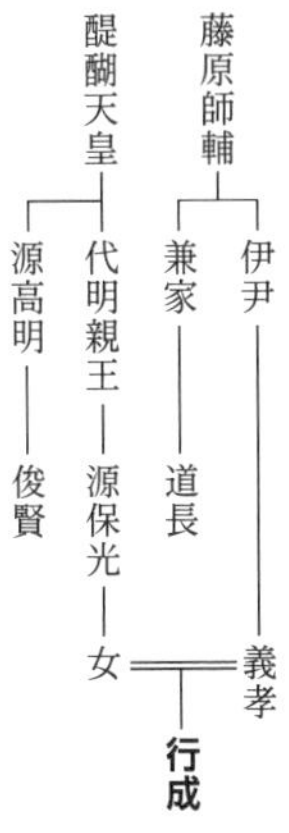

ちなみに彼を一条天皇に推挙してくれたのは、前任の

蔵人頭だった源俊賢《としかた》である。行成の母方の源氏の縁によるのだろうが、もちろん能力も買ってのことに違いない。彼が記した『権記』から浮き彫りになるのは、朝から晩まで独楽鼠《こまねずみ》のように京中を駆け回る働き者、汗を流すだけでなく知恵も出す巧者《こうしゃ》という人柄である。彼は一条天皇の側近中の側近にして、道長にも近かった。定子のもとにも出入りして、清少納言《せいしょうなごん》と「逢坂《あふさか》の関《せき》」にちなむ和歌をやりとりしたことが『枕草子《まくらのそうし》』に載る。また能筆《のうひつ》でもあって平安時代の「三蹟《さんせき》」の一人に数えられ、真蹟《しんせき》「白氏詩巻《はくししかん》」が今に遺《のこ》って国宝に指定されている。ずっと先のことを言ってしまえば、万寿《まんじゅ》四（一〇二七）年十二月四日に道長が六十二歳で薨去《こうきょ》した、その同じ日に行成も五十六歳で世を去っていて、不思議な縁すら感じさせる。

さて、行成が内裏《だいり》に戻って道長の言葉を報告すると、天皇はやんわりと却下した。「出家自体は善《よ》いことだが、今回の病は邪気《じゃき》によるということではないか。出家は病が去って冷静になってからにしてはどうか」。その代わりと言っては何だが、道長の快癒《かいゆ》を祈り八十人もの仏道修行者を得度《とくど》（出家）させる特別措置を、天皇は提案した。一条天皇は道長に辞めてほしくなかった。左大臣として太政官《だいじょうかん》を率いてくれる彼を必要としていたのである。

だが道長は、やはりどうしても出家すると言い張った。「不肖《ふしょう》の身にもかかわらず、順序を飛び越えた御恩をいただき、官爵《かんしゃく》を極めました。もう世に望みはありません」「出家するからといって山籠《やまごも》りは致しません」「出家後も天長地久《てんちょうちきゅう》を祈り続けますから」「生前の本意を病気の間に遂げさせてください。最後の御恩を与えてください」（以上『権記』長徳四年三月三日）。道長は本気だった。権力の座をあっさり手放すなど全く道長らしくない科白《せりふ》で、天皇ならずとも「邪気が言わせている」と思いたくなる。だが、少なくともこれらの言葉を口にしている瞬間、道長に嘘《うそ》はなかっただろう。というのも、この後も道長は何度か重病に見舞われることになるが、そのたび、人が変わったように気弱になるのである。そして時には、まるで自分自身が、自分が蹴落とした者たちに成り代わったかのような言葉を口にすることさえある。要するに道長は、自分の地位が二人の兄の死の上に成り立っていることの異常性を、はっきりと認識していた。その思いは〈心の鬼〉として彼を苛んでいたのである。

この時道長が学者の大江匡衡《おおえのまさひら》に作らせて朝廷に提出した辞表は、名文として『本朝文粋《ほんちょうもんずい》』に採られている。そのなかには次の言葉が記されている。

臣、声もとより浅薄《せんぱく》にして、才地《さいち》は荒蕪《くわうぶ》たり。偏《ひとへ》に母后《ぼこう》の同胞《どうほう》たるを以《もつ》て、次《ついで》ならず昇進す。また父祖の余慶《よけい》に因《よ》りて、匪徳《ひとく》にして登用さる。

（私どもは、声望はもとより劣り、才知も家柄も豊かではありません。ただ主上の母后の弟であること一つにより、異例の順序で昇進しました。また父祖の善行のおかげで、徳もないのに登用されました）

（『本朝文粋』巻四　大江匡衡「入道大相国《だいしやうこく》官文書内覧《ないらん》を謝する表」）

高官が辞する時の常で、辞表は本人の作ではなく代作である。しかし作者の匡衡は道長が二十代の頃からの詩友で、ここに至るまでの様々な事情をよく知っている。また辞表は謙遜の言葉をちりばめるのがパターンだが、一方で事実を盛り込むことも重要であり、代作経験の多い匡衡はツボを心得ている。道長が権力の座についたのが「国母《こくも》」詮子の引きによることは、こうした公《おおやけ》の文書に書いても支障ない、貴族社会公然の事実だったのだ。

結局出家は許されず、道長も四月には回復して、再び参内《さんだい》できるようになった。だが本復《ほんぷく》以前にも天皇はたびたび行成を道長宅に遣わし、意見を求めたり打ち合わせを行ったりした。道長は「まだ歩けない」と腰の痛みを訴えつつ雑事に追われた（『権記』同年三月二十一日など）。かくも激務に耐えなくてはならない最高権力者とは、冗談ぬきにつらい職であったろう。

なお、この年の朝廷の動きは全体として鈍い。夏からまたしても疫病が大流行したからだろう。今回の病は、現代でいう麻疹《はしか》だった。

今年、例の裳瘡《もがさ》にはあらず、いと赤き瘡《かさ》の細かなる出《い》で来《き》て、老いたる若き、上下《かみしも》分かずこれを病《や》みののしりて、やがていたづらになるたぐひもあるべし。これを公《おほやけ》、私《わたくし》今のもの嘆きにして、静心《しづごころ》なし。

（この年、いつもの裳瘡ではなく真っ赤で小さな発疹《ほっしん》を生ずる裳瘡が流行した。年齢も身分もなく皆が患う大事となり、そのまま死亡する例もあったようだ。朝廷も世間も専《もっぱ》らこれを嘆きの種として、世は不安に包まれた）

（『栄花物語』巻五）

『日本紀略《にほんきりゃく》』は病名を「稲目瘡《いなめがさ》」や「赤疱瘡《あかもがさ》」と記し、主上より庶民に至るまでが患ったとする（長徳四年七月「今月」・同年「今年」）。もちろん道長も八月に病み、またしても辞めたいと口にして天皇から拒《こば》まれた（『権記』同年八月十四日）。

投げ出すこともできない地位、続く激務。重荷を下ろすには、兄たちではないが、本当に死ぬしかないのかもしれなかった。それにしても、疑心暗鬼と緊張、疲労困憊《こんぱい》、そして孤独。これらを常態として引き受けてこそ最高権力者であるということ、当時も今も変わらない。

【系図2】道長と二人の妻とその子ら（肩書はそれぞれ主要なもの）

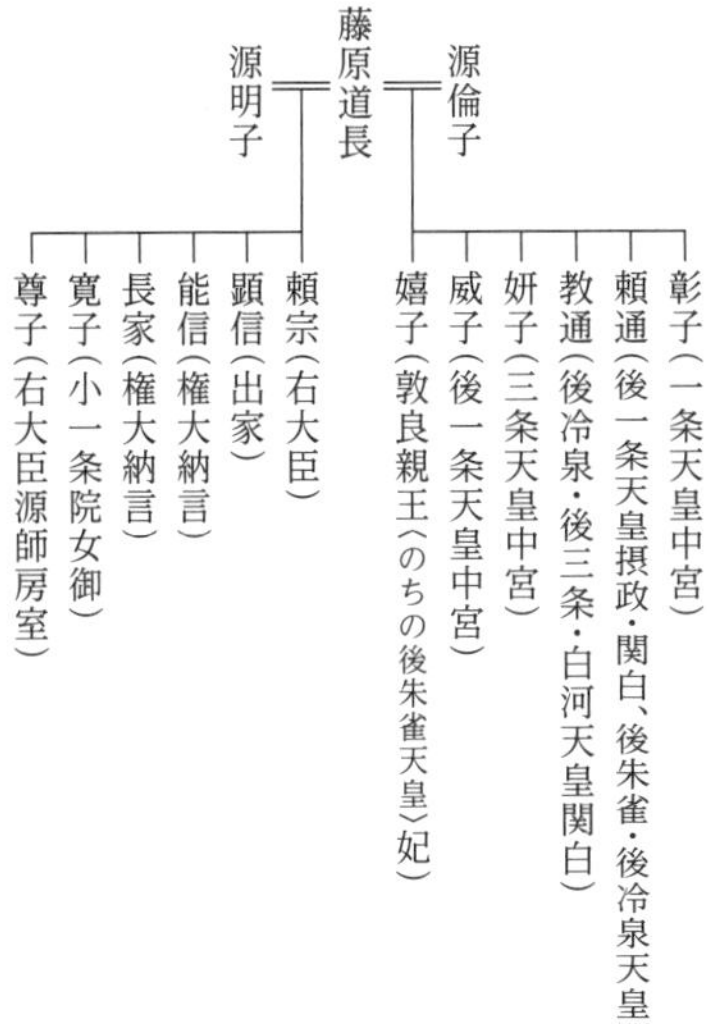

支えは家族

こうしたなかで道長を支えたものは、家族だったのではないか。彼自身の日記『御堂関白記《みどうかんぱくき》』を始めとする史料や『紫式部日記』などに時折覗《のぞ》く、道長の笑顔や涙、しみじみとした言葉などの喜怒哀楽が、それを感じさせる。家族の存在と、道長自身の家族に対する思いとが、彼を支えたのだと思う。

道長の正妻・源倫子《りんし》と次妻・源明子《めいし》は、

競うように次々と子供を産み、子供たちはそれぞれに道長の〈戦力〉となった【系図2】。特に倫子の産んだ六人は、男子の頼通《よりみち》と教通《のりみち》が摂政・関白《かんぱく》、女子の彰子・妍子《けんし》・威子《いし》がそれぞれ一条天皇・三条《さんじょう》天皇（九七六〜一〇一七）・後一条《ごいちじょう》天皇（一〇〇八〜三六）に入内して中宮となる。末子の嬉子《きし》だけは中宮になっていないが、それは夫の後朱雀《ごすざく》天皇（一〇〇九〜四五）がまだ春宮《とうぐう》であった間に出産のため早世したことによる。その彼女も、やがて遺児が後冷泉《ごれいぜい》天皇（一〇二五〜六八）として即位すると、国母として皇太后《こうたいごう》を追贈された。

この時代、一般貴族と結婚すれば婿《むこ》取り婚なので、娘は両親と同居したままである。だが天皇の妻となった道長の娘たちは内裏に入り、両親と離れて暮らした。そんな娘たちに、道長はたびたび手紙や贈り物をおくって労《いたわ》った。例えば次は入内した彰子とのやりとりで、寛弘《かんこう》元（一〇〇四）年のものと思われる。彰子は既に中宮で、「宮《みや》」と呼ばれる身になっている。

二十余日のほどに、殿よりいと小さき菖蒲《しやうぶ》を参らせ給へるを、御覧じて宮より

ほととぎす　待つと聞きてや　あやめ草　まだうら若き　ねをも見るべき

御返事

ゆたかにも　あらぬわが身を　ほととぎす　待つと聞きてや　初《はつ》ね惜しまぬ

（四月二十日過ぎの頃、道長殿からとても小さな菖蒲《しょうぶ》が献上されたのを、宮様が御覧になって詠まれた歌

私がほととぎすの声を待っていると聞いてかしら？　お父様、あやめ草をおくって下さってありがとう。まだ小さな根っこをみることができました。この根をほととぎすの若い声、初音《はつね》に見立て楽しみなさいというお心遣いですね

道長殿の御返事

豊かでもない私、でも宮がほととぎすを待っていると聞いたからには、出し惜しみなどできましょうか。「初音」ではなく「根」ですがね。喜んでくれて嬉しいです）（『御堂関白集《みどうかんぱくしゅう》』一五・一六番）

「音」と「根」の洒落《しゃれ》で十七歳の娘の心を和ませる。道長は優しい父だったし、入内しても家族の絆《きずな》は固く結ばれていたことがしのばれる。

また次の和歌は、その彰子が産んだ孫の筆跡を道長が見て詠んだものである。

千歳経《ちとせ》て　澄む川霧《かはぎり》に　書き初《そ》むる　君ぞみづくき　ながれてを見む

（千年を経て川霧《かわぎり》が澄む。そのように、千年も長くこの世に住み続ける若宮様。あなた様の書き始めた筆跡を、私も生きながらえて見ていきましょう）　（同前　五五番）

『御堂関白集』の配列から推測すれば詠まれたのは寛弘七（一〇一〇）年、この孫は寛弘五（一〇〇八）年に生まれた敦成《あつひら》親王（のちの後一条天皇）か。ならばまだ満一歳前後で、文字らしきものが書け

たかどうか。だがその何かの書き物を、道長は目を細めて見たのだろう。第二句の「川霧」は、次期春宮をめぐる当時のもやもやした状況を言うのかもしれない。この孫が晴れて天皇となり、成長する姿を見ていこうと決意する道長だった。

史料から推測するところ、彼は父としての己《おの》が栄華を極めることが一家全員の幸せだと信じていたようだ。また子供たちの人生についても、男子女子ともに政略に生きて地位を極めることが彼ら・彼女ら自身の幸福であると、信じて疑わなかった。その点では無邪気だった感もある。例えば頼通は後年、父に新しい妻との結婚を命ぜられて、もとからの妻に対する愛情との板挟《いたばさ》みになって苦しみ、重病に臥した(『栄花物語』巻十二)。明子の方の息子・顕信《あきのぶ》は十九歳で唐突に出家した。彼らはそれぞれ、父の敷いたレールの上を走る人生への疑問を抱いていたのである。しかしそれらが道長の〈信念〉を揺らがせた様子は見えない。

一方、道長は自分と家族のためだと信じれば、ひどく冷酷になることもできた。そのやり方は、時にいささか感情的に過ぎるると思えるほどである。最初にその標的になったのは姪の中宮定子。道長にとって彼女は、入内を前にした彰子の前に立ち塞《ふさ》がる、目障《めざわ》りな敵だった。

定子と天皇の秘め事

長徳年間は、疫病に始まり、政変で荒れ、また疫病に暮れて、長徳五(九九九)年春の改元により長保《ちょうほう》と改められた。疫病のほか天変や日照りなどもあったことから改元されたもので、元号を選んだのは道長の辞表を代作したあの学者・大江匡衡だった。『栄花物語』の作者に擬せられている彼の妻、赤染衛門《あかぞめえもん》は道長の妻・源倫子の家のベテラン女房《にょうぼう》だった。『紫式部日記』によれば、彼女は道長や倫子から「匡衡衛門」というあだ名で呼ばれており、それはいつも「匡衡をよろしく」「匡衡を何卒《なにとぞ》」と夫の売り込みに余念がなかったからだと推測されている。道長夫婦に夫婦で密着したのが大江匡衡・赤染衛門の二人だったのだ。

さて、改元当日の正月十三日、一条天皇は道長を召し改元の詔《みことのり》を出して大赦《たいしゃ》を行い、新しい元号の世の安寧を願った。しかしこの時、その重要な政務と同時に、天皇はある試みを密《ひそ》かに実行しつつあった。定子との逢瀬《おうせ》、もっとありのままに言えば、子作りである。『枕草子』によれば、定子はこの少し前の正月三日に内裏に入り、少なくとも二十日まで半月以上にわたって内裏に滞在し、天皇と共に過ごした。

長徳二（九九六）年春、定子が最初の懐妊のため内裏から里の二条北宮《にじょうきたのみや》に下がり、政変のなか彼女が出家、そのまま夫婦別居状態となってから、およそ三年。その間に二人が直接逢《あ》ったという記録はない。先にも記したように、天皇は翌長徳三年六月、定子の中宮復帰を期して彼女の身柄を職の御曹司に移したが、それは「天下甘心せず」（『小右記』同月二十二日）との猛反発を受けた。貴族社会との協調を旨とする天皇は、いったん我意《がい》を抑え、定子は曖昧《あいまい》な立場のまま職の御曹司に留め置きとなっていた。

しかし、跡継ぎの事を考えれば、一条天皇はぐずぐずしていられなかった。天皇家はこの頃いわゆる「両統迭立《りょうとうてつりつ》」の状態にあり、一条天皇の次には従兄《いとこ》の居貞《いやさだ》親王（のちの三条天皇）の即位が決まっていた。だがその後はどうなるのか。春宮には既に男子がいるが、一条天皇にはいない。このまま彼に男子が生まれなければ、一条天皇の皇統は絶える恐れがあった。天皇は定子の出家後に入内した女御《にょうご》の義子・元子・尊子《そんし》らに目をやり、この長徳三年の秋〜冬には右大臣藤原顕光女・元子を懐妊させた。彼は彼なりに努力したのである。だが残念なことに、元子は無事出産には至らなかった（『栄花物語』巻五・『台記《たいき》』仁平《にんぺい》三〈一一五三〉年九月十四日）。

男子が欲しい。定子なら産んでくれるだろう。皇女《おうじょ》を産んでくれた〈実績〉もある。だが定子は貴族社会から認められていない。社会のためにも定子のためにも、彼女を政治の表舞台に出してよいものか。天皇は逡巡《しゅんじゅん》していた。この時、天皇の背中を強く押したのが、道長がちらつかせる彼の長女・彰子の存在だったと考える。

長保元（九九九）年、彰子は数え年十二。早晩、女子の成人式である「裳着《もぎ》」が行われるだろう。それが入内を予定してのものであることは、誰にも推測がつく。彰子が入内すれば、最高権力者・道長の後見する彼女を最も尊重しなくてはならない。それはつまり、他のキサキよりも彰子と共に最も多くの夜を過ごすということである。しかし十二歳の彰子に懐妊・出産を望むことは、まず無理である。どうしても早期に男子を持ち皇統のめどを立てたかった天皇は、定子を内裏に呼ぶことに踏み切った。彼女の懐妊に賭けたのである。

なお、『御堂関白記』も『小右記』も『権記』も、現存本ではちょうどこの長保元年正月分が欠けており、定子の参内《さんだい》に対する彼らの反応を知ることができない。『日本紀略』などの編纂物《へんさんぶつ》を見ても、不思議にもこのことは記されていない。しかし中宮が半月以上も内裏にいれば、殿上人《てんじょうびと》や公卿たちに知れないはずがあるまい。さぞや、先の「天下甘心せず」と同様の、あるいはそれ以上の驚きや反発があったことだろう。思うに、道長は天皇のこの行動を受けて、彰子の裳着の日程を急ぎ二月としたのではないか。一方、定子の出産は十一月だが、この年は三月に閏月《うるうづき》がある。懐妊は正月の逢瀬では成らず、もっと後だったことになる。天皇は天皇で、彰子の裳着を受けて再び定子を呼んだのだろう。この春、道長と天皇の間には張り詰めた空気があったものと思われる。

彰子の裳着

二月九日、道長邸で彰子の裳着の儀式がにぎにぎしく執り行われた。

比女《ひめ》、御着裳《おんちやくも》。子《ね》の時許《ばかり》早く雨ふる〈戌《いぬ》の時〉。しかうして即《すなは》ち晴れ了《おは》んぬ。
（姫の御裳着《おんもぎ》。午前零時前後の頃、早く雨が降っていた〈午後八時前後〉。しかしすぐに晴れた）
（『御堂関白記』同日）

道長は日付の変わる前から天気を気にかけていた。「戌の時」という添え書きが着裳の儀式の時刻らしく、雨か晴れかによって儀式次第が変わるためだが、もちろんそれだけのはずがない。裳着の宴はこの日から三日間にわたって行われ、最終日には彰子に朝廷から従三位《じゅさんみ》の位が与えられることが決まっていた。国史学者の服藤《ふくとう》早苗《さなえ》氏によれば、十二歳で宮仕えもしていない女性が位を与えられ、しかもそれが従三位という例は史上初という。従三位は、男性官人ならば閣僚相当の公卿に与えられる官位で、道長自身、十五歳の元服《げんぷく》時に従五位下《じゅごいのげ》に叙《じょ》せられた七年後、二十二歳でようやく手にしたものだった。もちろん、彰子の叙位は天皇の「入内受け入れ」の意向を示すものである。つまり彰子にとってこの裳着は、彼女のキサキとしての人生の序章の幕開けなのである。道長の気が逸《はや》らないはずがなかった。

　実資が記すこの日の道長の姿には、いそいそとした緊張と喜びが窺われる。道長は書の色紙《しきし》を貼った見事な屏風《びょうぶ》を仕立て、式場に立てた。能筆の行成に腕を振るわせたものだ。娘の元子を入内させている右大臣・顕光、義子を入内させている内大臣・公季を含め、ほとんどの公卿たちが参列した。酒盃《しゅはい》が何度も座を巡り、管絃《かんげん》の名手たちが楽器を面白く奏で、宴はたけなわとなった。公卿たちは道長に和歌を奉《たてまつ》り、道長はそれに返歌した（『玉蘂《ぎょくずい》』建暦《けんりゃく》元〈一二一一〉年三月四日引用『小右記』長保元年二月九日）。

　一方、道長自身がこの日の日記に記したのは、皇族各方面から贈られた祝いの品だった。東三条院（詮子）からは装束《しょうぞく》一揃い、太皇太后宮《たいこうたいごうぐう》（昌子内親王《しょうしないしんのう》）からは髪飾り、中宮（定子）からは香壺《こうご》の筥《はこ》、東宮（春宮＝居貞親王）からは御馬一匹。淡々と記しているようだが、定子からの贈り物を見る目は穏やかとはいかなかっただろう。

　三月十六日、天皇は母・東三条院詮子が住んでいた一条院に行幸《ぎょうこう》し、道長は例によって采配を振った。国史学の倉本一宏《くらもとかずひろ》氏は、この日の『御堂関白記』には見逃せない箇所があると言う。日記の終わり近くの「為出此暁参比□《アキ》也」とある部分、「比」とその後の空白は、先の裳着の日の書き方にならえば「比女」の可能性がある。とすれば、「出《い》ださんが為《ため》、此《こ》の暁《あかつき》、比女に参るなり」と読めるというのである。倉本氏はこの箇所を「天皇の御前に出すために、この暁方、姫（藤原彰子）が参ったのである」と解釈する（『一条天皇』『御堂関白記〈上〉全現代語訳』）が、「比女を参らするなり」と読んで「姫を参上させたのである」と解釈してはどうか。彰子を天皇の前に出したとすれば、遠い御簾越しだろうが、結婚前の顔合わせということだろう。一条天皇に彰子の存在を強く主張する意図もあったのかもしれない。

すれ違いと怒り

定子と彰子は、同時に一条天皇のキサキであった期間は約一年と短く、その間も同じ御所で過ごしたことはなかった。一条天皇を挟むライバルとして本人たちが互いを直接意識することは、少なかったかもしれない。しかし道長にとって定子は、長徳三（九九七）年に彼女のキサキ復帰が動き出した時から、心に決めた敵だったろう。一条天皇は長徳四年、道長が重病で絶望し辞表を出したにもかかわらず受け取らず、冷静でいるようにとなだめた。だが一方で、尼の定子をキサキに戻すという混乱を強行して今に至る。道長にすれば、天皇こそ全く冷静さを欠いていると思えたに違いない。道長と天皇とは気心の知れた叔父《おじ》－甥であったはずだが、中関白家や定子が絡むと、天皇は貴族社会の常識を破って恣意《しい》に奔《はし》った。それは道長の理解を超えたことだった。

道長の知っている上級貴族たちは、父や兄を含め誰もが権力闘争を生きていた。それが彼らの行動原理であり、そのためには感情問題など後回しにすることが当然だった。だからこそ道長も、恋心とは別に、何はともあれ源氏の血筋の女と結婚したのである。正妻の倫子も同じだ。彼らは権力のために心を一つにして家族を作ったし、子供を育てた。それが彼らの生活感覚というものだった。

しかし一条天皇は、父・円融院《えんゆういん》（九五九〜九一）のたった一人の子で、生まれた時から天皇位を約束されていた。地位と権力は彼にとって、既にそこにあるものだった。一方、父と母の仲は通常の天皇とキサキ以上に冷え冷えとしていた。母の詮子は、皇子《おうじ》を産んだ自分を差し置いて別のキサキを中宮とした夫を許さず、「なきに劣りて生ける身ぞ憂き（死んだ人よりもっとひどい状態で生きているこの身がつらい）」（『円融院御集』四七番）と詠み、夫に突きつけた。また祖父・兼家もこれを一家の屈辱とし「かばかりの人笑はれにて、世にあらでもあらばや（こんな世間の笑いものになるとは、死んだほうがまし）」（『栄花物語』巻二）と、詮子と皇子を里に引き取った。これは実質、皇子を人質にとって円融天皇に退位を迫る策略だった。彼は失意の母と密着しつつ、権力を欲する祖父のもとで育ち、即位すれば祖父一家の栄華のため傀儡《かいらい》となることを求められた。そこにあるのは強いられた抑制だった。むしろ道長ら臣下にとっての〈私事〉――のびのびとした日常、気の置けない人間関係、本音の言える生活こそが、彼にとって手に入れがたいものだったに違いない。知的で自由闊達な定子は、奇跡的にもそれらを彼に与えてくれた。『枕草子』の描く冗談好きで茶目《ちゃめ》っ気のある一条天皇は、史料に現れる彼とは別人のようである。彼が定子をかけがえのない存在として乞《こ》い求めるのは、仕方のないことだったのではないだろうか。つまるところ、人生に何を求めるか。その根源的な願いの点で、道長と一条天皇とはすれ違っていた。もちろん世をつつがなく治め皇位を次代に継承することは重要であった。だから天皇自身も悩み苦しんだ。彼はそうした哀《かな》しい青年だったのだと感じる。

道長の方では、そんな天皇へのいら立ちも相まったのだろう。定子の懐妊が明らかとなり、産み月が彰子の入内と同じ時期とわかれば、彼女への仕打ちは明らかに容赦ないものとなっていった。自分と自分の愛する家族の道を阻《はば》む者へは、怒りを止められない――。それが道長の性格だった。

定子いじめ

長保元年六月十四日夜、内裏が火事で全焼した。

今夜亥《ゐ》の刻許《ばかり》に、修理職《しゆりしき》内造木屋より火災を発す。内裏悉《ことごと》く以て焼亡す。後、天皇腰輿《えうよ》に乗り左《さ》兵衛陣《ひやうゑのぢん》を指して御出、左衛門陣頭《さゑもんのぢんとう》を経て、職の御曹司に着く。幸の間、左大臣騎馬ながら、陽明《やうめい》門《もん》より馳《は》せ入り天皇の御所に馳せ対《むか》ひて下馬、奏せられて云《い》はく、「職の御曹司は是火《これひ》の末、御座《おはしま》すに事の怖《おそ》れ有るか、八省《はつしやう》・大極殿《だいごくでん》の間、行幸せらるべき由」奏し了んぬ。

（この夜、亥《い》の刻《こく》〈午後十時前後〉頃、修理職の内の造木屋から火災発生。内裏は全焼した。出火後、天皇は腰輿《ようよ》に乗り左兵衛陣《さひょうえのじん》〈内裏内郭《ないかく》の宣陽門《せんようもん》〉を指して出御され、左衛門陣《さえもんのじん》〈内裏外郭《がいかく》の建春門《けんしゅんもん》〉の前を通って職の御曹司に到着。御移動の間に左大臣〈道長〉が騎馬のまま陽明門《ようめいもん》から馳せ入り、御座所に駆けつけて下馬すると、天皇に申し上げた。「職の御曹司は火の手の先、ここ

にいらっしゃると被災の怖れがございます。八省院《はっしょういん》・大極殿の間にいらっしゃるほうがよろしいかと」)（『本朝世紀《ほんちょうせいき》』同日）

一条天皇の代では初めての、しかしこれから度々起こることになる、内裏全焼という大火災。天皇は腰輿に乗って脱出、定子のいる職の御曹司に着いたところで、道長が馬に乗ったまま陽明門から駆け込んだ。通常、臣下の者の内裏での移動は、特別の許しのない限り徒歩しか許されていない。だが非常の事態、構ってなどいられぬ。道長は下馬して畏《かしこ》まり「職の御曹司は延焼の怖れがございます」。ここでは危険が及びかねないと誘導、天皇をひとまず内裏南西の大極殿に、その後太政官の朝所《あいたんどころ》に避難させた【大内裏図】。

この時、職の御曹司には身重の定子がいたはずである。道長はこんな時にすら、まずは天皇を定子から引き離さねばと考えたのか。いや、後になれば、実際に火は左衛門陣（建春門）の幾《いく》つかの建物に及んでいた。俄《にわ》かに風向きが変わり官庁の類焼は免《まぬか》れたが、職の御曹司はその目の前である。「上下・女官ら為す方を知らず、立ち躁《さわ》ぎ動くこと雲のごとし」（『本朝世紀』同日）。官人たちが足を宙にした火災に、清少納言も震えたに違いない。定子の体を気遣いつつ、彼女たちは必死で逃げ延びたのだ。

ところが、やがてこの火事は定子のせいだという噂《うわさ》が流れた。蔵人頭・行成によれば、道長に密着した学者・大江匡衡がふらりと家に来て言ったという。「白馬寺《はくばじ》の尼、宮に入りて、唐《とう》杣（祚《そ》）亡びし由あり（則天武后《そくてんぶこう》が後宮に入ったから唐《とう》の王朝は亡びたとか）」。唐の高宗《こうそう》の寵愛を独占して唐王朝を滅亡

【大内裏図】

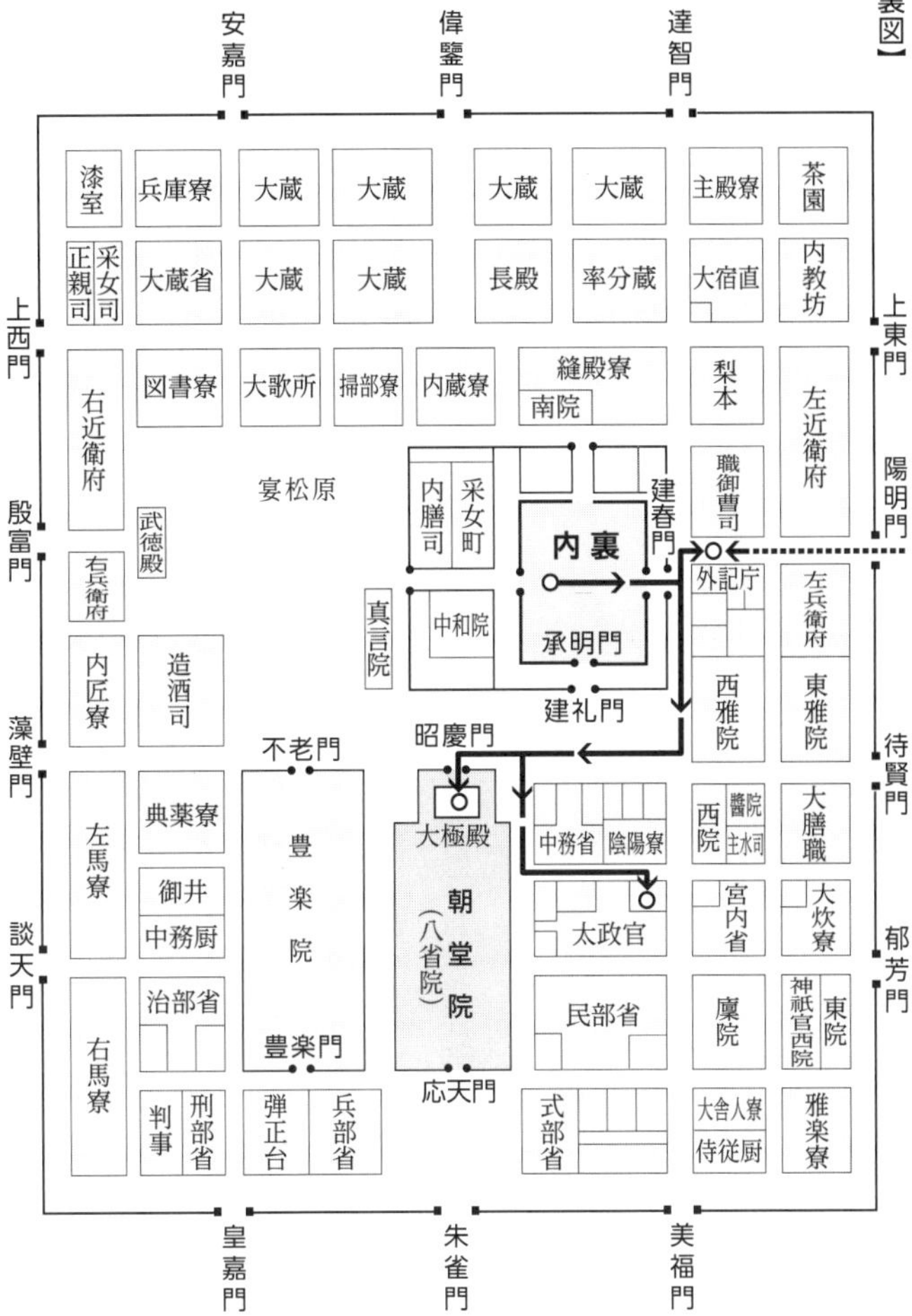

火災発生時の一条天皇と道長の避難路　⟵ 一条天皇　⇠…… 道長

に追いやった皇后・則天武后は出家していた。同じく定子も尼、その彼女が後宮にいることが災禍の原因だという意味だろうと、行成は推測している（『権記』同年八月十八日）。懐妊までしており、現実的には明らかに還俗《げんぞく》している定子をいまだに尼と決めつける点、また根拠もない元凶説をでっちあげ漢学素養で権威づけする点、定子への理不尽な誹謗《ひぼう》中傷にほかならない。道長に忖度《そんたく》する匡衡が自ら思いついて触れまわっていたものか、それとも自らも漢学に明るい道長が画策したか。

これに先立つ八月九日、懐妊七カ月の定子は出産に向けて転居したが、その際の嫌がらせははっきりと道長が行ったものだった。痩《や》せても枯れても中宮である定子は、転居の際には公卿が供を務めることが必要だった。しかし道長は、この日早朝からの宇治《うじ》行きを計画し、公卿たちを誘った。宇治は片道だけでも一日がかりの距離で、行けばその日のうちには帰れない。自分に同調して宇治に行くのか、それとも都にとどまって定子の側につくのか。公卿たちに〈踏み絵〉を踏ませたのである。実資は兄で参議《さんぎ》の藤原懐平《かねひら》からの知らせでこのことを聞き、「行啓の事を妨《さまた》ぐるに似たり（道長は中宮の転居を妨害しているらしい）」と感じた（『小右記』同日）。

この時定子が滞在したのは、平生昌《たいらのなりまさ》なる人物の家である。彼はかつて定子の事務方の中宮職で三等官の「大進《だいじん》」を務めており、その縁で手を挙げたのだろう。ただし彼には道長の息がかかっていた可能性がある。長徳二（九九六）年十月、政変で処罰され都を離れたはずの伊周が密かに上京して定子宅に隠れていた時、それを密告したのはこの人物であり、彼から話を聞いて検非違使庁《けびいしちょう》に伝えたのは道長だからである（『小右記』同月八日）。生昌の家は、彼の六位《ろくい》下級官人という身分なりに質素だった。そして彼は、自宅に中宮が滞在して天皇の子を産むというのに、みすぼらしい板造りの門を改修することもしなかった。人々は「格式ある輿《こし》が板門の家に出入りするとは、前代未聞」と言ったという（『小右記』長保元〈九九九〉年八月十日）。そればかりか、通用門は牛車《ぎっしゃ》がつかえるほど狭くて、清少納言らは牛車から降りて歩いて邸内に入らなければならなかった。また生昌は色好みを気取って清少納言の寝室に入り込もうとした。清少納言は大声をあげて周りを起こし彼の野暮ぶりを嘲笑《ちょうしょう》したが（『枕草子』六段「大進生昌が家に」）、事実、腸《はらわた》の煮えくり返る思いだっただろう。おそらくは道長が介在したと思われる生昌宅――定子の滞在によって「三条の〈宮〉」と呼ばれるようになった小宅――での日々は、この初日に始まり、定子一行にとってストレスの多いものだったこと、想像に難《かた》くない。

だが、定子は耐えた。そして十一月七日、この家で無事子を産んだ。一条天皇の第一皇子・敦康《あつやす》親王の誕生である。それは奇《く》しくも彰子が入内した六日後、「女御」の称号を与えられて、初めて天皇を局《つぼね》に迎えるという日の早朝だった。

第六章

怨霊あらわる

「紫雲《しうん》」の和歌

長保元《ちょうほう》（九九九）年十一月、藤原道長《ふじわらのみちなが》は長女の彰子《しょうし》を十二歳という幼さで一条《いちじょう》天皇（九八〇〜一〇一一）に入内《じゅだい》させた。そのいわば嫁入り道具に、彼はかつてない和歌色紙屏風《しきしびょうぶ》を新調した。公卿《くぎょう》や先帝という、只者《ただもの》でなく高貴な人々に依頼して、色紙のための歌を詠ませたのである。その中で、当代きっての文化人公卿・藤原公任《きんとう》が詠んだ和歌がこれである。

紫の　雲とぞ見ゆる　藤の花　いかなる宿の　しるしなるらむ

（『公任集』三〇七番）

（まるで紫雲がたなびいているように見える、見事な藤の花。一体ここがどのように素晴らしい家であることの表れなのでしょうか）

和歌は祝賀を表す色紙絵に合わせたもので、この和歌の絵は「松に藤」。松はもちろん長寿を、藤はここでは藤原氏を意味する。公任は今を盛りと咲く藤を道長鍾愛《しょうあい》の彰子に見立てて詠み、自らも含めた藤原一族の繁栄を寿《ことほ》いだ。だがそれだけなら、美しいが平凡な和歌だ。見逃せないのは「紫の雲」なる比喩である。もとよりこの言葉は瑞雲《ずいうん》を意味するが、『枕草子《まくらのそうし》』の初段「春は、あけぼの」に定子《ていし》を示す「紫だちたる雲」が登場するように、当時、「后《きさき》」をほのめかす最新の表現ともなっていた。つまり公任は、この語で彰子の「立后《りっこう》」を暗示したのである。天皇にはこの時、既に定子という中宮《ちゅうぐう》がいたにもかかわらず、である。実際、この三カ月余り後、道長は一条天皇に圧力をかけ、定子に加えて彰子をも「后」とする「二后冊立《にこうさくりつ》」を果たす。公任のこの和歌には、その展開を見越して予祝《よしゅく》する香りが漂う。さしずめ、定子はさておき彰子に期待する思いをちらつかせて道長を喜ばせようという政治的配慮を、彼らしく優美に和歌に忍び込ませたという辺りか。

【系図】藤原公任と道長

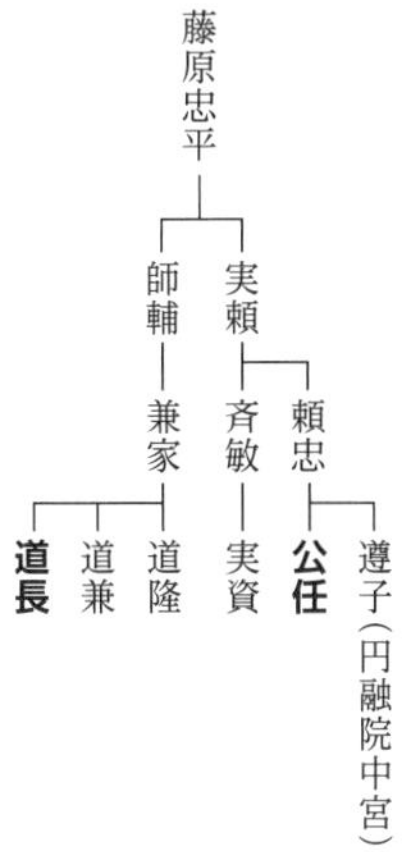

公任は、道長と同い年で祖父同士が兄弟という又《また》従兄弟《いとこ》である【系図】。本書は第一章で二人にかかわる『大鏡《おおかがみ》』「道長」の逸話を紹介した。曰《いわ》く、道長ら三兄弟の父・兼家《かねいえ》が公任の有能さを羨《うらや》み、「お前たちは公任の影法師《かげぼうし》も踏めぬ」とぼやいた。長兄・道隆《みちたか》と次兄・道兼《みちかね》は押し黙るばかりだったが、

道長は覇気を見せ「影など踏まず、面《つら》を踏んで面目をつぶしてやりますよ」と息巻いた、という話である。後付けの説話だから当然だが、事実、道長は公任を大きく超えて出世した。この長保元年時点で公任はまだ参議《さんぎ》・右衛門督《うえもんのかみ》。左大臣《さだいじん》で最高権力者の道長に遠く及ばない。運命は二人を逆転させたのだった。

だが、公任が道長を羨んだようには思えない。彼は和歌・管絃《かんげん》・漢詩の才に長《た》け、文雅《ぶんが》の世界では最高峰の地位にあったからだ。特に和歌では勅撰《ちょくせん》和歌集『拾遺和歌集《しゅういわかしゅう》』のもととなる私撰《しせん》集『拾遺抄《しゅういしょう》』を編んだ理論派の重鎮で、道長に面どころか影も踏ませていない。いや、だいたい、「面を踏む」などという『大鏡』での道長の発想自体が、文化人としての品格に欠けている。

彰子入内屏風の意味

実は、この屏風和歌には、公任と同じ小野宮家《おののみやけ》（実頼《さねより》の系統）の実資《さねすけ》も詠歌を依頼されていた。だが彼はそれを断った。さらに、喜んで引き受けた公任を非難して日記『小右記《しょうゆうき》』にこう記した。

此《こ》の事、甘心《かんしん》せざる事なり。又《また》、右衛門督《うゑもんのかみ》は是《こ》れ廷尉《ていゐ》、凡人と異なるに、近来の気色猶《なほ》追従するに似たり。一家の風、豈《あに》此の如《ごと》きか。嗟乎《ああ》痛きかな。

（この一件は感心できぬ。また右衛門督・公任は、検非違使《けびいし》庁別当《べっとう》の重職も兼任しており、雑魚《ざこ》の官人ではないのに、最近の様子ときたらまるで左大臣に追従するようだ。一家の風格はかくの如き

ではなかろうに。ああ痛いことよ）

（『小右記』同年十月二十八日）

もともと屏風和歌は、和歌の得意な下級官人に作らせるものだった。『古今《こきん》和歌集』編者の紀貫之《きのつらゆき》、清少納言《せいしょうなごん》の父で第二の勅撰集『後撰《ごせん》和歌集』編者の清原元輔《きよはらのもとすけ》などは、こうしたアルバイトで食いつないだといっても過言ではない。その時、下命した貴族はパトロンとなり、歌人はその配下に属する。道長の屏風制作に実資が嗅《か》ぎ取ったのは、その匂いだ。道長はこの企てによって上級貴族にマウンティングしようとしている。祖先の築いた歴史を〈ご破算〉にして、道長を頂点とした家格の再編を図っているのだ——。

確かにそのとおりだった。道長は彰子入内の前日、人々に酒食《しゅしょく》をふるまい屏風のお披露目をした。実資も足を運ぶと、その場で能筆《のうひつ》の藤原行成《ゆきなり》が筆を執り和歌を記していく。問題は歌人の名だ。花山法皇《かざんほうおう》（九六八〜一〇〇八）の御製は「詠み人知らず」。本名の名指しは失礼にあたるからだ。だが他は皆、「右衛門督藤原公任」「宰相中将《さいしょうのちゅうじょう》藤原斉信《ただのぶ》」「宰相源俊賢《みなもとのとしかた》」など本名が記される。かと思えば道長一人は「左大臣」のみで、名を記さない。露骨な差のつけ方。この屏風はまるで、道長を〈主〉、その他を〈従〉とする派閥構成員一覧表ではないか。実資は「後代までの面目丸つぶれだ」と内心で眉《まゆ》を吊り上げた。その怒りに道長は気が付かなかったのか、それとも気が付いていないふりをしただけなのか。実資に向かって和やかな顔を作って見せたという（『小右記』同年十月三十日）。

かつて歴史学では、道長時代の上級貴族たちは宴《うたげ》や行事に興ずるばかりで政治を蔑《ないがし》ろにしていたと見られていた。しかし今や、視点が大きく改められ、儀式や行事はそれこそが政治であると見直されるに至った。宴を含めた式典の遂行、道長が用意した屏風のような調度《ちょうど》の制作、法会《ほうえ》における僧侶の調達などは、主催者や担当者の手腕の見せどころであると同時に、彼らの政治的意図を示すものでもあった。道長は彰子の入内屏風を機会に、公卿たちとの親疎《しんそ》を「見える化」して世に突きつけたのだった。もちろん、彰子が入内すれば一条天皇はまさに彰子の〈背後〉にこの屏風を見る。その効果も計算した上での、まばゆい和歌色紙屏風だった。

皇子、誕生

十一月一日、彰子は輦車《れんしゃ》に乗って、大勢の公卿や殿上人《てんじょうびと》に送られ内裏《だいり》に入った。「輦車」といえば、『源氏物語』で光源氏《ひかるげんじ》の母・桐壺更衣《きりつぼのこうい》が危篤状態となった時、特別に許された乗り物である。通常は皇族や大臣でないと許されない。この高貴な乗り物に乗せられて彰子が入内したところまでは、道長もご満悦だっただろう。だが十一月七日、彰子に「女御《にょうご》」の称号が与えられ天皇との公式の顔合わせと祝宴が行われるという重要な日に、実資が日記の冒頭に記したのは彰子の事ではなかった。

卯《う》の刻、中宮男子を産む〈前但馬守生昌《さきのたぢまのかみなりまさ》三条宅〉。世に云《い》はく、横川皮仙《よかはのかはひじり》と。
（午前六時前後、中宮定子が男子を産んだ〈前但馬守《たじまのかみ》・平生昌《たいらのなりまさ》の三条《さんじょう》宅においてである〉。世間は「横川《よかわ》の皮仙《かわひじり》」と噂《うわさ》している）

（『小右記』同日）

定子が出産。一条天皇の第一皇子《おうじ》が誕生したのである。だが人々は「横川の皮仙」という謎のような言葉を囁《ささや》いたという。「横川の皮仙」とは、比叡山《ひえいざん》横川の修行僧・行円《ぎょうえん》のあだ名で、彼が鹿皮の衣を着て説法していたことによる。だが国史学者の黒板伸夫《くろいたのぶお》氏によれば、それは異様な風体として人目を引いたとおぼしい。彼が他の点でも型破りな僧であったことから、黒板氏は「横川の皮仙」とは「『出家らしからぬ出家』という意味で、落飾《らくしょく》しながら子をもうけた中宮に対する蔭口《かげぐち》に転用されたのではないだろうか」(『藤原行成』)と推測する。要するに、定子への「尼《あま》のくせに」という非難である。ちなみに、院政期の公卿・藤原宗忠《むねただ》の日記『中右記《ちゅうゆうき》』は、この皇子誕生を「不吉の例」として挙げている(『中右記』元永《げんえい》二〈一一一九〉年五月二十八日)。

しかし、天皇にとっては待ち望んだ男子誕生であった。『権記《ごんき》』によれば、彼は蔵人頭《くろうどのとう》・行成を召して大喜びで言った。

仰《おほ》せて云はく、「中宮、男子を誕《う》めり」。天気快然。「七夜に遣《つか》はすべき物等の事、例に依《よ》りて奉仕せしむべし」てへり。

(天皇は仰《おお》せになった。「中宮が男子を産んだぞ」。ご様子は上機嫌で「七日目の『産養《うぶやしない》』に遣わすものを、旧例に随《したが》って調達せよ」と言われた)

(『権記』長保元年十一月七日)

「産養」とは、子供が生まれた時の祝いの儀式で、誕生当日から三日目、五日目、七日目、九日目の夜に行われ、父親である天皇が主催するのは七日目だった。天皇は今自分ができる限りの祝いをしてやりたいと、逸《はや》る心そのままに、まずはそれを命じたのである。彼が彰子への女御宣下《せんげ》について口にしたのは、その後だった。

彰子、女御となる

定子の出産に、道長の日記『御堂関白記《みどうかんぱくき》』は一切触れていない。この日彼が記したのは、彰子への「女御」の勅命、慶賀に参上した人々の名、天皇臨席の上、公卿勢ぞろいで酒宴を行ったこと、それだけである。道長は実資の『小右記』や行成の『権記』のように詳《つまび》らかには日記を記さない。書くべきと考えたことを、ほんのメモ程度に記すだけだ。つまり定子の皇子出産を、彼は書くべきとは考えなかった。いや、書きたくなかったのだろう。有《あ》り体《てい》に言えば、それは彼にとって目を背けたい事実だったと思われる。

『小右記』によれば、道長はこの日、藤原氏の公卿たち全員に祝宴への出席を命じた。酒盃《しゅはい》が人々の間を何度も巡り、参会者たちは唱歌し、和歌や漢詩を朗詠し、賀茂祭《かものまつり》の楽人《がくにん》が音楽を奏でた。時に紫式部《むらさきしきぶ》の夫だった藤原宣孝《のぶたか》も伺候《しこう》して酒など注《つ》いでいる。道長は実資を彰子の御座所《おましどころ》に誘い、いそいそと入内装束を見せた。さぞや自慢したかったのだろう。

だが彼は、酔った頭の片隅で、いま一つ満足できなかった今日に舌打ちをしていたかもしれない。この酒宴、天皇は僅《わず》か数時間宴に顔を出しただけで、戌《いぬ》の刻（午後八時前後）には紫宸殿《ししんでん》に帰ってしまった。こんなに慌ただしいなかで彰子と新枕《にいまくら》を交わしたとは考えにくい。一方で天皇は、定子のもとに「御劔《みはかし》」を贈っていた。皇子の守り刀である。天皇の心は定子と皇子のもとにあったのだ。道長のどんな権力と華美をもってしても太刀打《たちう》ちできない存在、一条天皇の後継候補。この赤子にどう対応すべきか。この時、既に道長の頭はフル回転を始めていたに違いない。なお、『栄花物語《えいがものがたり》』は七日の産養を道長が主催したと記すが（巻五）、事実ではなく、さきに記したように当夜の主催者は天皇だった。やがて「敦康親王《あつやすしんのう》」と名付けられたこの皇子に道長が〈温情〉という名の手を伸ばすのは、もっと後のことになる。

「幼き人」彰子

さて、道長の娘・彰子に目を向けよう。何度も言うが、彼女は十二歳と幼かった。これは、国史学の倉本一宏《くらもとかずひろ》氏によれば、平安時代で確認できる限り最年少の入内年齢だという。道長と彰子を終始礼賛する『栄花物語』は、入内においても頻《しき》りに彰子の幼さを否定するが、かばえばかばうほど逆にその幼さが浮き彫りになって、むしろ痛々しい。

まだいと幼《をさな》かるべきほどに、いささかいはけたるところなく、いへばおろかにめでたくおはします。見たてまつり仕《つか》うまつる人々も、あまり若くおはしますを、いかに、ものの栄《は》えなくやなど思ひ聞こえさせしかど、あさましきまでおとなびさせ給へり。
（まだお小さい年ごろなのに、ちっとも子供っぽいところがなく、月並みな言い方だが素晴らしくていらっしゃる。世話係の女房《にょうぼう》たちも、姫があまりに幼いので「はて、入内なさってもぱっとしないのでは」などと案じていたが、驚くほど大人びていらっしゃる）

（『栄花物語』巻六）

彰子の幼さは一条天皇をも戸惑わせた。他の妻たちは彼とほぼ同年配なので、八歳年下の彰子は娘のように思えたという。ちなみに実の娘（定子が政変の年に産んだ脩子《しゅうし》内親王）はこの時、四歳である。

道長は財力で天皇を娘・彰子にひきつけようと工夫した。部屋の外まで香り立つ香《こう》、何気《なにげ》ない理髪の具や硯箱《すずりばこ》の中身にまで施された細工。天皇の文学好きを知る道長は和歌の冊子《さっし》もととのえ、当代一の絵師・巨勢弘高《こせのひろたか》に歌絵《うたえ》を描かせ、文字はまたも行成に筆を執らせた。天皇は「あまりの興に政《まつりごと》を忘れそうだ」と声を上げたが、道具や書物を楽しむと、さっさと帰ってしまう。時にはパフォーマンスのためか、わざわざ昼間に彰子と同衾《どうきん》することもあったが「あまり幼き御有様《ありさま》なれば、参り寄れば翁《おきな》とおぼえて、われ恥づかしうぞ（あまりにお小さいので、並ぶと自分が年寄りに思えて、私は恥ずかしいよ）」（『栄花物語』同）とこぼしたという。

思えば、一条天皇自身、結婚したのは今の彰子より幼い十一歳だった。政治的な役割のために幼くして結婚する子供の心を最もよく知っているのは彼だったはずだ。彼は我慢強く振る舞い、彰子を尊重した。だが得意の笛を吹いて聞かせても彰子がそっぽを向き、「こちらをご覧」と言っても「笛は音を聞くもの、見る術《すべ》はありませぬ」と聞かなかった時には、さすがにがっかりしたようだ。「さればこそ、これや幼き人（だから言うんだよ、君はお子様だと）」。思わずそうこぼしたのは、繕《つくろ》わぬ本音だっただろう。笛の音は見えない。だから顔を見ても仕方がない。それは正しいが、屁理屈《へりくつ》である。天皇は彰子をうちとけさせようと思いやったのに、彰子は彼を突っぱねたのだ。だが彼は、その辱《はずかし》めを即座に〈自虐〉にすり替えた。「七十の翁の言ふことをかくのたまふよな。あな恥づかしや（七十歳の爺《じい》さんの言葉にこんな理屈でお返しかい。そうだよね、君が正しいよ。ああ恥ずかしい）」（『栄花物語』同）。もちろん彼は七十歳ではなく、実年齢は二十である。だが彰子に比べれば老人ともいえるほど年を取った自分の間違いだと、ジェネレーションギャップのせいにして笑いに持ち込んだのである。

天皇が彰子を怒らなかったのは、一つには彼が寛容な大人だったからだが、もう一つには、やはり彰子の背後に道長を見ていたからであろう。天皇が彰子に冷たく当たったと噂になって、道長が機嫌を損ねては困る。政治のために、そして定子のために。またこの幼い彰子が、道長に叱られないためにも。こうした配慮は一条天皇という人の優しさであり、同時に弱さでもあった。彰子付き女房たちは天皇の寛大さに胸をなでおろした。だがそれは彰子のためではなく、自らの利益のために「我が職場は安泰」と安心したのである。

彰子を取り巻く大人たちの有様は、まるでどたばた喜劇のようだ。当の彰子はと言えば、そんな彼らをじっと見ていたとおぼしい。彰子は引っ込み思案《じあん》だったが鋭い観察眼を持ち、特に女房については「後《うしろ》やすく恥なき人は世に難《かた》いもの（安心して仕事が任せられ、主人が恥をかかない女房は滅多にいない)」(『紫式部日記』)と見るなど批判的だったと、のちに彼女に仕えた紫式部が記している。

道長は彰子のために女房四十人、童女六人、下仕《しもづか》え六人を選《え》りすぐった。その基準は容姿・人柄に加え、出自と育ちの良さだった(『栄花物語』同)。たとえ親が貴族でも、縁者が落ちぶれていれば雇わない。高貴な血と、家の栄《さか》え。それこそが彰子を定子と差別化する強みだったからだ。だが『紫式部日記』によれば、こうして集められた女房たちは〈お嬢様集団〉で頼りにならず、彰子は心を閉ざした。せめて母親の倫子《りんし》がもっと彰子のもとにいてやれたら良かったのだが、倫子はあいにく十二月に出産を控えていた。臨月直前の体で彰子の入内を見届けるのも大変だっただろう、二日後には内裏を退出した。

だが道長は、彰子と天皇を凝視していた。披露宴の七日後、十一月十四日の日記に、彼は「御渡りの事有り」と記した。天皇が彰子の御座所を訪れた、ということだ。毎日訪れがあったならば、こうは記すまい。天皇が今日は訪れるのか、明日はどうなのか。彼はさぞかし、はらはらしながら見守っていたのだろう。三日後の十七日、道長は「霍乱《かくらん》」で倒れた。現在の急性胃腸炎である(『小右記』『権記』同日)。道長は道長なりのやり方で娘を思い、身も心も砕いていたのである。

「二后冊立」に動く

彰子の入内から間もない長保元年十二月一日、太皇太后《たいこうたいごう》・昌子《しょうし》が崩御《ほうぎょ》した。それを知るや、道長は動いた。〈僥倖《ぎょうこう》〉である。「后」のポストが一つ空くのだ。いや、実際には空くのではない。本来のポストは三つ、太皇太后と皇太后、そして中宮である。それを正暦《しょうりゃく》元(九九〇)年、故兄の道隆がごり押しして、中宮のポストを「中宮」とその別称である「皇后」の二つに分け、定子を「中宮」の座に割り込ませた。それ以来、「后」は異例の四人体制となっている。その異例をそのまま引き継いで、今度は彰子を新「中宮」として滑り込ませればいいのだ【二后冊立　新旧対照表】。

もともと道長は、彰子が入内すればやがて立后させる腹積もりだった。その「二后冊立」は、公任が忖度《そんたく》してあの入内屏風和歌に后＝中宮を意味する「紫雲」という言葉を詠み込むほど、当然の方法だった。しかしこんなに早くその時が来るとは。

道長が頼った相手はやはり、姉で天皇の母である女院《にょいん》・詮子《せんし》だった。詮子は蔵人頭の行成を呼んで天皇への書状を託し、天皇は一読すると行成に尋ねた。「この件は、どうしたものか」。蔵人頭に抜擢《ばってき》されて足掛け五年、行成は天皇にとって頼れる懐刀《ふところがたな》になっていたのである。彼は「このような国家的重大事、私の愚意《ぐい》の及ぶところでは」と慎みながらも「左大臣は切に申しており、その趣旨は当然です」と道長に理解を示した。

天皇は詮子に返信を認《したた》め、それを行成が届けると、詮子は道長に手紙を書いて行成に託した。道長は先の霍乱がまだ癒えない状態だったが、行成を簾中《れんちゅう》に招《しょう》じ入れて姉の文《ふみ》を読み、言った。「立后が決定した。

【二后冊立　新旧対照表】

身位	旧・正暦元年	新・長保二年
太皇太后	昌子（冷泉天皇妻）	〈東三条院詮子〉（円融天皇妻）
皇太后	詮子（円融天皇妻）	遵子（円融天皇妻）
皇后	遵子（円融天皇妻）	定子（一条天皇妻）
中宮	定子（一条天皇妻）	彰子（一条天皇妻）

汝《なんじ》のお蔭《かげ》だ」。道長にとって、「后の父」への道が開いた瞬間だった。「そなたの身については、生涯安泰と思え。いや、互いの子の代まで兄弟同然に恩に着るよう子らに言い聞かす」(以上『権記』長保元年十二月七日)。道長は行成の手も取らんばかりに感謝した。

道長は、行成の働きを知っていたのだろう。実は、道長が詮子と工作を進める傍《かたわ》ら、行成は行成で彰子の立后を天皇に進言していたのである。明けて長保二(一〇〇〇)年正月、二后冊立が正式に内定した日の行成自身の日記によれば、行成の主張は、「日本は神国である」という〈道理〉に依っていた。

我が朝は神国なり。神事を以《もっ》て先と為《な》すべし。中宮は正妃たりと雖《いえど》も、已《すで》に出家入道せられ、随《したが》って神事を勤めず。殊《ことさら》に私の恩の有るに依りて、職号《しきごう》を止むること無く、封戸《ふこ》を全納するなり。

(我が国は神国です。神事を第一とすべきです。中宮定子様は正当なキサキではありますが、すでに出家入道されていて、神事を勤めていません。特別に、主上からの私的なご寵愛《ちょうあい》によって、中宮の称号も停止されず、国からの支給を丸取りしているのです)(『権記』長保二年正月二十八日)

名ばかり中宮で勤めるべき神事を勤めない定子は、「尸禄素飡《しろくそさん》の臣《しん》」——働かずに俸禄《ほうろく》を貪《むさぼ》る「税金泥棒」と同じだ、という行成の論法は、理路整然としている。また、それが天皇の私情一つによるという指摘は、天皇の最も痛いところを突いている。彰子を新しい中宮に立てて神事を勤めさせるべきだと言われれば、天皇も頷《うなず》かないわけにはいかなかったのである。

墨塗りの日記

立后への道筋はついた。後は日取りを決めるばかりだ。欣喜《きんき》雀躍《じゃくやく》の道長はあの陰陽師《おんようじ》・安倍晴明《あべのせいめい》に吉日を占わせた。だが、それがフライングとされて天皇の不興《ふきょう》を買うことになったという説がある。晴明による占いの件は事実で、『御堂関白記』（長保二年正月二十八日）に明記されている。しかしその半月以上前の正月十日分の日記に、一度書いた文面が墨で黒々と消されている部分がある。実は既にこの日、道長は占いの結果を受け取っていた、と推測するのである。

いま、自筆本『御堂関白記』は次のようにしか見えない。■は墨塗りの跡である。

雪大降、一尺二三寸許[redacted]、入夜参院、修正月結願、後参大内、候宿

だが以前より、この墨塗りの下には「晴明」や「献」「廿（二十）」の文字が読み取れるとされていた。前出の倉本一宏氏は、『御堂関白記』自筆本を収める京都の陽明《ようめい》文庫に出向き、文庫長の名和修《なわおさむ》氏の指導のもと調査を行って、そのことを確認した。とすれば次の推測が成り立つと、倉本氏は言う。道長は早くから晴明に立后の日取りを占わせており、この正月十日、晴明から「廿■日」という日程を得て一

条天皇に献上した。ところが天皇はまだ彰子の立后について逡巡《しゅんじゅん》している段階だったので、道長にストップをかけた。道長はその次第を日記に途中まで記したものの、天皇の意を思い出し、「これはこのまま記事にして子孫に見せてはいけない」と、慌てて、しかも一生懸命に抹消した——。

この説は、道長が彰子の立后に対していかに前のめりになっていたかを、実によく言い当てている。また、この時点まで事を公《おおやけ》にせず迷っていた天皇の苦衷《くちゅう》をも、示している。天皇は定子の心中を慮《おもんぱか》ったのだろう。この「二后冊立」は以前からのそれを引き継いだものと先には記したが、厳密には違っていた。正暦元（九九〇）年、時の中宮・遵子《じゅんし》が「皇后」となり定子が新しい「中宮」となった時は、遵子は先々代の円融《えんゆう》天皇（九五九〜九一）、定子は一条天皇と、それぞれ別の天皇の妻だった。しかし今回は、定子も彰子も同じ一条天皇の妻である。一人の天皇に二人の正妻が立つ〈一帝二后〉。これは前代未聞のことだった。実家が没落し天皇の正妻という以外に確固とした寄る辺《よべ》を持たない定子にとって、その正妻の座を半分奪われることが、どれだけの屈辱であるか。天皇は不憫《ふびん》に思い、さぞ悩んだことだろう。

二月十日、彰子が立后の儀に向けて内裏から退出すると、翌日即座に天皇は定子を内裏に呼んだ。もちろん、十一月に生まれたばかりの長男、五歳になった長女・脩子も一緒である。彼にとって待ちかねた家族団欒《だんらん》の時間だった。その当日、道長は憤《いきどお》りをこめて日記にこう記した。

中宮参内《さんだい》し給ふ。神事の日に如何《いかん》。事、毎《つね》と相違す。

（中宮定子様が内裏に入られた。春日祭《かすがのまつり》の神事のある日に尼が内裏に入るとは、いかがなものか。神事が異例のものになってしまった）（『御堂関白記』同日）

そして数日後、道長は天皇が定子と過ごしている部屋にわざわざ顔を出した（同、二月十四日）。用向きは来月の行幸《ぎょうこう》についてというが、むしろ、水入らずの天皇と定子に水を差すのが狙いだったとおぼしい。政敵と見れば嫌がらせを抑えられない。それが道長の性格だった。

邪気に憑かれる

長保二年二月二十五日、彰子がめでたく中宮となると、その二カ月後、道長はまた病に罹《かか》った。彼はたぶん恒常的に何かに襲われる不安を抱いていたのだろう。大事が終わり緊張の糸が途切れると病が兆《きざ》す、その繰り返しである。だが、この三十五歳の夏の病は特別だった。強力な邪気が道長に憑《つ》き、彼の人格を乗っ取ってとんでもないことを口走らせたのである。

四月二十三日、道長は内裏で発病（『御堂関白記』同日）。なかなか回復せず、二十七日には辞表を提出するまでになった（『権記』同日）。やがて道長邸から「厭物《まじもの》（呪詛《じゅそ》の具）」が見つかり（『小記目録《しょうきもくろく》』同年五月九日）、道長は行成を介して天皇に探りを入れた。犯人は定子だとでも思ったのだろうか。その時の天皇の返答を行成は伏せるものの、「事は甚《はなは》だ煩雑なので、記さない」（『権記』長保二年五月十一日）と殊更《ことさら》に記す。一体、天皇は何を話したのだろう。道長の疑心暗鬼への怒りか、罵倒《ばとう》か。いずれにせよ、到底日記に記し置けない内容だったのだろう。

そんななか、五月十九日、道長に邪気が憑いた。長徳元《ちょうとく》（九九五）年に疫病のため三十五歳で死んだ次兄・道兼である。行成はそれを彼自身の目で目撃、道兼の霊は道長の口を借りて行成に「少将《しょうしょう》（道兼の遺児・兼隆《かねたか》）を諫《いさ》めるなどしてやってほしい」と言った。また、「粟田《あわた》の山荘を寺にしてくれ」とも言った（『権記』同日）。行成は「右大臣《うだいじん》（道兼）の意気は死後も昔のとおりだった」と記している。

二十五日にも、道長に死霊《しりょう》が乗り移った。こちらの正体は四十三歳で世を去った長兄・道隆とおぼしい。


「前帥《さきのそち》を以て本官本位に復せらるべし。然《しか》れば病悩癒《い》ゆべし」てへり。此の次《ついで》にまた示されて云はく、「此の由《よし》を申すの次には、竊《ひそ》かに人の気色を見るべし」〈此の詞《ことば》は本心を以て示さるる所なり〉。

（「前の大宰　権帥《だざいのごんのそち》・伊周《これちか》を元の官職・官位に戻すように。そうすれば道長の病は癒えるだろう」。さらに殿は言われた。「このことを申す時には、こっそり人の様子を窺《うかが》え」〈こちらの言葉は、道長殿本人の意思によるものだ〉）

（『権記』同日）


どうも、道長の中には道隆の霊と道長本人の人格とが同居していたらしい。道隆は道長の体を「人質」としその口を借りて、息子・伊周の現状を憂《うれ》え、長徳の政変で没落する前の正三位内大臣《しょうさんみないだいじん》に戻せと迫った。かと思えば、次の瞬間には道長は正気に戻り、天皇への奏上の際に周囲の者を観察せよと、謎めいた指示を発した。

行成から報告を受け、天皇は冷静に「病中に邪気の言わせたたわごとなど聞き入れるに足《い》《か》らぬ」と一蹴した。ところが、行成が戻って道長にその旨を伝えると、道長は行成に向かって目を怒らせ口を大きく開いた鬼の形相《ぎょうそう》を示した。行成は「霊気《れいき》だ」と感じ、ぞっとしたという。天皇の舅《しゅうと》、中宮の父、母后《ぎさき》の弟で最高権力者である道長でも病に罹ればこの体《てい》たらくとは。世は無常だ。「愁《うれ》えるべし愁えるべし、悲しむべし悲しむべし」。思わず嘆きの言葉を漏らした行成だった（以上『権記』同日）。

道長が怖《おそ》れていた相手は、これではっきりした。やはり道隆と道兼。彼らが亡くなり、そのお蔭で道長が栄華《えいが》を手にすることになった、二人の兄である。ひいては彼らの遺族たちも、道長の恐怖の種だった。特に、愚かな事件を起こし、道長がそれを世に露見させたために失脚した中関白家《なかのかんぱくけ》の伊周と隆家《たかいえ》。道長は彼らに〈心の鬼〉、疚《やま》しさによる不安を抱いていたのである。

死霊の襲撃

しかし、道長にはさらに恐ろしい体験が待っていた。十二月十六日、定子が崩御した時のことである。彼女はこの年、前年に続いて三人目の子を宿していた。だがこの日、難産の果てに皇女《おうじょ》を出産すると、自身は力尽きて亡くなったのだった。悲報を受けて、天皇は道長を内裏に召した。ところがその時、道長は参内どころではなかった。自邸で怨霊《おんりょう》に襲われ、前後不覚で恐怖に震えていたのだという。

天皇に召されて数刻後、道長はやっとのことで参上して事の詳細を語った。それは『権記』により伝えられるところだが、残念なことに伝本が損傷し、次の□のように所々、読解不能の部分がある。以下、推測できる大意のみを記す。

「女官・藤　典　侍《とうのないしのすけ》の霊気を帯びた様子は、尋常ではなかった。……私が女房たちの驚く声で振り向くと、彼女は□を手にして私に襲いかかってきたところであった。その体たるや、髪は垂らし、更に逆さまに大きく□を張り、音を放って人々を驚かせた。私はたまたま仏法の加護のおかげで霊の両手をつかむことができ、引き据えた。何刻《なんこく》か経って思ったが、その怨霊らは、最初に言った言葉からすれば関白《かんぱく》・道隆の霊のようだった。また二条の丞相《しょうじょう》・道兼の言葉にも似ていた」

（『権記』同日）

邪霊が憑いて道長を襲った女官・藤典侍とは、かつて次兄の道兼と関係を持って一女を産み、今はその尊子《そんし》を天皇の女御として入内させている藤原繁子《はんし》である。道長によれば、彼女は何かを大声で叫びながら道長に飛び掛かってきた。手には凶器らしき物を持っていたようだ。道長は格闘の末、難を逃れたものの、耐えがたい精神的ショックを受けた。特に、藤典侍の発した言葉は道長の頭から離れなかった。その内容から推して、彼は怨霊の正体を長兄・道隆とも、次兄・道兼とも推測したのだった。一体、霊は何を叫んだのか。それについては、道長は固く口をつぐんだのだろう、伝えられていない。

定子は道長にとって、小瘡《こしゃく》にも天皇に愛され続け、后として復活までして彰子の前に立ちはだかる邪魔者だった。道長は露骨に定子をいじめた。その定子の崩御は、またしても彼に転がり込んできた稀《け》有《う》な〈幸《さいは》ひ〉だった。しかしそれは、これまでの〈幸ひ〉と同様に、人の死という不幸であった。おそらく道長は疚しさから恐怖に怯《おび》え、女官・繁子に起こった何らかの異常事態を道隆らに結び付けて、霊による報復と確信したのである。

なお、この日亡くなった定子が怨霊となってやってくると考えられなかったのはなぜか。それは仏教思想によると考える。仏教では死者の魂は、死後四十九日の間は、この世とあの世の間の「中有《ちゅうう》」にとどまるとされていた。死後間もない定子は、まだ「死霊」となってはいない。だからこの日は、道長を襲う人々の中には数えられなかった。だがやがては定子も立派な「死霊」になるだろう。その時、定子は誰に祟《たた》るのか。道長はもちろんのことだが、彰子も標的になるのではないか。その想像は、彼を震えあがらせたに違いない。

道長は〈幸ひ〉の人だった。だがその〈幸ひ〉とはこのように、栄華の光がまばゆければまばゆいほど、暗くて深い〈闇〉であった。

第七章

『源氏物語』登場

定子、再び

没落の身となりながら一条《いちじょう》天皇（九八〇〜一〇一一）の愛を一身に受けた定子《ていし》は、長保《ちょうほう》二（一〇〇〇）年十二月十六日未明、難産の末、非業《ひごう》の死を遂げた。天皇との間の第三子である女児・媄子内親王《びしないしんのう》を産みおおせたものの、自らはついに力尽きたのである。享年二十四であった。

それからしばらくして、彼女の存在感がいまだ強く残る貴族社会に一つの文学作品が登場した。『源《げん》氏物語《じものがたり》』である。

いづれの御時《おほむとき》にか、女御《にょうご》、更衣《かうい》あまた候《さぶら》ひ給ひける中《なか》に、いとやむごとなき際《きは》にはあらぬが、すぐれて時めき給ふありけり。

（どちらの帝《みかど》の御代《みよ》だったか、女御《にょうご》、更衣《こうい》といったお妃《きさき》がたが大勢お控えでいらっしゃった中に、

さほど至高の分際でもなくて、特別にご寵愛《ちょうあい》を受けていた方がいたという
（『源氏物語』「桐壺《きりつぼ》」冒頭）

文章はうわべでは「いづれの御時にか」と書き起こして、時代設定をおぼめかす。しかし続く一文を読むや、同時代の人々には突き刺さるものがあったはずである。「いとやむごとなき際にはあらぬ」、つまり押しも押されもしない后妃《こうひ》ではなくして「すぐれて時めき給ふ」、誰よりも帝に寵愛されたキサキは、まさに彼らの記憶の中にいた。定子である。

定子は確かに最初こそ、父関白《かんぱく》・藤原道隆《ふじわらのみちたか》という後ろ盾を持ち、中宮《ちゅうぐう》にもなった鉄壁のキサキだった。しかし父の死と兄弟の失脚により実家は没落、自らは出家してキサキとしての正当性を失い「いとやむごとなき際にはあらぬ」存在となった。また物語のキサキ・桐壺更衣《きりつぼのこうい》は、やがて帝の皇子《おうじ》、のちの光源氏《ひかるげんじ》を産み、皇子三歳の時に亡くなる。実在の定子は一条天皇の皇子・敦康親王《あつやすしんのう》を産み、親王が二歳の時に亡くなる。桐壺更衣の死によって桐壺帝は悲嘆に暮れ、定子の死によって一条天皇は悲嘆に暮れる。これだけ多く符合する点があるからには、実在の定子をなぞって桐壺更衣が造形されたことは間違いあるまい。

藤原道長《みちなが》は、この物語を読んでいる。ならば彼も、これが定子を髣髴《ほうふつ》させる物語であることは承知していたはずである。だがよく知られているように、道長はこの作品の作者・紫式部《むらさきしきぶ》を娘・彰子《しょうし》の女房《にょうぼう》として雇い入れた。作品は道長の政治的・経済的庇護《ひご》のもとで大長編へと成長した。彼はなぜ敵方の

定子をヒロインとしてなぞらえたこの作品を支援したのか。これまで見てきた彼の権力欲と計算高さからして、彼がそこに利を見いだしたからと推測されるが、一体どういうことなのか。

背景には、定子死後の貴族社会全体が共有した畏怖《いふ》と悲哀《ひあい》、いわば〈時代の記憶〉があった。

それぞれの打撃

定子の死後、狭い貴族社会の人々は、生前の定子との関係に応じて打撃を受けた。例えば、定子の生前に彼女を迫害した道長は、〈心の鬼〉（罪悪感）から、すさまじい怨霊《おんりょう》に襲われる妄想にかられた。また道長に追従した上級貴族たちは、その負い目から、一転して定子への同情を口にし始めた。一方、若者層は同年代の彼女の死に虚無感を覚え、手に手を取って出家するものまで現れた。そして、最愛の配偶者に先立たれた一条天皇は激しい喪失《そうしつ》感を抱き、愛情の行き場を失った。そしてこれらのすべては、道長に直接関わり、彼の栄華の足元を揺るがすものだった。

具体的に見ていこう。定子の生前に彼女をいじめた道長が、定子の崩御《ほうぎょ》したまさにその日、怨霊に襲われたことは、前章の末尾に述べた。「邪霊《じゃれい》」が取り憑《つ》いた女官が彼に襲いかかり、格闘の末、彼は辛《から》くも九死に一生を得たのだった。邪霊の正体は定子の父である故関白・藤原道隆、あるいは故丞相《しょうじょう》・道兼《みちかね》と、道長は考えた（『権記《ごんき》』長保二年十二月十六日）。道長の長兄と次兄である彼らが、長徳《ちょうとく》元（九九五）年、相次いで死んでくれたことは、道長にとって嬉しい〈幸ひ《さいは》〉（幸運）だったはずである。だが一方で、道長はずっと〈幸ひ〉と引き換えに良心の呵責《かしゃく》を抱き続け、それは生理的作用から病に転じて、事あるごとに彼を苦しめてきた。挙句《あげく》の果てがこの怨霊体験であった。今や定子までもが亡者となったからには、いつかは彼女自身が祟《たた》ることすらあり得なくない。その時の標的は、彼にとって最も大切な、彰子かもしれない。道長は胸中で恐怖におののき、定子の魂がやすらかに鎮《しず》まってくれることを切実に祈ったことだろう。

公卿《くぎょう》・上級官僚層は動揺した。その代表が、一条天皇の側近ながら道長寄りでもあるという二股膏薬《ふたまたごうやく》の蔵人頭《くろうどのとう》・藤原行成《ゆきなり》である。彼は定子の崩御した当日の日記の末尾に、定子の略歴を記した。そしてその中に「長徳□年、事有りて出家、其《そ》の後還俗《げんぞく》」と明記した（『権記』長保二年十二月十六日）。長徳二（九九六）年の政変で定子は出家した、だがその後、俗人に戻ったというのだ。定子が還俗したと記している史料は、現存ではこれが唯一である。メモのような略歴で、もとより正式なものではない。だが、貴族日記は他人に見せることもあったので、いつか誰かに見られることもないとは限らない。そんな半ば私的、半ば公的な記録の中に、彼はあえて「還俗」の二文字を書きつけたのである。

思えば彼は、ほんの十カ月前の長保二年二月、「二后冊立《にこうさくりつ》」で彰子が新中宮に立てられるにつき、その前月からはっきりと道長側に付いて天皇を説得した。その時の彼の論法は、日本は神国であるが「中宮（定子）は正妃たりと雖《いへど》も、已《すで》に出家入道」されており、神事に当たれない、だからもう一人の中宮が必要だというものであった。これが正論として天皇を動かしたという自信があったのだろう、彼は得意げに持論を日記に書きとめた（『権記』同年正月二十八日）。

定子の生きている間、世間は彼女を「尼《あま》」と指さし非難してきた。行成はその中でも先鋒《せんぽう》といってよい存在だった。だが現実的には、定子は懐妊・出産を繰り返し、俗人であることは誰の目にも明らかだった。当然、行成も内心ではそう認めていたのだ。だが、朝廷の道理、道長への忖度《そんたく》、自らの保身。そんなものを先に立てて、言えぬ正義を長らくため込んできたのだろう。忸怩《じくじ》たる思いがこの日、日記という場で堰《せき》を切った。定子の死は、道長ににじり寄る姿勢を見せていた彼を、天皇・定子同情派へと転じさせたのだった。

行成ばかりではない。崩御の翌日、定子の母方の親族である高階《たかしな》氏が弔問に来なかったことには、公卿の中から義憤《ぎふん》の声が上がった。「案ずるに異なり。人の心に似ず（見損なった。人間の心じゃない）」（『権記』同年十二月十七日）。言ったのは、源氏勢力の気鋭の参議《さんぎ》・源 俊賢《みなもとのとしかた》である。また翌長保三（一〇〇一）年十月二十三日、庚申《かのえさる》の日に夜を徹する庚申待《こうしんまち》の行事が内裏《だいり》で行われ、管絃《かんげん》が演奏された折には、また義憤から、それに異を唱える者がいた。理由は「皇后《こうごう》定子様は国母《こくも》だ。その喪《も》の一年がまだ明けない今、もう音曲《おんぎょく》か」（『権記』同日）。話した人物は不明だが、内裏の行事に参加しているからには少なくとも公卿か殿上人《てんじょうびと》である。この発言で注意すべきなのは、定子を「国母」と呼んでいることである。定子の遺児・敦康親王は、まだ皇太子に立ってなどいない。だが、彼は一条天皇の唯一の男子であり、やがては即位する可能性が高い。そんな親王を前のめりで持ち上げ、定子を追懐《ついかい》する人々がいたのである。定子への同情というブームは一過性のものではなかった。崩御から一年近くを経てむしろ募り、彼女を尊重する風潮が高まっていた。定子は死してなお、いや生前よりもさらに強力な存在感を保ち続けたのである。彰子を擁する道長にとって、これが脅威でないはずがなかった。

若者たち

さて、道長は、定子の崩御から数十日が過ぎた長保三年二月四日、京の隣国・近江《おうみ》の三井寺《みいでら》（園城《おんじょう》寺《じ》）に急いだ。正妻・倫子《りんし》の甥で猶子《ゆうし》（養子）として面倒を見ていた二十三歳の源成信《なりのぶ》が昨夜失踪したかと思えば、この天台宗《てんだいしゅう》寺門派《じもんは》の総本山で出家を企てたというのである。右大臣《うだいじん》・藤原顕光《あきみつ》の男子で二十五歳の重家《しげいえ》も一緒だった【系図1】。従兄弟《いとこ》同士の二人は出家を果たし、道長も、同じく慌ててやって来た顕光も間に合わず、天を仰いだ。

【系図1】　源成信と藤原重家

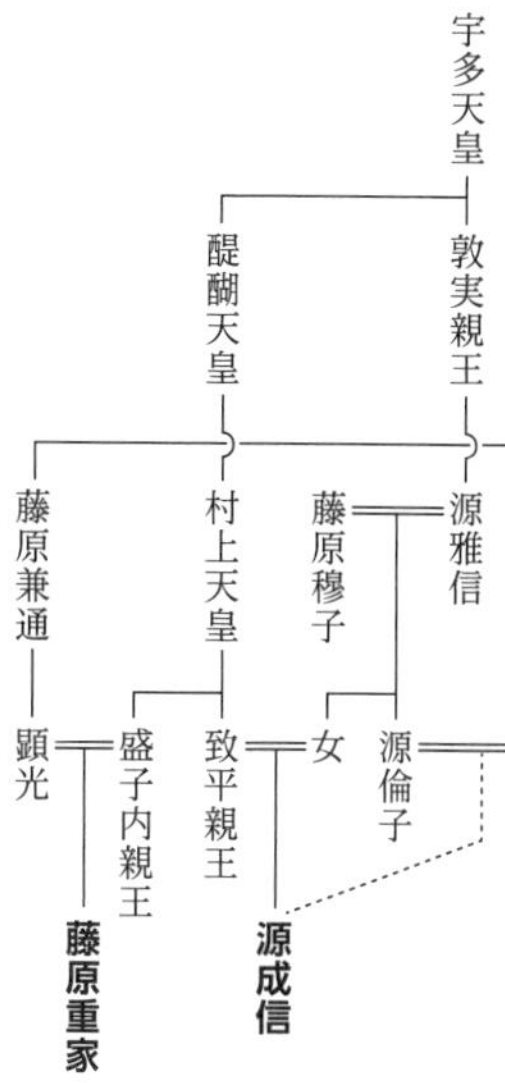

行成はかねて成信と仲が良かった。彼によれば、才知に乏しいが感受性の豊かな若者だった成信は、道長の前年の病で人生観が変わったのだった。成信は真摯《しんし》に看病に当たったが、道長の病が進むと周囲は諦めムードになり、看護をなおざりにするものが現れた。人心の頼りなさに成信は嫌気がさしたという。

「栄華余りあり、門胤《もんいん》止《や》むこと無きの人も、病を受けて危に臨むの時、かつて一分《いちぶ》の益も無し。殆《ほとほと》二世《にせ》の計を失はんとす」
（道長様のように余りある栄華に浴し一族挙げて高貴な方でも、病にかかり危急となれば、栄華も縁故も何の役にもたたない。現世《げんせ》と後世《ごせ》、どちらもうまくいかなくなる）（『権記』同日）

道長でさえ病や死には勝てぬ、人の宿世《すくせ》。また道長でさえ衰えれば裏切られる、人の心への不信。道長の栄華を見ることは、成信をむしろ厭世《えんせい》の方向に動かした。第二世代にありがちな皮肉だ。だが、なぜ二月四日なのか。実はこの日は、定子の四十九日の前日だった。意外なことだが、成信は清少納言《せいしょうなごん》はじめ定子方の女房たちと親交があった。もとより憂愁《ゆうしゅう》を抱えていた彼は、定子サロンに心の癒やしを見つけていたが、追い打ちをかけられるように居場所を失い、厭世観を募らせた。そんな彼が定子の供養のために出家することは、仲間内ではうすうす予想された事態で、行成などは心配して前日に夢を見るほどだった（『権記』同年二月三日）。だが道長には、寝耳に水だった。

なお、共に出家した重家は、もとより出家の意志があったところ、正月晦日《みそか》に成信に誘われて決意したものという（『権記』同月四日）。右大臣・顕光は大切な男子を喪《うしな》った。この顕光は、この時五十八歳。道長の伯父・兼通《かねみち》の長男で、道長より二十二歳も年長の従兄《いとこ》である。ただ至って愚鈍で、天延《てんえん》三（九七五）年、公卿最下位の参議になった時、すでに三十二歳だった。当時は彼の父の兼通が関白太政大臣《だいじょうだいじん》を務めて七光も十分だったが、その父にも能力を認められなかったようだ。公卿昇進後も、道長が三年で駆け抜けた権中納言《ごんちゅうなごん》・中納言の職に計十八年もとどまるなど極めて出世の速度の鈍かった彼が、今、右大臣という道長に次ぐ地位にいる理由は、長徳元（九九五）年の疫病流行で上位の公卿たちが死亡するなか生き残ったということに、ほぼ尽きる。道長は正暦《しょうりゃく》二（九九一）年、二十六歳の時に権大納言《ごんだいなごん》となって、当時四十八歳で中納言だった顕光の官職を超えてからずっと、彼を目下に見てきた。しかしそんな道長にしても、彼を笑えた立場ではなかった。

親世代は権力欲に明け暮れて、子世代の喪失感にも将来への不安にも気付かず、みすみす有為な人材を喪った。これは平安貴族社会にとって大きな損失だったが、それ以上に、世間の物笑いの種であり家の〈恥〉だった。彼らの世において、〈恥〉は最も嫌悪された。公達《きんだち》の連鎖的出家騒動においては、左《さ》大臣《だいじん》と右大臣、政権のトップと次席が恥をさらしたのである。

行き詰まる後宮政策

道長にとって最も重大なのは、一条後宮《こうきゅう》の今後だった。定子がいなくなれば、後宮にもう強敵はおらず、天皇は彰子の方を振り向く。もし道長がそう踏んでいたのだとすれば、それは天皇の純愛に対する大きな見込み違いだった。

かくて春の来《く》る事も知られ給はず、あはれよりほかの事《こと》なくて過ぐし給ふに、世の中には馬車《むまくるま》の音しげく、前追《さきお》ひののしる気配《けはひ》ども思ふ事なげなる羨《うらや》ましく、同じ世とも思《おぼ》されず。

（こうして春の訪れにもお気づきになれず、ただ悲嘆の思いひとつで時を過ごされる。世間では馬や牛車《ぎっしゃ》が賑やかに行き交い、前追いたちが悩みもなさそうな大声をあげているのが、羨ましい。それと自分の生きている世界とが同じ一つのものとは、到底お思いになれない）（『栄花物語《えいがものがたり》』巻七）

『栄花物語』は、定子の崩御直後、長保三年の正月をこのように記す。時間は過ぎていく。それは、わかる。だが自分のこととして受け入れられない。これは定子に先立たれた中関白家《なかのかんぱくけ》の人々の心中だが、思いは天皇も同じだっただろう。

彼の心は世から離れ、やがて思いを一つにする中関白家の四女、定子の末妹の御匣殿《みくしげどの》へと向かった。彼女は定子から遺児・敦康親王の養育を託されていた。『栄花物語』は、「天皇はしばしば皇子のもとに足を運んだので、たまたま御匣殿の姿をほの見るうち」愛するようになったと記す（巻八）。華やかだった定子に対し、御匣殿は「かいひそめ（おとなしく）」て可愛かったというが、それでも彼女こそが天皇にとって第二の定子だった。

これは道長にとって驚くべき事態だった。入内《じゅだい》してもいない、女官でもない存在が、新たなる敵として立ち現れたのである。この年の秋、彼は原因となった敦康親王を御匣殿から奪い、彰子に育てさせた。これには三つの狙いがあった。一つ目に、彰子を敦康の養母とすることで、天皇と御匣殿の仲を引き裂く。二つ目には、天皇が敦康親王会いたさに彰子のもとに通うように仕向け、やがて彰子に男子が生まれるのを待つ。三つ目に、万が一彰子に子供が生まれなかったり、生まれても女子だったりして、敦康が天皇の後継者となった場合を見越し、彰子が養母、道長は養祖父という関係をこの時点から作っておく。そうすれば、中関白家ではなく道長家こそが新天皇の後見《うしろみ》であると主張できる。敦康が初めて彰子のもとに移されたのは長保三年八月三日（『権記』同日）。定子の死からわずか八カ月での素早い決断と実行は、道長が「御匣殿事件」で受けた衝撃の強さを示している。

だが、天皇の御匣殿への思いには、道長の方策も効果がなかった。天皇は彼女への寵愛を深め、翌長保四（一〇〇二）年には、彼女は懐妊した。天皇はその体を気遣い、定子の兄・伊周《これちか》は妹を自宅に迎え取って皇子の誕生を期待した。ところが御匣殿は俄《にわ》かに体調を崩し、数日寝込んで息を引き取った。年は十七、八歳であったという（『栄花物語』巻八・『権記』同年六月三日）。

天皇はうちのめされた（『栄花物語』同）。手に入りかけたささやかな幸せを、彼はまたもや喪ったのである。そして定子の折と同様に、御匣殿を亡くしたからといって彼が彰子に振り向くことは、今度もなかった。道長には誤算続きの、一条天皇の後宮であった。

『枕草子』の癒やし

ちょうどこの頃。このように傷つきうなだれた人々の心に舞い込んできたのが、清少納言の書いた『枕草子《まくらのそうし》』であった。国文学研究者たちの『枕草子』研究の成果から推測すると、次のようになる。

定子の女房だった清少納言は、長徳二（九九六）年頃、実家が零落《れいらく》して心傷ついた定子を慰めるために、第一次『枕草子』を書いた。内容はたぶん「春は、あけぼの」などのエッセイや「うつくしきもの」などの「ものづくし（リストアップ）」だったか。ところがこの第一次『枕草子』は、定子サロン以外の世界にも漏れ伝わった（『枕草子』跋文《ばつぶん》〈あとがき〉）。斬新な世界観、小気味《こきみ》よく明るい文章は、早くから一部の人々を楽しませていたのである。

定子の死後、清少納言は夫と共に都を離れ、執筆からもしばらくは遠ざかっていたらしい。しかし一条天皇は、摂津《せっつ》にいる彼女と連絡を取っていた（『清少納言集』）。定子の思い出を分かち合える存在として、清少納言は求められていたのである。そこで都に戻ると、清少納言は自宅で定子の「思い出の記」を、書いては拡散させたと思われる。彼女が書いて知り合いに渡し、知り合いはまたその知り合いに渡し、気に入れば書き写す。『枕草子』は次第に誰もが知る作品になってゆく。清少納言の一番の願いは故定子の鎮魂だったが、作品は傷心の天皇や、定子同情派に覆《くつがえ》った貴族たちのニーズに合い、彼らの心を和ませただろう。

清少納言は狡猾《こうかつ》にも、道長によるいじめなどの事実は一切「思い出の記」に記さなかった。そのため道長も、これを握りつぶしようがなかった。また誰あろう彼こそが、定子の魂が鎮められることを望んでいた。こうして清少納言の書き物は貴族社会に流布《るふ》し、人々の心を癒やした。

とはいえ道長は、決してすっきりした気分ではなかっただろう。『枕草子』は世を癒やした。彼の怨霊への恐怖心をも、少しは軽くしてくれただろう。だが『枕草子』のある限り、定子はその中で生き続ける。生前よりももっと魅力に満ちて。何よりも、生ける彰子を凌駕《りょうが》する存在として。これでいいのか。いいや、決してよくはないが、どうすればよいのだ。時の最高権力者・道長にしても、この小さな文学作品の持つ力を前にして、太刀《たち》打ちする術《すべ》もなかった。

『源氏物語』の誕生

こうした状況の中で、『源氏物語』は現れた。作者は藤原為時女《ためときのむすめ》。のちに彰子に出仕し、この物語の女主人公にちなんで「紫式部」と呼ばれるに至る、一人の寡婦《かふ》である。

彼女は定子の死の翌年・長保三（一〇〇一）年四月に夫・藤原宣孝《のぶたか》を亡くし、女児を一人抱えて自宅で暮らしていた。のちに自ら編んだ家集『紫式部集』によれば、生来《せいらい》才知にあふれていたが、母、姉、親友と身近な人々を次々亡くした果てに夫にも死なれて絶望し、人生を鋭く深く見つめる人間になっていた。そんな彼女が出会い、やがて自らものするようになったのが「物語」だった。

はかなき物語などにつけてうち語らふ人、同じ心なるは、あはれに書きかはし、すこしけ遠《どほ》き、便りどもを尋ねても言ひけるを、ただこれを様々にあへしらひ、そぞろごとにつれづれをば慰《なぐさ》めつつ（後略）。

（物語は取るにたりないものだが、私にはそれを話題に話せる友達がいた。同じように感じ合える人とは心を割った手紙を交わし、少し疎遠な方にはつてを求めてでも連絡を取り、私はただこの「物語」というものひとつを素材に様々の試行錯誤を繰り返しては、慰み事に寂しさを紛らわした）

（『紫式部日記』寛弘《かんこう》五〈一〇〇八〉年十一月）

この「様々の試行錯誤」こそが『源氏物語』につながる試作であったと、研究者たちは考えている。従来の物語は、上級貴族が文才のある下級官人に命じて妻や姫の娯楽用に作らせたもので、つまり作者は男性だった。だが読み手である女性の側からは、「世に多かる空言《そらごと》（いい加減な作り話ばかり）」（『蜻蛉日記《かげろうにっき》』上巻序文、天暦《てんりゃく》八〈九五四〉年頃）など不満の声が上がっていた。そんな中で為時女は、誰から依頼されたわけでもなく、自分の空虚を満たすために物語を書き始めた。それは彼女と同様に人生経験を積んだ女性たちの共感を呼んだ。つまり為時女は、女性たちの中から自然発生した史上初のアマチュア女性物語作家だった。

初期の頃、彼女の試作は短編だったと考えるのが自然である。創作経験の浅さ、知見の狭さに加えて、当時高価だった紙を買う財力も乏しい。ところが現在ある『源氏物語』は五十四帖《じょう》の大長編だ。試作は改変され、長大な物語へと生まれ変わったのだ。だがこれは、彼女ひとりではできない。誰か支援者──資金や道具を与えるだけではない──、物語の舞台である宮中、繰り広げられる華やかな行事、きらびやかな後宮、上流貴族の公達や姫や女房たちの暮らし。そんなすべてを彼女に見せ、また執筆の環境も整えてくれる強力な後ろ盾が現れたと考えるしかない。つまりそれが、道長である。

為時女の死んだ夫・宣孝は、道長の子飼いの部下であった。彰子が女御《にょうご》となった時の祝いの宴《うたげ》で酌《しゃく》の役を務めたり（『小右記《しょうゆうき》』長保元年十一月七日）、宇佐使《うさのつかい》の帰りには土産として道長に馬を献上したりと（『御堂関白記《みどうかんぱくき》』長保二年二月三日）、よく働く男だった。また、父・為時には、道長はかつて恩を売っていた。長徳二（九九六）年の除目《じもく》（人事異動）の折、為時が提出した申し文《もうしぶみ》（陳情書）を受け入れ、いったんは決まった下国《げこく》・淡路守《あわじのかみ》から大国《たいこく》・越前守《えちぜんのかみ》へと転じてやったのである。道長は日頃からこうした使えそうな人脈のネットワークを張り巡らせており、彼らはその中にいた。さらに加えて、為時女は道長の妻・倫子の又従姉妹《またいとこ》であった【系図2】。

狭い貴族社会のことである。為時女が試作を見せて感想をもらう読者のなかに、倫子がいた可能性は高い。父も亡き夫も中・下級貴族の受領《ずりょう》階級に属した為時女にとって、自作が文化程度の高い権力者の正妻の目にどう映るかは知りたいところだっただろう。一方、道長家のほうでは、亡き定子の前で霞んでいる彰子の存在感を高めたいというニーズがある。定子を美化する『枕草子』に対抗する作品が欲しいと、そこまで具体的な望みは持ち掛けたかどうか。ともあれ、為時女の試作を目にした時、その才能に投資してみようと、倫子は思ったのではなかったか。

『枕草子』と『源氏物語』の定子

依頼を受けた為時女は、短編ですでに人気を得ていた主人公・光源氏の、出生の次第を書き起こした。「桐壺」巻である。そこには、冒頭に掲げたとおり、当時の現実社会を揺るがした「定子の事件」が影を落としていた。だがそのまなざしは、巷《ちまた》に評判を巻き起こしている『枕草子』とはずいぶん違うものだった。

【系図2】為時女(紫式部)と道長正妻・倫子の関係

『枕草子』は、定子の女房という立場から徹頭徹尾《てっとうてつび》、定子を賛美している。たとえ零落しても季節の行事を怠らなかった定子、苦境にあっても笑っていた定子。そこには悲劇の影はない。だが『源氏物語』は違う。為時女は漢学者である父の傍《そば》で育ち、自然に「道理」の感覚を養っていた。彼女の描く定子、もとい桐壺更衣は、天皇を愛に溺《おぼ》れさせ朝廷の秩序を乱す異常な存在である。こうした存在は「傾城《けいせい》」や「尤物《ゆうぶつ》」と呼ばれ、漢学にしばしば現れる。その代表が楊貴妃《ようきひ》である。楊貴妃は安禄山《あんろくざん》の乱を招き、中国を内乱に陥れた。それに比べて定子は穏やかだが、それでも長徳の政変は都を揺るがす大事件だったし、何より尼となりながらキサキに復帰し天皇の子を産み続けたことは、世を困惑させた。

だがその責任は定子にあったのか。そうではない。『源氏物語』は、桐壺更衣が周囲との軋轢《あつれき》に苦しみ体を壊すと、帝が「いよいよあかずあはれなるものに思《おも》ほして（いっそうどうしようもなく可愛い者と思われて）」ますます強い愛と執着で彼女を絡めとり、「人の譏《そし》りをもえ憚《はばか》らせ給はず（誰の非難に耳を傾けることもできず）」、「世の例《ためし》にもなりぬべき御もてなし（世の語り草にもなりそうな特別待遇）」に奔《はし》った、とある。『源氏物語』は真っ向から帝の非を指摘している。これは漢詩文で「諷喩《ふうゆ》」と呼ばれる方法で、文学に託して権力を諫《いさ》める王道的正攻法である。

為時女は道長家に配慮してこうした物語を創ったのだろうか。そう推測する説もある（清水婦久子《しみずふくこ》『源氏物語の巻名と和歌　物語生成論へ』）。だが私は、彼女は書きたいものを書いたのだと考える。世には定子を懐かしむ思いが蔓延《まんえん》し、それは彼女を美化する風潮に向かっていた。だが為時女は、彼女の背骨になっていた漢学的倫理観から、そこに嘘を見いだしていた。「これではいけない」――。それは数年後、彰子に仕えてから記した『紫式部日記』の有名な一節「清少納言《せいせうなごん》こそ、したり顔《がほ》にいみじう侍りける人（清少納言こそ、得意顔でとんでもない人だったようですね）」という完膚《かんぷ》なきまでの批判へと、一直線につながっている。

〈定子〉という事件は、清少納言のように美化すれば良いという問題ではないのだ。そこには、大きくは国の秩序という問題がある。これは儒教的な視点である。また小さくは、一人の女の生き方という問題がある。後ろ盾を失った女は、どのように主体的に生きていけるのか、いけないのか。為時女自身の人生経験から出た視点である。さらにもっと深くは、人の業《ごう》という問題がある。桐壺帝や一条天皇のように、人は愛という煩悩《ぼんのう》を抑えられない。愛は人を幸福にするのか。それとも人を暴走させ、不幸へと導くのか。仏教的な視点である。

定子は人々に深く大きな課題を突き付けたのだ。『枕草子』のようにそれから目を背けてはいけない――。倫子が声を掛けた為時女は、こうした数々の問題意識を蔵し、またそれに言葉を与えることのできる、怪物と言ってよい天才だった。

ところで、誰もが抱くであろう素朴な疑問は、一条天皇のことだろう。この天皇批判の書が天皇の目に入れば、彼は気分を害するのではないか。いや、それは杞憂だった。実は、学問好きな一条天皇は儒教精神を理想とし、諷喩という文学の方法についても知っていた。それどころか、臣下には自分を諷喩する詩文を作るように求めるほどだった（『本朝麗藻《ほんちょうれいそう》』「瑶琴治世音《えうきんはちせいのこゑ》」御製）。当代指折りの漢学者・藤原為時の娘である作者は、父を通じておそらくそれを知っていたのだ。

倫子と道長は為時女の『源氏物語』を合格とした。さらにはこの作品と作者の囲い込みを図り、寛弘二（一〇〇五）年末には、彼女を彰子の女房として雇い入れた。女房名は「藤式部《とうのしきぶ》」である。もとからの女房たちは、この新参者を、『源氏物語』を引っ提げた才女と見て警戒し、冷淡にあしらったり「態度が偉そう」と蔭口《かげぐち》を囁《ささや》いたりしていじめた。藤式部は苦しんだが、娘を抱え生活のためにも女房職にしがみつく道を選んだ（『紫式部日記』『紫式部集』）。道長は静観していた。彼女がどうあれ自分は彼女を支援し続ける。『源氏物語』さえ書いてくれればよいのだ。

金峯山詣で

寛弘四（一〇〇七）年八月。道長は吉野《よしの》にある山岳修験《しゅげんどう》道の聖地・金峯山《きんぷせん》に詣でた。いわゆる「御嶽《みたけ》詣で」である。険しい山道を登り苦しい思いをしてでも仏神にすがりたい大願があったのだ。彰子の皇子出産である。道長がこの願い一つで御嶽詣でを遂げたことが仏に届き、彰子は懐妊した――『栄花物語』はそう描いている。

『栄花物語』（巻八）によれば、道長は御嶽詣でを寛弘三年の正月から心にかけていた。だが諸事煩雑《はんざつ》によりそれがかなわず、「年だに返りなば（来年は必ず）」と期した寛弘四年の参詣《さんけい》だった。金峯山詣でにはまず精進潔斎《しょうじんけっさい》をする必要があった。酒色《しゅしょく》を断ち、夜には五体投地《ごたいとうち》の祈りを行うのだ。精進には三十七日、五十日、百日などいろいろあったが、道長は閏《うるう》五月から精進を始めたから（『御堂関白記』寛弘四年閏五月十七日）、ざっと七十五日の精進である。彼は彰子の中宮職《ちゅうぐうしき》の次官である源高雅《たかまさ》の家に居を移し、家族をも遠ざけて精進に専念した。できるだけ大々的に準備を行い、御嶽詣でにかける自分の熱意を世に見せつけたかったのだ。「殿かき籠《こも》らせ給へれば、世の中いみじうのどかなり（道長様が引き籠っていらっしゃると、世間はたいそう静かである）」と『栄花物語』（巻八）は記す。もちろん、籠っていても政《まつりごと》には手を抜かなかったとも記している。

八月二日、出発。「金峯山に参る。丑《うし》の時（午前二時前後）をもって出立」（『御堂関白記』同日）。舟で鴨川《かもがわ》を下り、途中で石清水八幡宮《いわしみずはちまんぐう》に参拝して近隣の仏堂で最初の一泊。翌日は大安寺《だいあんじ》、六日は壺坂寺《つぼさかでら》など、道長は寺を宿所《しゅくしょ》とし謝礼として大量の布を渡しては金峯山に向かった。こうして寺々にも周到に〈種〉を蒔《ま》くことは、道長にとってもはや当たり前の習いである。そして十一日、とうとう頂上に着いた。「早朝、金峯山の湯屋に着く」（『御堂関白記』同日）。水を浴び罪障《ざいしょう》を浄《きよ》める「解除《げじょ》」を行う。そして彼がまず参ったのが、「小（子）守三所」だった。子授け祈願である。

この参詣で道長は、信心の思いを込めて『法華経《ほけきょう》』など数々の経を自ら写し、銅製の経筒《きょうづつ》に収めて埋めた。それは約七〇〇年後の元禄《げんろく》年間に出土して、今国宝に指定されている。経筒の周りには写経の経緯を綴《つづ》った彼自身の文章が刻まれているが、仏に捧げるその文章には「子授け」のことはなく、極楽往生への願いのみである。もちろんそれも彼の大願だった。だが、往生は後で良い。今はともかく彰子の懐妊だ。その本心を、何はともあれ子授け祈願をすることで、彼はあからさまに示したのだ。

ところで『栄花物語』は、これがあまりに大掛かりな参詣なので、一行は留守中の都を心配したという。

さべき僧ども、様々《さまざま》の人々、いと多く競《きほ》ひ仕《つか》うまつる。君達《きむだち》多う、族《ぞう》広うおはしませば、この程《ほど》いかにと恐ろしう思《おぼ》しつれど、いと平《たひ》らかに参り着かせ給ひぬ。年《とし》ごろの御本意《ほい》はこれよりほかのことなく思しめさる。これをまた世の公事《おほやけごと》に思へり。

（しかるべき僧たちや様々な人々が競って大勢同行した。御子息《ごしそく》が多く一族は広いので、皆が留守にする間は都が手薄《てうす》となり大丈夫かと警戒されたが、ご無事でお帰りになった。年来の本願はこれよりほかのことはないと道長様は思し召しで、これをまた世間でも天下の公事と認めている）

（『栄花物語』巻八）

『大鏡《おおかがみ》』では、このことが次のように説話化されている。

入道殿、御嶽《みたけ》に参らせ給へりし道にて、帥殿《そちどの》の方《かた》より便《びん》なき事あるべしと聞こえて、常《つね》よりも世をおそれさせ給ひて、たひらかに帰らせ給へるに、かの殿《との》も、「かかること聞こえたりけり」と人の申せば、いとかたはらいたく思されながら、さりとてあるべきならねば、参り給へり。

（道長様は、御嶽詣での道中で、伊周様が不穏な謀《はか》りごとを企てているとの情報を聞き、常より警戒を強め、無事都にお帰りになった。一方の伊周殿も「こんな噂が流れているぞ」と人が申すので、どうにも決まりが悪い。だがさりとてそのままにもできないと、御嶽詣で成就のお祝いに参上された）　　　　　　　　　　（『大鏡』「道隆」）

この説話には続きがあり、道長は寛容にも伊周を敵視せず、温かく迎えるばかりか親しく暁《あかつき》まで双六《すごろく》に興じたとされる。だが同じ『大鏡』でも異本系にはさらなるエピソードが記されている。そこでは実は伊周は、道長を呪うため足の裏に「道長」と書いていた。ところが彼は双六に興じてうっかりし、それを道長に見つけられてしまう。道長は内心で怒り、双六にかこつけて、サイコロを入れた筒尻《どうじり》を振る際、それで伊周の足の裏を強く突く。「こんな呪いをしておいて忘れるとは、まったく考え無しの殿よ」。異本筆者は伊周をそう揶揄《やゆ》している。

実際、『小右記』をまとめた『小記目録《しょうきもくろく》』は、この年の八月九日条に「伊周・隆家《たかいえ》、致頼《むねより》を相語らひて左大臣を殺害せんと欲する間の事」と記している。致頼とは、当時荒くれの武勇で知られ、源頼信《よりのぶ》、藤原保昌《やすまさ》、平維衡《たいらのこれひら》と共に「四天王」と称された武人・平致頼である。

道長は定子の遺児・敦康親王を彰子の養子とし、後見する策を取っていた。しかし伊周側が道長殺害を計画したとならば、それは血を流してでも天皇の一粒種《ひとつぶだね》・敦康を奪還し、中関白家の再興を狙うという謀略であったろう。敦康は彰子が子を産まなかった場合の保険だが、それはこのように、もれなく中関白家の亡霊がつきまとう危険な保険だった。これにつけても道長は、御嶽の利益《りやく》があり彰子が懐妊することを心から祈っただろう。

彰子の懐妊

まさに御嶽の利益だろうか、それとも道長のデモンストレーションに対する一条天皇の応えだろうか。寛弘四年の年末、彰子は懐妊した。長保元（九九九）年十一月の入内から丸八年。初めての懐妊である。

中宮、去る年より懐妊せられ給ふと云々《しかじか》。但《ただ》し、事は極めて不定なり。仍《よ》りて秘せらるてへり。他聞に及ぶべからずと云々。

（中宮彰子様には、昨年からご懐妊とのことである。ただし事は極めて不確実である。よって秘密とし、決して外に漏らしてはならぬとのことである）

（『御産部類記《ごさんぶるいき》』「後一条院《ごいちじょういん》」所収『不知記《ふちき》』寛弘五年三月十三日）

官人の漢文日記からは、周囲のぴりぴりした様子が窺《うかが》える。だが『栄花物語』が記すのは、道長の手放しで喜ぶ姿である。

それによれば、最初に彰子の懐妊を見抜いたのは一条天皇だった。道長がこれほど大騒ぎをしてまでも彰子の懐妊を求めるのなら、男でも女でもいいから、とりあえずは子を産ませなければなるまい。そう思った天皇は、おそらく明らかな意図をもって彰子に接し、その後は期待をもって見守っていたのである。彰子もいる前で天皇から「中宮の懐妊を知らぬのか」と言われた道長は驚き、彰子付きの古参女房・大輔命婦《たいふのみょうぶ》をこっそり呼んで尋ねる。

「十二月と霜月《しもつき》との中になん、例の事は見えさせ給ひし。この月はまだ二十日に候へば、今しばし試《こころ》みてこそは、御前《おまへ》にも聞えさせめと思う給へてなん。すべて物はしもつゆきこしめさず。かう悩ましげに例ならずおはします」

(「十二月と十一月との間には、月のものがございました。が、正月はまだ二十日でございますので、もうすこし様子を見て、殿にも申し上げようかと存じておりましたのですが。お食事は何一つ召し上がりません。ご覧のように、いつもと違って具合の悪そうなご様子です」)(『栄花物語』巻八)

要するに彰子は、生理がまだ一回、十二月末から正月にかけてあるはずだったものがなかっただけの状態だった。だが、天皇の観察は鋭かったのだ。大輔命婦は言葉を続けた。

「殿に聞こえさせんと啓《けい》し侍《はべ》りつれば、『いとおどろおどろしうこそは思《おぼ》し騒がめ。しばしな聞こえさせそ。まことに苦しからん折《をり》こそ』と仰せらるれば」と、聞こえさすれば、殿《との》の御前《おまへ》何《なに》となく御目に涙の浮かせ給ふにも、御心のうちには、御嶽《みたけ》の御験《しるし》にやと、あはれに嬉しう思さるべし。

(「殿にお伝えしましょうかと中宮様に申しますと、『父上はきっと大騒ぎなさるでしょう。しばらくは言わないで。本当に辛《つら》くなったら、その時に』との仰《おお》せでしたので」と命婦は申した。道長殿

は、ふと御目に涙が浮かんだ。『御嶽の御験か』。胸の内には言葉にならぬ嬉しさがこみあげていたに違いない）

（『栄花物語』巻八）

『栄花物語』は、道長家にきわめて近い女房の手になるものと言われる。ならばこの光景は、おそらく作り事ではなかろう。大輔命婦は、その母の代から道長の妻・倫子の実家である左大臣源雅信《まさのぶ》家に仕える、累代の女房である。実は母は源雅信のいわゆる「御手付き」で、彼女は源雅信の落とし胤《だね》、つまり半ば左大臣家の身内なのである。その昔、道長が倫子に求婚し、雅信から鼻であしらわれたことも知っていよう。結婚後は雅信家が道長を全面的に後押ししたことも見てきた。倫子が彰子を始め次々と子を産み、彰子が成長して入内すると、大輔命婦は彰子付き女房に配置換えされた。それから八年。彰子に皇子が生まれれば、という倫子と道長の悲願は、彼女はもちろん女房たち皆のものでもあった。それを最初に伝える機会に浴した次第は、大輔命婦の胸に深く刻まれ、彼女自身の口から同僚女房たちに伝えられ、共有されていたに違いない。あるいは『栄花物語』は、大輔命婦にじかに取材した可能性もある。

いずれにしても、彰子は子を宿した。〈幸ひ〉の人・道長は、栄華に向かってまた大きな一歩を踏み出したのだった。

第八章　産声

道長邸の秋

寛弘《かんこう》五（一〇〇八）年、秋。一条《いちじょう》天皇（九八〇〜一〇一一）の中宮《ちゅうぐう》・彰子《しょうし》は出産を控え、両親の藤《ふじ》原《わらの》道長《みちなが》と源《みなもとの》倫子《りんし》が待つ実家、「土御門殿《つちみかどどの》」に里帰りした。私たちはその様子を、『紫式部日記《むらさきしきぶにっき》』の美しい文章によって知ることができる。

秋のけはひ入り立つままに、土御門殿のありさま、いはむかたなくをかし。池のわたりの梢《こずゑ》ども、遣水《やりみづ》のほとりの草むら、おのがじし色づきわたりつつ、おほかたの空も艶《えん》なるにもてはやされて、不断の御読経《みどきやう》の声々、あはれまさりけり。

（いつの間にか忍び込んだ秋の気配がやがて色濃くなるにつれ、ここ土御門殿のたたずまいは、何とも言えず趣《おもむき》を深めている。池の畔《ほとり》の樹々《きぎ》の梢《こずえ》や流れの岸辺の草むらはそれぞれに見渡す限り色

づいて、この季節は空も鮮やかだ。そんな自然に引きたてられて、絶えることのない読経《どきょう》の声々がいっそう胸にしみいる)

(『紫式部日記』冒頭・寛弘五年初秋)

土御門殿は、敷地の北側に居宅が棟を連ね、南側半分を広大な庭として池を置く、典型的な寝殿造《しんでんづく》り建築の邸宅だった。池の畔には高い樹々が植えられていたが、その葉が陰暦七月の今、色づいて秋の到来を告げている。また庭には遣水《やりみず》(人工の小川)のせせらぎがあり、その岸辺の草も秋色に染まり始めている。天を仰げば、昼には真っ青な秋晴れの空、暮れ方にはそれが夕焼けの朱色に染まる。

この『紫式部日記』の描写は、一説には『枕草子《まくらのそうし》』の冒頭「春は、あけぼの」に対抗して、「秋」の土御門殿の美を誇ったものと考えられてきた。それもあろう。だがそれだけではない。実はこの文章は、きわめて政治的な意味合いを持っている。

『日記』の描く広大な庭は、何より道長の権力の強大さを表している。さらに『日記』は、その自然たちが秋の気配をほのめかしていると言う。それは、彰子の出産予定日がこの秋の末、陰暦の九月だからだ。樹々の葉も草も空の色も、その季節が、出産の秋が来たと囁《ささや》いているのだった。と、そこに厳《おごそ》かに流れてくる読経の声。道長が集めた高僧たちが、交代制で二十四時間、絶えることなく安産祈願の読経を行っているのである。まだ予定日までには二カ月もある。だが道長側の準備は万端、整っている――。これは、自然と人が一体となって彰子の出産を待ち構え、刻一刻と緊張感を高めつつあった道長邸の様子を記し取った文章である。

紫式部は寛弘二（一〇〇五）年末から彰子に女房《にょうぼう》として仕え始めたが、彰子の懐妊という稀有《けう》な機会を得て、その詳細な記録を作るよう、道長から命ぜられたらしい。まさに「取材記者」の特権を得て、出産の一部始終を至近距離で取材し写し取った文章は、いわば「独占潜入ルポ」の気迫と晴れがましさに満ちている。『紫式部日記』は、彼女がその晴れの記録を含めて事後に編集したものである。なお、紫式部はこの頃まだ「藤式部《とうのしきぶ》」と呼ばれていたとおぼしいが、ここでは作品の名に合わせ「紫式部」と呼ぶことをお許しいただきたい。

それにしても、土御門殿は広かった。通常、上流貴族に許されている住宅敷地面積は一町（120m四方）だが、土御門殿はそれを南北に二つ合わせた広さだった。当初は北側だけだったが、南側の土地を所有していた大江匡衡《おおえのまさひら》が道長に譲り渡したのだという（『拾芥抄《しゅうがいしょう》』中巻第二十「京極殿《きょうごくどの》」）。匡衡は赤染衛門《あかぞめえもん》の夫で、当代随一の漢学者ながら、出世のためにはなりふり構わず道長に追従した。定子《ていし》の生前、内裏《だいり》の火事を彼女のせいだと言いふらしたのも彼だった。道長の邸宅が二倍の広さになればそれは違法だと、知らなかったはずがあるまいが、それでも道長の意に沿うならばと、彼は喜んで土地を譲ったのだろう。

五壇の御修法

里下がりした彰子は土御門殿の中心である寝殿を御座所《ござしょ》とし、紫式部たち女房も傍《そば》に控えた。夜明けもまだ遠いという時間に、女房たちは下仕《しもづか》えに指図して重い御格子《みこうし》（雨戸）を開けさせる。僧たちを迎

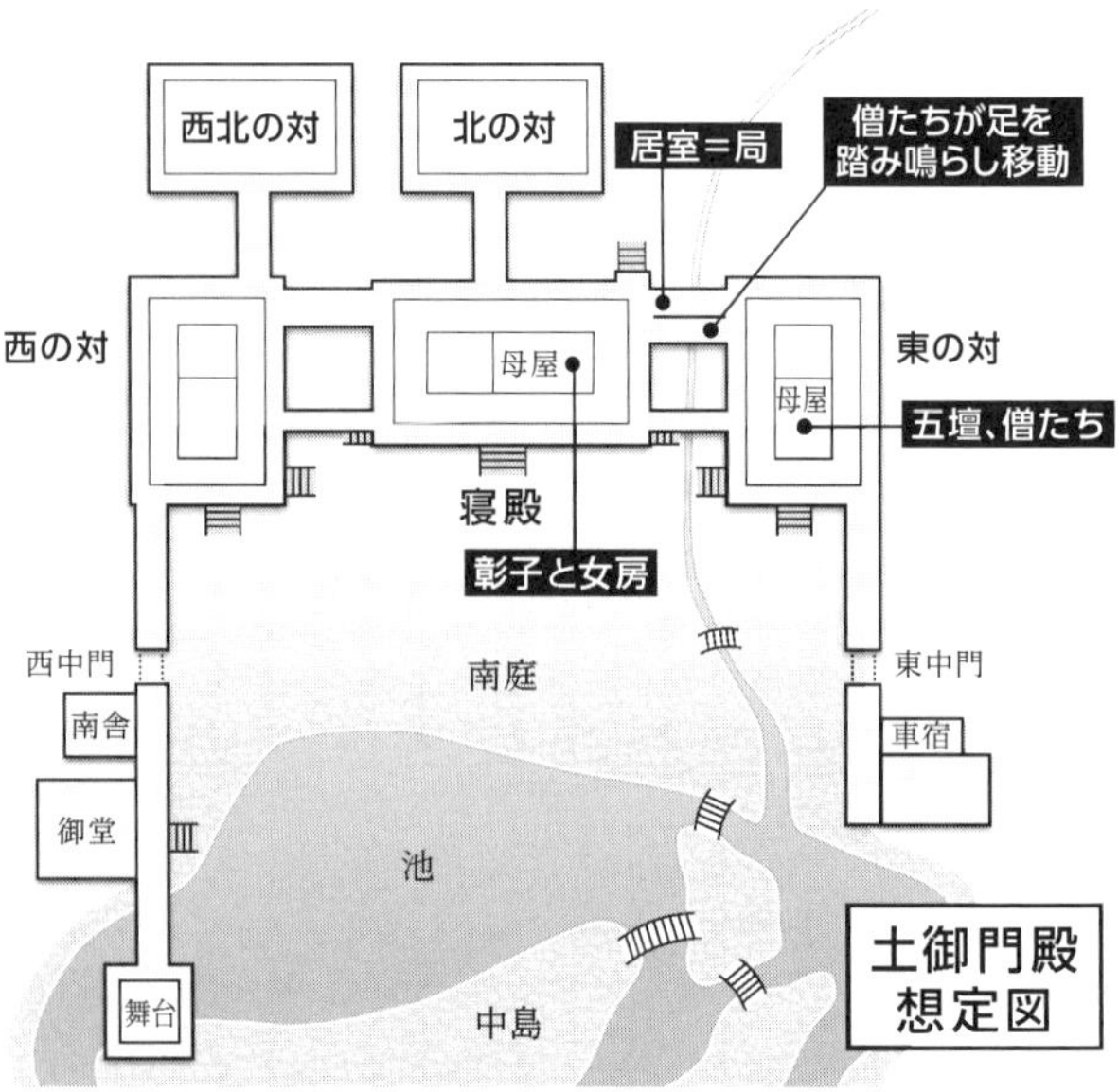

土御門殿想定図

える準備である。するとすぐ東隣の対屋《たいのや》（東の対《たい》）で鉦《かね》が響き、続いて数十人の僧たちが競うように上げる声が耳を打つ。「五壇《ごだん》の御修法《みずほう》」の「後夜《ごや》」の勤行《ごんぎょう》が始まったのだ【土御門殿想定図】。

> 後夜の鉦《かね》打ち驚かして、五壇の御修法《みずほふ》の時始めつ。我も我もとうちあげたる伴僧《ばんそう》の声々《こゑごゑ》、遠《とほ》く近く聞きわたされたるほど、おどろおどろしく尊《たふと》し。
> 観音院の僧正《そうじやう》、東《ひむがし》の対より二十人の伴僧を率ゐて御加持《ごかぢ》参り給ふ足音《あしおと》、渡殿《わたどの》の橋のとどろとどろと踏み鳴らさるるさへぞ、ことごとの気配には似ぬ。

（東の対で祈禱《きとう》の鉦が打ち鳴らされる。「後夜」定刻の「五壇の御修法」が始まったのだ。我も我もと張り上げる僧たちの声々が遠く近く響く様《さま》は、ものものしく厳かだ。

やがて観音院の僧正《そうじょう》が、二十人の伴僧を引き連れて、対からこちらへとやってくる。中宮様のお体近くで御加持《ごかじ》を差し上げるためだ。ドドドドッと渡り廊下を踏み鳴らす足音までが、ただ事でない気配を帯びている）

（『紫式部日記』寛弘五年初秋）

「五壇の御修法」とは密教の大々的な修法である。五体の「明王《みょうおう》」の像を並べ、それぞれの前に壇を設けて護摩《ごま》を焚《た》き、一体につき数人から二十人、総勢数十人から時には百人を超える僧たちが同時に祈禱する。「明王」とは仏法を守護する不動《ふどう》明王、金剛夜叉《こんごうやしゃ》明王、降三世《ごうざんぜ》明王、軍荼利《ぐんだり》明王、そして大威徳《だいいとく》明王で、手に手に武器を持ち恐ろしい形相《ぎょうそう》をしている【五大明王】。僧たちはその前に座し口々に経《きょう》文《もん》を読み、また仏教の呪文である「陀羅尼《だらに》」を唱える。

現在、この修法は辞書に「天皇や国家の重大な祈り」に限られると記される。しかし道長は后《きさき》だからとはいえ娘・彰子の出産という半ば私的な目的のため、これを催した。それはなぜだろうか。「道長の公権乱用」か、「中宮彰子への権威付け」か。もちろん、それらも正しいのだろう。だが、真の理由はおそらく〈心の鬼〉――内心の疚《やま》しさによる強烈な恐怖ではないか。道長が、五壇法という当時最も大規模な祈禱に頼らずにいられないほど、怨霊《おんりょう》を怖《おそ》れていたということではないだろうか。遠い昔、相次いで病で死ぬことによって、道長に出世という〈幸ひ《さいはひ》〉をもたらしてくれた長兄・道隆《みちたか》や次兄・道兼《みちかね》が、またもや現れることへの恐怖である。彼らは長保《ちょうほう》二（一〇〇〇）年、定子の崩御《ほうぎょ》したその朝にも女官に取り憑《つ》き道長を攻撃して、怨念の強さを表した。

ましてや今回は、定子が怨霊となって彰子を苦しめる恐れがある。道長は定子の生前、彰子の敵だった彼女を明らかにいじめた。また彰子は、彼女自身には何の罪もないものの、定子の深く愛した夫・一条天皇の子を産もうとしている。そして生まれる子は、もしも皇《おう》子《じ》ならば定子が遺《のこ》した長男・敦康親王《あつやすしんのう》の敵となる。つまり道長も、彰子も、彰子が産むかもしれない皇子も、定子に憎悪され標的とされてもしかたが

【五大明王《ごだいみょうおう》】

大威徳明王《だいいとくみょうおう》

金剛夜叉明王《こんごうやしゃみょうおう》

軍荼利明王《ぐんだりみょうおう》

不動明王《ふどうみょうおう》

降三世明王《ごうざんぜみょうおう》

イラスト＝蓬生雄司

ないのだった。その恐怖は、道長には口にしたくないことだっただろうが、怨霊に対する彼の過剰なまでのこだわりに露呈している。

なお、近代的に言えば、怨霊は道長たち「受ける側」の思い込みの産物であり、出産時の痛み、妊婦の苦しむ声や形相、死産など時に発生する異常事態は、当然ながらどの死者のせいでもない。だが、道長がそれを定子の仕業《しわざ》だと思えば、その推測は彼の中で事実として成立するのであり、〈共同幻想〉によって周囲にも共有されるのである。

紫式部はじめ女房たちは、道長の内心の怖れを察していただろう。女房たるもの、勤め先の主人の心の機微を慮《おもんぱか》って当然である。もちろん彰子も、父の思いや、自分の身に異変が起きるかもしれないことを、知っていただろう。五壇法の僧たちは東の対から怒濤《どとう》のような足音を響かせてやってくると、彼女に迫って口々に陀羅尼や経文を唱えかけた。すべてが「その時」のためである。寛弘五年の秋の気配が入り立つ土御門殿とは、こうした緊張の張り詰める空間だった。

健気な彰子

出産する当の彰子は、この時二十一歳だった。紫式部は彼女の様子にも目を凝《こ》らす。

御前《おまへ》にも、近う候《さぶら》ふ人々はかなき物語するを聞こしめしつつ、悩ましうおはしますべかめるを、さりげなくもて隠させ給へる御有様《おんありさま》などの、いとさらなることなれど、憂《う》き世の慰めには、かかる御前をこそ尋ね参るべかりけれと、現《うつ》し心をばひきたがへ、たとしへなくよろづ忘らるるも、かつはあやし。

（中宮様におかれても、お付きの女房たちがとりとめのない話をするのを聞きながら、出産間近でさぞかしと思われる苦しさを、さりげなく隠していらっしゃる。そのご様子を拝見していると、今《いま》更《さら》言うまでもないことではあるけれど、辛《つら》い人生の癒やしには、求めてでもこのような方にこそお仕えするべきなのだと、日頃沈みがちな私の心さえもすべてを忘れてしまう。それもまた、不思議なことなのだが）

（『紫式部日記』同前）

夫の宣孝《のぶたか》を七年前に疫病で亡くしこの世は無常だと悟り、鬱《うつ》々《うつ》とした内心を抱える紫式部。自意識が強すぎて女房集団という社会に適応できず、生きにくさを感じてもいた。だがこの彰子を見ると、自分の悩みを忘れる。癒やされるのだとも言う。どういうことなのか。

彰子は長保元（九九九）年、わずか十二歳で一条天皇に入内《じゅだい》してから約八年間、一度も懐妊したことがなかった。年齢的に当然のことと見る向きもあろうが、彰子の内面にとっては、そう簡単に済ませられることであったはずがない。

彰子が入内した時には定子が生きており、天皇の心を独占していた。しかも、彰子が女御《にょうご》となって道長が大々的な祝いを行うまさにその日の朝、定子は天皇の第一皇子・敦康親王を産んだ。それは完全に彰子の存在を宙づりにするものだった。何のために最高権力者の娘として後宮《こうきゅう》に送り込まれたのか。

天皇の寵愛《ちょうあい》を受け皇子を産むためである。だが彼には既に心から愛する人がいる。皇子も生まれている。幼い彰子にはなす術《すべ》もなかった。道長の後宮政策はすべてが後手後手と言うしかなかった。さらに定子が死んでも、天皇が彰子を顧《かえり》みることはなく、彼女の存在感の薄さは変わらなかった。

彰子は父の策により中宮の位に就き、出家した定子にはできない神事などをこなした。また定子の死後は遺児の敦康親王を預かり、養母として育てた。どちらも国のための重大な公務と言える。黙々と責務を果たすなか、彰子の十代は過ぎた。

そして今、天皇は政略的な理由から、申し訳のように彰子を初めて懐妊させた。周囲は喜んでいるが、彰子にとってはそうでもない。懐妊が分かった時も、天皇は真っ先に自分から道長に話してしまった。彼にとってこの懐妊は、彰子という妻との間のことというより、明らかに彼と道長の間のことなのだ。彰子には初めての懐妊への戸惑いも恥ずかしさもあったのに、彼女の思いは置き去りにされた（『栄花《えいが》物語《ものがたり》』巻八）。出産時の死亡率が高かった当時、ただでさえ出産は不安だったろう。加えて、父は男子を産めと言う。だが一条天皇にとっては、男子は敦康親王で十分だった。実際、彰子が立て続けに二人の親王を産んだ後にも、天皇は一の皇子・敦康を立太子させたいと望み、周囲にも相談していた（『権《ごん》記《き》』寛弘八〈一〇一一〉年五月二十七日）。彼にとって敦康のライバルはいないほうが望ましかったはずである。

こうした重圧、不安、苦悩に加えて、彰子には別の恐れもあった。呪詛《じゅそ》である。

三月十三日甲戌《きのえいぬ》　中宮、去る年より懐妊せられ給ふと云々《しかじか》。但《ただ》し、事は極めて不定なり。仍《よ》りて秘せらるてへり。他聞に及ぶべからずと云々。

（三月十三日甲戌、中宮彰子様には、昨年からご懐妊とのことである。ただし事は極めて不確実である。よって秘密とし、決して外に漏らしてはならぬとのことである）

（『御産部類記《ごさんぶるいき》』「後一条院《ごいちじょういん》」所収『不知記《ふちき》』）

前章でもこの史料で確認したとおり、彰子の懐妊は、妊娠四カ月に入った三月にも秘せられていた。知れば呪詛など不穏な動きをする者たちがいるからである。実際、彰子がみごと天皇の第二皇子・敦成《あつひら》親王を産むと、翌寛弘六（一〇〇九）年、故定子の兄・伊周《これちか》の母方の縁者たちが呪詛を企てて逮捕され、伊周は朝参停止となっている。目的は、道長、彰子、敦成親王をなきものにすることだった（『政治要略』七十）。もちろん、第一皇子・敦康親王を天皇後継とし、その後見を伊周とするためである。

このように彰子の懐妊とは、言うまでもないことながら、彰子一人の心の内の問題から貴族社会全体や国家の行方をも含んだ極めて繊細にして重大な問題だった。そんななかで耐えているまだ二十一歳の彰子に、紫式部は畏敬《いけい》の念を抱いたのだった。

朝霧のなかの道長

ところで道長はといえば、この頃は庭の落ち葉の掃除に目を光らせていた。出産が近づけば、しかるべき公卿《くぎょう》や殿上人《てんじょうびと》たちが泊まり込みで奉仕する。彼らに、邸宅の管理の行き届いていないところを見せてはならない。ことに落ち葉は目立つうえ、庭の遣水を詰まらせてみすぼらしい。現代の企業経営者にも、ロビーに落ちたごみに神経をとがらせる向きがいるだろう。他社のトップたちが来社するという時にはなおのことである。道長は彼らに似た人物だった。主《あるじ》の力は細部にこそ表れるのだ。

紫式部が土御門殿で与えられていた局《つぼね》（部屋）は、寝殿と東の対をつなぐ渡殿の一角にあった。ある早朝、紫式部は局から外を眺めていて、ふと道長を見かけた。

渡殿の戸口の局《つぼね》に見出《みい》だせば、ほのうちきりたる朝《あした》の露《つゆ》もまだ落ちぬに、殿ありかせ給ひて、御随《みずい》身召して遣水払はせ給ふ。橋の南なる女郎花《をみなへし》のいみじう盛りなるを、一枝折《を》らせ給ひて、几帳《きちやう》の上よりさし覗《のぞ》かせ給へる御さまの、いと恥づかしげなるに、我が朝顔《あさがほ》の思ひ知らるれば、

「これ。遅《おそ》くてはわろからむ」

とのたまはするにことつけて、硯《すずり》のもとに寄りぬ。

（渡り廊下の戸口の局から外を眺めていると、うっすら霧のかかった朝方、草の露もまだ落ちない時刻に、道長様が歩いて来られる。警護の者を連れて、遣水のごみを払わせていらっしゃるのだ。殿は私に気づかれ、折しも渡殿の南側で花盛りに咲いていた女郎花《おみなえし》を一枝折り取り、私が身を隠している几帳《きちょう》の上から差し出してお見せになった。なんとご立派なお姿。それに比べて私は、まだお化粧もしていない眠たげな素顔だ。恥ずかしさがこみあげ、殿が、

「さあこの花。どうだ、返事が遅くては良くないぞ」
とおっしゃるのにかこつけて、私は奥の硯の傍に引っ込んだ）
（『紫式部日記』寛弘五年初秋）

道長の目にも、渡殿の奥からこちらを見る紫式部の影が認められたようだ。彼は庭の女郎花を一枝折り取ると、東の対の階《きざはし》から殿上に昇った。そして紫式部の局の前におもむろに立つと、几帳の上から花を差し入れ話しかけた。「これ。遅くてはわろからむ」。好色《こうしょく》からではない。「これ」とは「花を題に何か風流なことを言え」という指示であり「遅くてはわろからむ」は「早くせよ」と促しているので、これはいわば抜き打ちの、女房としての〈雅《みや》び力〉の試験である。

女郎花　盛りの色を　見るからに　露の分きける　身こそ知らるれ

「あな、疾《と》」
と微笑《ほほゑ》みて、硯召し出《い》づ。

白露は　分きても置《お》かじ　女郎花　心からにや　色の染むらむ

（美しい女郎花。今が盛りというこの色を見るにつけても、天の恵みを頂けず美しくなれなかったわが身が恥ずかしゅう存じます

「ほう、すばやい返事だ」
殿はほくそ笑まれると硯をご所望になり、こう返された。

天の恵みに分け隔てなどあるまい。女郎花は、自分の美しくあろうとする心によって染まっているのだろうよ。お前も心がけ次第だ）

（同前）

紫式部は既に三十代半ば、容色に自信がないとへりくだる和歌を詠んだ。女房は主人の知的・美的スタッフであると同時に渉外担当でもあるので、それなりの嗜《たしな》みが求められたのである。対して道長は、「美は意欲次第だ」と返し、紫式部に一層の努力を求めた。まあまあ合格、というところか。紫式部は安堵《あんど》の息をついたことだろう。

『紫式部日記』を読むと、道長は、肉体労働の随身《ずいじん》とは共に庭を歩き、知的労働の女房とは共に和歌を詠み合うなど、自ら率先して部下を指導している。ここからは、彼が口で指図するだけの指導者ではなかったことがよくわかる。だがこれは一方では、紫式部がそのような彼をよく観察していたということでもある。『紫式部日記』はまさに〈女房は見た〉そのものと言える。ちなみに、随身は朝廷から特別に与えられた警備係で、本来の業務は清掃ではない。道長は権力によって彼らを私的に従者として使い回したのである。もちろん、彼にとっては何のことでもない。そうした彼の威容も、紫式部は見逃さなかった。

八月二十日過ぎからは、公卿や殿上人が次々とやって来た。しかるべき者たちは御殿に泊まり込む。彰子の出産の「その時」に立ち会うためだ。彼らが渡殿や東の対の簀子敷《すのこじき》などに群れ、うたた寝や歌や楽器で暇をつぶすなか、時間は流れていった。

お産始まる

九月九日夜から十日にかけての子《ね》の刻。道長は妻の倫子に呼ばれた。

子の時許《ばかり》、宮の御方より女方来たりて云《い》はく、「悩みの御気あり」てへり。参入す。御気色《けしき》あり。仍《よ》りて東宮傅《とうぐうのふ》、大夫《だいぶ》、権大夫《ごんのだいぶ》に消息《せうそこ》を遣《や》りて云はく、「参う来《まこ》」。他にも人々多く参り、終日悩みくらし給ふ。

（午前零時前後に、中宮彰子様のところから妻がやって来て「お痛みのご様子よ」という。行って見ると確かにそうであった。そこで兄で東宮〈春宮〉傅の藤原道綱《みちつな》、中宮事務方長官の藤原斉信《ただのぶ》、長官代理の源俊賢《としかた》に連絡し、参るようにと言った。他にも大勢の人々がやって来る。中宮は終日苦しみつつ暮らされた）（『御堂関白記《みどうかんぱくき》』寛弘五年九月十日）

この日の明け方、彰子の寝殿は白一色に変えられた。お産の時の風習で、室内の家具、調度、装飾などをすべて白木や白布のものとする。清浄を保つためである。彰子は不安げに過ごすのみだったが、道長はこの日から物《もの》の怪調伏《けちょうぶく》を本格化した。ここ数カ月、土御門殿に詰めてきた僧たちはもちろん、修験者《しゅげんじゃ》という修験者は残る者なく山々から駆り集め、加持祈禱の体制を強化する。陰陽師《おんようじ》も世にある限りを召し集めた。彼らの読経や呪文の声が寝殿を揺るがす。分娩室となる「白き御帳台《みちょうだい》」の東には一条

【土御門殿 寝殿想定図】

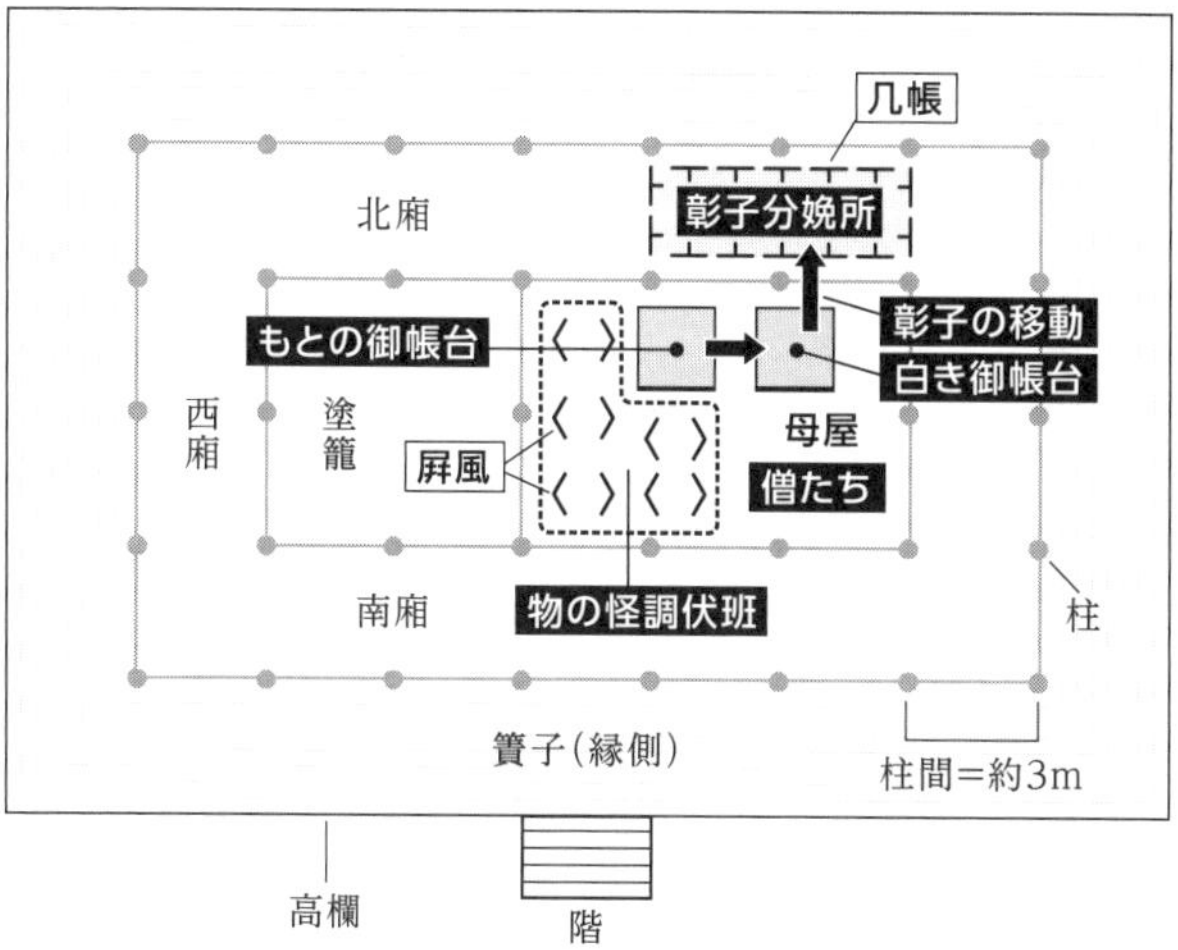

天皇の派遣した内裏の女官たち、西は修験者たち、南は僧正や僧都《そうず》など高位を有した僧たち、北には女房たちが控え、彰子を守った。女房の数は四十人以上もおり、御帳台と襖障子《ふすましょうじ》の隙間の狭い所に押し込まれて身動きもできず、のぼせながら時を過ごした。

ところが、出産の兆《きざ》しが始まってからすでに三十時間が過ぎた翌十一日の暁《あかつき》に、この御帳台は使われないことになった。理由は『御堂関白記』の日付欄下部、陰陽師の筆による記載から知られる。「日《にち》遊在内《ゆうざいない》」。日遊とは陰陽道の天一神《なかがみ》の臣・日遊神《にちゆうしん》で、不浄を嫌う。そのため、この期間は家内の清潔を保たないと祟《たた》りを受けるとされたのである。彰子は母《も》屋《や》から出され北側の廂《ひさし》の間《ま》に移った【土御門殿 寝殿想定図】。そこには御帳台どころか御簾《みす》も掛けられない。言ってみれば「廊下での出産」である。道長は有るだけの几帳を集めて彰子の周りを囲った。

高僧たちが、道長の書いた御願書に尊い言葉を書き加え読み上げる。その朗々たる声に続けて、道長が念仏を唱える。長いお産に、女房たちの脳裏を悪い予感がよぎった。皆、涙を抑えられず、「縁起でもない」とたしなめ合いながらも、涙はあふれ出た。

几帳で囲った急ごしらえの分娩所には彰子の母親である源倫子、生まれてくる子の乳母《めのと》になることが決まっている女房・讃岐《さぬき》の宰相《さいしょう》の君《きみ》、産婆術《さんばじゅつ》の得意な女房・内蔵命婦《くらのみょうぶ》、そして彰子の縁者にあたる僧たちが入った。道長は几帳の外に立ち、僧の声も掻《か》き消えんばかりに大声を上げ続けた。人々で立て込むなか、道長の息子の頼通《よりみち》や教通《のりみち》たち、中宮大夫の斉信などもじっとしておられず動き回り、ともすれば几帳の上からのぞき込む。紫式部も心配の涙を流し、目を腫《は》らした。邪気払いのための米が頭の上から雪のように降りかかった。

物の怪調伏班

道長がこのお産のために行った物の怪調伏の対策は、特筆すべきものだった。通常ならば一つしか設けられない調伏班を、五班設けたのである。

物の怪を調伏するには、専門の僧と霊媒《れいばい》が必要だった。霊媒は「憑子《よりまし》」と呼ばれ、彰子に憑いている狗《いぬ》や怨霊、邪霊《じゃれい》などの物の怪を引き剥《は》がして自分に憑かせる装置である。大方が十代前半の少女であるのは、その年代の心理の不安定さによるものか。道長はこの二人に、さらに憑子の介添え役の女房を加えて三人一組とし、これを五班設けた。憑子の周りには屏風《びょうぶ》を一双《いっそう》ぐるりと立てて囲む。出入り口には几帳を置き、それぞれの僧が陣取った。僧が陀羅尼を唱えると憑子はトランス状態となり、物の怪が狗ならば鳴いたり走り回ったりし、人ならば名乗って怨《うら》みの言葉を吐いたりする。髪や装束《しょうぞく》が乱れ肌が露わになることもしばしばであった。その醜《みにく》い姿が見られぬよう、周りを囲むのである。

宮《みや》の内侍《ないし》のつぼねにはちそう阿闍梨《あざり》をあづけたれば、物怪《もののけ》にひきたふされて、いといとほしかりければ、念覚《ねんがく》阿闍梨を召し加《くは》へてぞののしる。阿闍梨の験《げん》の薄さにあらず、御物怪のいみじうこはきなりけり。宰相《さいしやう》の君のをぎ人に叡効《えいかう》を添へたるに、夜一夜《よひとよ》ののしり明かして声も嗄《か》れにけり。御物怪移れと召し出でたる人々も、皆うつらで、騒《さわ》がれけり。

(宮の内侍の調伏場にはちそう阿闍梨《あじゃり》を担当としたところ、阿闍梨が物の怪に引っぱり倒されてひどく大変そうだったので、念覚阿闍梨に加勢を頼んで大声で祈禱する。阿闍梨の験力《げんりき》が弱いのではない、中宮様の物の怪がひどく強力なのだ。一方、宰相《さいしょう》の君の呼んだ祈禱係にはもう一人、僧・叡効《えいこう》を加えたが、一晩中大声で祈り明かして声も嗄れてしまった。「中宮様の物の怪よ、乗り移れ」と召し集めた憑子たちも、物の怪がちっとも移らないので、ひどく怒鳴られた)

(『紫式部日記』寛弘五年九月十一日)

産婦は出産の痛みのため顔をゆがめたり、大声を上げたり泣いたりする。その姿は自然のものだが、物の怪が憑いたと解釈された。彰子は難産であったので、多くの物の怪が憑いたと思われた。憑子たちは屏風の中で僧と格闘し、僧を引き倒す者までいたという。トランス状態の不思議さである。一方ではどんなに祈禱しても憑子に物の怪が憑かない調伏班もあった。この場合は、物の怪はずっと彰子に憑いたままということになる。つまり、どうしても離れようとしない物の怪がいたのである。

これと似た恐ろしい状態が『源氏物語』「葵《あおい》」巻にあった。光源氏《ひかるげんじ》の妻・葵上《あおいのうえ》の出産場面である。

物の怪、生霊《いきすだま》などいふ物多く出で来てさまざまの名告《なの》りする中に、人にさらに移らず、ただみづからの御身につと添ひたるさまにて、ことにおどろおどろしうわづらはしきこゆることもなけれど、また、片時離《はな》るる折《をり》もなき物、一つあり。いみじき験者《げんざ》どもにも従はず、執念《しふね》き気色、おぼろけのものにあらずと見えたり。

(物の怪や生霊などという物どもがいくつも出現して様々に自分の名を白状する中で、憑子に全く移らず、ただご本人の御身にぴったり憑いて、特におどろおどろしく面倒を引き起こすこともない一方で、片時も離れる折のない物の怪が、一つある。尊い験者たちの言うこともきかず、執念深い気配。これは只物《ただもの》ではないと見てとれた)

(『源氏物語』「葵」)

ここには「生霊」という言葉がすんなりと出てくるが、これは紫式部が物語のために創出した妖物《ようぶつ》である。葵上に憑いているのは光源氏の長年の愛人・六条御息所《ろくじょうのみやすどころ》の生霊で、ぴったりと寄り添い離れようとしない。やがて光源氏を呼ぶと少しずつ正体を現し、最後には葵上を死なせる。紫式部がこの場面を書いたのが彰子の出産より前だったか、後だったか。二つの記述は互いに影響し合っているように思える。では彰子に憑いたまま離れない手ごわい物の怪とは何者か。おそらく、この場の誰の脳裏にも一つの名がちらついていただろう。そう、定子である。亡くなった悲劇の后《きさき》、天皇の最愛の女性であり彰子のライバルとして道長が虐《しいた》げた定子が、ここに来ているのではないか。

　今とせさせ給ふ程《ほど》、御物怪のねたみののしる声などのむくつけさよ。
（さあ今ご出産なさるという時に、憑子たちに乗り移った物の怪が悔しがって上げる、叫び声だの何だのなんとおぞましいこと）
（『紫式部日記』寛弘五年九月十一日）

　今だ、お産が成《な》るという時に、物の怪たちは大声を上げた。もちろん、彰子自身の苦しみの声である。お産は前々日の夜から実に三十六時間にわたり、彰子は死を危ぶまれていた。万一の時には仏の加護を受けるようにと、形ばかりだが出家の措置すら取られていた。

　御いただきの御髪《みぐし》おろし奉《たてまつ》り御忌《い》むこと受けさせ奉り給ふほど、くれ惑《まど》ひたる心地に、こはいかなることとあさましう悲しきに、平《たひ》らかにせさせ給ひて、後《のち》のことまだしきほど、さばかり広き母《も》屋《や》・南の廂・高欄《かうらん》のほどまで立ち込みたる僧も俗も、今一《ひと》よりとよみて、額《ぬか》をつく。
（中宮様の頭頂部の髪を削《そ》いで、仮の出家の儀式をして差し上げた時には、目の前が暗くなり、これはどういうことかと不安でいっぱいになった。だが中宮様は無事、赤ちゃんをお産みになった。だが後産《あとざん》がまだである。胎盤が出るまでの間、あんなに広い母屋・南の廂・高欄《こうらん》のあたりまでひしめきあった僧たちも俗人たちも、再びどよめいて額を床にすりつける)

(同前)

周囲をはらはらさせつつも、彰子は見事に難産を乗り切り赤子を産んだ。では彰子は物の怪に勝ったのか？　いや、まだそうではない。胎盤が体内から出る「後産」があるため、産婦はもう一度力を出さなければならない。土御門殿の寝殿に集合した人々はどよめき、それぞれに呪文や念仏を唱えつつ晩秋の冷たい床板に頭をすりつけた。それはなぜか。定子の死因が「後産」だったからにほかならないだろう。『紫式部日記』は「前の皇后」定子の名を片端《かたはし》も記さない。だがこの時の一同の行動から、彼らの不安が「定子の死霊」にあったことはおのずと明らかである。

午《むま》の時に、空晴れて朝日さし出でたる心地す。平らかにおはします嬉しさの類《たぐ》ひも無きに、男にさへおはしましける喜び、いかがはなのめならむ。

(正午。空が晴れて朝日がさっと差したような気がした。安産でいらっしゃった嬉しさはこの上ない。加えて、赤ちゃんが男子でいらっしゃった喜び、どうして一通りであろう)

(同前)

彰子は定子の影をも振り切った。人々の心は今こそ快晴の日の出かというように光に満ちた。しかも、男子の誕生である。

道長の〈幸ひ〉人生のなかで、人の不幸以外のことによって彼に幸運がもたらされたのは、これが初めてだった。彰子が自力で頑張って、父に与えてくれたのだ。一条天皇の第二皇子、敦成親王（一〇〇八～三六）。次男とはいえ、策を講じれば即位も不可能ではない。幼帝となれば道長を外祖父摂政《せっしょう》の座につけてくれる、〈金の梯子《はしご》〉である。まさにその通り、八年後の長和《ちょうわ》五（一〇一六）年、即位して道長の夢を実現させた孫――後一条《ごいちじょう》天皇の誕生だった。

道長の喜び

最後に、『紫式部日記』の有名な一場面を掲げよう。皇子を得て喜ぶ道長の姿である。


十月十余日までも、御帳出でさせ給はず。西の傍なる御座《おまし》に、夜も昼も候ふ。殿の、夜中にも暁にも参り給ひつつ、御乳母《めのと》の懐《ふところ》を引き探させ給ふに、うちとけて寝たる時などは、何心《なにごころ》もなく惚《おぼ》ほれておどろくも、いといとほしく見ゆ。心もとなき御ほどを、我が心をやりて捧げうつくしみ給ふも、ことわりにめでたし。

ある時はわりなきわざしかけ奉り給へるを、御紐《ひも》ひき解きて、御几帳のうしろにてあぶらせ給ふ。「あはれ、この宮の御しとに濡るるは、嬉しきわざかな。この濡れたるあぶるこそ、思ふやうなる心地すれ」

と、喜ばせ給ふ。

（中宮様は十月中ごろまで御帳台でお過ごしになり、女房はその西側の御座所に昼夜控えた。道長様は夜中でも日の出前でもお越しになって、乳母の懐を探り、親王様を引っ張り出して抱っこなさる。乳母はぐっすり眠っていたところで訳もわからず、寝ぼけて目を覚ますのも、いかにもお気の毒。親王様はまだ首も据《す》わらなくてあぶなっかしいのに、殿はご満悦で抱き上げかわいがっていらっしゃる。まぁそれももっともで素晴らしいことだ。

ある時など、親王様が困ったことをして、道長様におしっこをかけてしまわれた。道長様は着ていた直衣《のうし》の紐をほどき、几帳の後ろで女房にあぶらせると、こう言われた。

「ああ、この親王様のおしっこに濡れるとは、嬉しいことよの。この濡れた着物をあぶる、これこそ念願かなった心地じゃ」

そうお喜びだ）

（『紫式部日記』同年十月十日過ぎ）

道長にとっては初孫である。だがそれだけの可愛さではないことは、既に説明した。何度乳母の懐を探り、何度両手に捧げても足りない。直衣なんぞどれだけ汚してもらっても構わない。生きた金の梯子なのだ。夜明け前の薄明かりの中、そんな道長の上機嫌の顔を、紫式部は見ていた。

第九章

紫式部「御堂関白道長の妾?」

『尊卑分脈』の注記

十四世紀に成立した系図集、『尊卑分脈《そんぴぶんみゃく》』。これで「紫式部《むらさきしきぶ》」を調べると、藤原為時《ふじわらのためとき》の子の一人として「女子」と大書した周りに、注として次の言葉が記されている。

歌人　上東門院女房《じやうとうもんゐんにようばう》　紫式部是也《これなり》　源氏物語《げんじものがたり》作者……御堂関白道長《みだうくわんぱくみちなが》妾云々《しかじか》

(歌人《かじん》。上東門院彰子《じょうとうもんいんしょうし》の女房《にょうぼう》。紫式部がこの人である。『源氏物語』の作者。……御堂関白《みどうかんぱく》藤原道長の側室《そくしつ》という)

(『尊卑分脈』第二篇第三　良門孫)

「妾《しょう》」は、現代の「愛人」ではない。あくまでも公認された妻の一人、しかし正妻ではない関係を言う。この資料は、紫式部が道長とそうした関係にあったと言うのである。しかしそこには「云々」が付いているから、これは伝聞である。『尊卑分脈』が作られた時、まことしやかにそうした噂をささやく輩《やから》がいた。それは現代にまで伝えられて、二人の関係は様々に勘繰《かんぐ》られている。

それにしても、火のないところに煙は立つまい。噂の発生源はどこなのかと言えば、それは紫式部自身の記した実録『紫式部日記』である。以下に記す通り、そこにはある夜、道長らしき人物が彼女の局《つぼね》（部屋）を訪れたことが記されている。だが、彼女は戸を開けなかったとも記されている。しかしそれが火種《ひだね》となって、「いや、本当は戸を開けて道長と一夜を過ごしたのだろう」「いやいや、この夜拒《こば》んだというのは本当だろう。だが後々まで招き入れなかったという証拠はあるまい」などと、かまびすしい諸説を巻き起こしているというわけである。ちなみに、後者は先年亡くなった瀬戸内寂聴《せとうちじゃくちょう》尼から、生前、筆者が直接うかがった説である。「紫式部が道長を拒む理由は何一つない」と寂聴尼は言われた。

とはいえ、彼女が道長を拒まなかったと考える根拠はあるのだろうか。たぶん、ある。そう筆者は考えている。それも同じ紫式部自身の遺した言葉の中に、少なくとも彼女の側には、道長を想っていた形跡が窺える。そこで本章では、道長よりも紫式部を中心に据えて、彼への気持ちがどのように彼女の中に芽生え膨らんでいったか、そのことは当時の男女関係ではどのような意味を持つものであったかを考えてみたい。

「好きもの」紫式部

『紫式部日記』は、四つの部分から構成されている。最初が彰子の出産など道長家の晴れの出来事を記す寛弘《かんこう》五（一〇〇八）年から同六年にかけての記録、次は有名な清少納言《せいしょうなごん》批判などを記すエッセイ、それに続いて年次を記さない短い記事群があって、最後には寛弘七（一〇一〇）年の道長家の記録が置かれている。
問題の箇所は三つ目の「年次不明記事群」にあり、道長らしき人による「局訪問事件」はその末尾に記されている。ただ、そこにはこの訪問者が道長であるとは記していない。推理するためには直前の記事から読み始める必要がある。

源氏の物語、御前《おまへ》にあるを、殿《との》の御覧じて、例のすずろごとども出《い》できたるついでに、梅《むめ》の下に敷かれたる紙に書かせ給へる、
すきものと　名にし立てれば　見る人の　折《を》らで過ぐるは　あらじとぞ思ふ
給はせたれば、
「人にまだ　折られぬものを　誰《たれ》かこの　すきものぞとは　口ならしけむ
めざましう」
と聞こゆ。
（『源氏の物語』が中宮様《ちゅうぐう》の御前《おまえ》に置かれていたのを道長様がご覧になって、いつもの戯《ざ》れごとを口にされるついでに、おやつの梅の実の下に敷かれていた懐紙《かいし》に、こう書きつけられた。
梅の実は酸《す》っぱくておいしいと評判だから、枝を折らずに通り過ぎる者はいない。さて『源氏

物語』作者のお前は「好きもの」と評判だ。口説かずに通り過ぎる男はいないと思うよ
殿がこの和歌を私に下さったので、私は申し上げた。
「あら、この梅はまだ枝を折られてもいないのに、誰が『酸っぱい』と口を鳴らしているので
すか？ 私だって同じ。まだ殿方とお付き合いをしたこともございませんのに、どなたが『好
きもの』などと言い慣らわしているのでしょうか？
心外ですこと」）

（『紫式部日記』年次不明記事群）

きっかけは、彰子が自分の部屋に置いていた『源氏物語』だった。道長はそれに目を留め、折しも御前にいた作者の紫式部をからかったのである。『源氏物語』は、色好みの主人公・光源氏《ひかるげんじ》の面白おかしい恋愛遍歴を綴《つづ》った物語だと、道長は思っていた。彼は『源氏物語』を読んでいたか、少なくともあらすじは知っていたのである。そこで手頃な紙を探し、折よく彰子のために用意されていた完熟の梅の実の下からすっと懐紙を抜き取ると、すらすらと和歌を書いて紫式部に示した。道長は日常生活のなかで、こうした風流を楽しむ人物だったのである。

しかもその和歌は、梅の実と紫式部を表裏に掛けた優れものだった。梅は甘酸っぱく、人に好んで折り取られる。同様にお前は「好きもの」で、男から好んで誘われるのだろうと。『源氏物語』の作者であるからには実際の恋愛経験も豊富なのだろうという、からかいである。現代の世でこうしたことを小説家に言いかけたりしたら、即座にセクハラと指弾されよう。道長の場合は紫式部のスポンサーでもあ

ったので、パワハラでもある。

しかし、紫式部はいわゆる〈#わきまえない女〉だった。大人しく黙っているのではなく、即座に和歌で言い返したのである。ただ、平安時代にはこうした切り返しこそが女房としての〈わきまえ〉の見せどころとされていたから、これは道長の期待に応える態度でもあった。彼女は道長の和歌の隣に、これもさらさらと書きつけたのだろう。彼の和歌の趣向《しゅこう》をそのまま受けて、梅の実と自分を掛けた和歌である。梅の実と言っても、まだ枝を折られてもいない場合には、酸《す》いかどうかはわからない。そのように、自分は男に手折《たお》られたことがない――男を知らない〈乙女〉。なのに、「好きもの」だなんてどういうことでしょう？　紫式部が過去に結婚し子供ももうけていることは、その場の誰もが知っている。だからこの和歌は、「心外ですわ」とすねてみせる紫式部の演技も含めて、道長の大笑いを誘ったはずだ。

これは、『源氏物語』が生きて楽しまれていたことを示す一場面である。道長は『源氏物語』の内容を彼なりに踏まえ、作者を彼なりに認め、持ち上げた。その空気は、紫式部の作者としてのプライドを満足させただろう。返歌《へんか》での切り返しも見事にできた。

だからこそ読者は、そこにはただの色事《いろごと》ではない、『源氏物語』風の空気を感じ取る。紫式部の返歌に笑いながら、道長の目には彼女への関心が宿ったのではないか。この作者、面白い女だ――とばかりに。読者の予感は、『紫式部日記』の次の場面への展開によって確信につながる。

真夜中の戸

続く記事は、次の通りである。

渡殿《わたどの》に寝たる夜、戸を叩《たた》く人ありと聞けど、おそろしさに音《おと》もせで明かしたるつとめて、

夜もすがら　水鶏《くひな》よりけに　なくなくぞ　真木《まき》の戸口に　叩きわびつる

返し、

ただならじ　とばかり叩く　水鶏ゆゑ　あけてはいかに　くやしからまし

（渡殿の局で寝ていた夜、聞けば誰かが戸を叩いている。おそろしさに、私は声も出さず夜を明かした。すると翌朝、次のような歌を受け取った。

一晩中、私は泣きながらあなたの部屋の戸を叩きあぐねていました。あの、戸を叩くような声で鳴く鳥の水鶏《くいな》より、もっと激しく泣いていたのですよ

私はその場で返事を書いた。

ただ事ではない、確かにそう思わせる叩き方でしたわ。でも本当はほんの「とばかり」、つかの間の出来心でしょう？　そんな水鶏さんですもの、もし戸を開けていたらどんなに後悔することになっていたでしょう）

（『紫式部日記』同前）

渡殿は、紫式部が道長の土御門殿《つちみかどどの》滞在中に局を与えられていた場所である。その戸を、真夜中に叩く音。それも何度も、忍びやかに、しかし性急に。男だと、紫式部はすぐに気づいた。だが怖くて逢瀬《おうせ》を拒んだというのである。そして翌日の和歌のやりとり。昨夜の冷たい仕打ちを詰《なじ》りつつも、まだ未練たっぷりの男の和歌に、紫式部は切り返す。あなたを部屋に入れないで良かったと。

戸を叩いた人物が誰だったかを、『紫式部日記』は明かしていない。もちろん、彼女自身はわかっていたに違いない。翌朝の和歌はどのようにして届いたのか。そのこと一つだけでも、推測は成り立つ。だから当然、意図して書かなかったのだ。だが、前の「梅の実」のやりとりから続けて考えれば一目瞭然だ――。そう思った読者たちは、これを道長と紫式部のラブ・アフェアと断定した。その約二百年後の鎌倉時代（十三世紀前半）、藤原定家《ていか》が撰者を務めた勅撰集《ちょくせんしゅう》である『新勅撰和歌集《しんちょくせんわかしゅう》』は、この二つの和歌を「恋」の部に載せ、「夜もすがら」の作者は「法成寺入道前摂政太政大臣《ほうじょうじのにゅうどうさきのせっしょうだいじょうだいじん》」つまり道長、返歌の「ただならじ」は「紫式部」とはっきり示している。現代にまで及ぶ「御堂関白道長妾云々」疑惑は、こうして始まったのだった。

朝霧のなかの道長、ふたたび

ひとまず、深夜に紫式部の戸を叩いたのが道長だったとしよう。またそれが、梅の実を介したやりとりをきっかけにしたものだったとしよう。すると、紫式部が渡殿の局にいることから場所は道長の土御門殿、梅の実があることから季節は梅雨の頃。二つの情報を合わせ、彰子が陰暦五月頃に土御門殿に滞在した年を調べると、この事件の年次がわかるという見方がある。さらには、梅の実が彰子に供されていることから、時に彰子は懐妊中だったと推理できるともされる。その説によれば、これは寛弘五（一〇〇八）年のことである（萩谷朴《はぎたにぼく》『紫式部日記全注釈』）。

ところで『紫式部日記』はその年の彰子の出産記録に多くの分量を割いており、そこには梅の完熟する季節からほどない初秋、紫式部が道長と交わした和歌も記されていた。霧の立ち込めるなか、彼に女郎花《おみなえし》の花を渡されて紫式部が和歌を詠み、道長が返したやりとりである。これについては前章でも触れたが、二人の関係性については、雇用主と女房の間柄以上のものではなかった。ところが、同じやりとりが紫式部自身が最晩年に編んだ私撰集『紫式部集』に載せられていて、こちらはニュアンスが違う。二人の間に秘め事めいた空気が流れているのである。

まずは『紫式部日記』のやりとりを振り返ってみよう。秋の早朝、紫式部は局から外を眺めていて、霧の立ち込める庭に道長の姿を認める。

渡殿の戸口の局《つぼね》に見出《みい》だせば、ほのうちきりたる朝《あした》の露《つゆ》もまだ落ちぬに、殿ありかせ給ひて、御随《みずい》身召《じん》して遣水《やりみづ》払はせ給ふ。橋の南なる女郎花《をみなへし》のいみじう盛りなるを、一枝折《を》らせ給ひて、几帳《きちやう》の上よりさし覗《のぞ》かせ給へる御さまの、いと恥づかしげなるに、我が朝顔《あさがほ》の思ひ知らるれば、

「これ。遅《おそ》くてはわろからむ」

とのたまはするにことつけて、硯《すずり》のもとに寄りぬ。

女郎花　盛りの色を　見るからに　露の分きける　身こそ知らるれ

（渡り廊下の戸口の局から外を眺めていると、うっすら霧のかかった朝方、草の露もまだ落ちない時刻に、道長様が歩いて来られる。警護の者を連れて、遣水《やりみず》のごみを払わせていらっしゃるのだ。殿は私に気づかれ、折しも渡殿の南側で花盛りに咲いていた女郎花を一枝折り取り、私が身を隠している几帳《きちょう》の上から差し出してお見せになった。なんとご立派なお姿。それに比べて私は、まだお化粧もしていない眠たげな素顔だ。恥ずかしさがこみあげ、殿が、

「さあこの花。どうだ、返事が遅くては良くないぞ」

とおっしゃるのにかこつけて、私は奥の硯の傍《そば》に引っ込んだ。

美しい女郎花。今が盛りという この色を見るにつけても、天の恵みを頂けず美しくなれなかったわが身が恥ずかしゅう存じます）

（『紫式部日記』寛弘五年初秋）

随身たちと共にいた道長は、公卿《くぎょう》たちの来訪に備え土御門殿の美観を保つ作業中である。彼は紫式部に気づくと女郎花を折り、局までやって来て紫式部に差し出した。その時の言葉は、「返事が遅くては良くないぞ」。つまり、女房としていかに素早く対応できるか、それを問うたのである。思えば清少納言の『枕草子《まくらのそうし》』には、定子《ていし》が清少納言たち女房にこうした〈雅《みや》び〉の試験をする場面が何度も描かれていた。まるでそれに対抗するかのように、この『紫式部日記』では、彰子の女房・紫式部を指導する道長が記されている。紫式部は和歌でわが身を卑下《ひげ》し、有能かつ謙虚な女房ぶりを示す。

しかしこれが、『紫式部集』では違っている。

朝霧のをかしきほどに、御前の花ども色々に乱れたる中に、女郎花いと盛りに見ゆ。折《をり》しも、殿出でて御覧ず。一枝折らせ給ひて、几帳のかみより、「これ、ただに返すな」とて、賜はせたり

女郎花　盛りの色を　見るからに　露の分きける　身こそ知らるれ

（朝霧が風情を漂わせる季節だった。お庭の花たちが色とりどりに咲き乱れ、なかでも女郎花がひときわ盛りに咲き誇っている。ちょうどその時、殿がお出ましになり、女郎花をご覧になった。そして一枝折り取られて、几帳の上から「これ。素っ気ない返歌はするなよ」と言って、私に下さった

美しい女郎花。今が盛りというこの色を見るにつけても、天の恵みを頂けず美しくなれなかったわが身が恥ずかしゅう存じます）

（『紫式部集』六九番）

この詞書《ことばがき》には、随身の存在が記されていない。まるで朝霧のなか、道長と紫式部は二人きりで逢《あ》っていたように思えないだろうか。また女郎花も、日記にはなかった他の「御前の花ども」の存在が記されることで、当時は名前の通り「魅力的で男の心を惑わす女」のイメージをまとっていたこの花が、種々様々な花の中から殊更《ことさら》に選ばれたように思える。さらに道長の言葉は「素っ気ない返歌はするな

よ」。まるで紫式部の媚態《びたい》を求めているようだ。紫式部の和歌は『紫式部日記』と全く同じ。だが状況が微妙に変えられているので、ニュアンスは大きく変わる。「身こそ知るれ」には、女としてのわが身を嘆く、まさに媚態がちらついている。

これに対する道長の反応も、二つの作品では違っている。『紫式部日記』ではこうだった。

「あな、疾《と》」

と微笑《ほほゑ》みて、硯召し出《い》づ。

白露は　分きても置《お》かじ　女郎花　心からにや　色の染むらむ

(「ほう、すばやい返事だ」

殿はほくそ笑まれると硯をご所望になり、こう返された。

天の恵みに分け隔てなどあるまい。女郎花は、自分の美しくあろうとする心によって染まっているのだろうよ。お前も心がけ次第だ)

(『紫式部日記』寛弘五年初秋)

道長は紫式部の詠歌《えいか》の速さを評価し、自分の和歌では「お前も心がけ次第だ」と努力を促す。やはり管理者、家の当主である。一方『紫式部集』では、

と書きつけたるを、いととく

白露は　分きても置かじ　女郎花　心からにや　色の染むらむ

（私が歌を書きつけると、殿はたいそう素早く詠み返された

天の恵みに分け隔てなどあるまい。女郎花は、自分の美しくあろうとする心によって染まっている

のだろうよ。お前も心がけ次第だ）

（『紫式部集』七〇番）

道長は、自分自身が素早く返歌を詠んだ。当時の恋歌で、和歌を詠む素早さは情熱の証しである。恋心が彼を急がせているようだ。だから、和歌は全く同じなのに「お前も心がけ次第だ」という含意《がんい》に漂うニュアンスが変わる。紫式部の心ひとつで十分私の相手になれる、そう彼が誘っていると解釈できるのである。

『紫式部集』のやりとりでの彼は、家の当主などではない。朝霧のなか二人きりで逢い、咲き乱れる幾種もの花々からわざわざ女郎花を選んで贈ってくれたひと。「恋歌を詠め」と紫式部を驚かせ、「私など」と引くと即座に「お前の気持ち次第だ」と答えてくれたひと。ここには確かに恋の空気が流れている。

紫式部はなぜこのような書き換えを行ったのか。鍵は、『紫式部集』が紫式部の退職後、最晩年に非公開で作られた「自分史」であったことにあろう。秘密の作品だからこそ、二人が恋仲だった真実を明かしたのか。それとも逆に、恋仲でありたかったという自らの夢想を漏らしたのか。どちらの場合にせよ、道長はさておき紫式部は彼に想いを寄せていたと言える。

二人の関係性

『紫式部日記』は四つの部分から成ると、前に記した。だがその全編において、主家《しゅか》の晴れがましい記録であると同時に、女房・紫式部の成長の足跡という側面をも持っている。自宅で一人の寡婦《かふ》として作家活動を始めた彼女は、当初は女房という仕事に強い抵抗感を抱き萎縮していた。しかし彰子との間に信頼関係が芽生え、同僚に親友もできて、紫式部は職業人として生きる意味を知っていく。そうした成長につれて、道長と彼女の関係性も変わっていく。

例えば寛弘五年十一月一日、彰子の皇子《おうじ》・敦成親王《あつひらしんのう》の誕生五十日《いか》を祝う宴《うたげ》で、公卿たちが酩酊《めいてい》して彰子御前の女房たちに戯《たわむ》れかかると、紫式部は恐れをなして部屋の隅に隠れた。ところがそうして職務放棄を決め込んでいたところを、道長に見つけられてしまう。罰として「和歌を詠め」と言われた時、紫式部は抗う術《すべ》もなく「わびしく怖《おそ》ろし」と焦りながら何とか和歌をひねり出した。

ところが、一年余り後の寛弘七（一〇一〇）年正月二日の記事では、紫式部は進化を遂げている。場所は道長の枇杷殿《びわどの》で、一条天皇《いちじょう》（九八〇〜一〇一一）や彰子はそこを里内裏《さとだいり》（御所《ごしょ》ではなく京中の一般住宅を利用した皇居）としていた。この日、天皇御前で初子《はつね》（正月最初の「子《ね》」の日）の宴が催され、その酔った道長は終了後に彰子の御殿を覗いた。前年の十一月に彰子が第二子の敦良《あつなが》親王を産んだので、その顔を見に来たのだろう。紫式部は咄嗟《とっさ》に身を隠したが、もうそれは怖いからではなかった。酔うと絡《から》む彼の癖を知っていて、煩《わずら》わしかったのだ。だが案の定、道長は彼女を見つけ絡んできて、またもや歌を詠めと迫った。しかし、今度の紫式部は和歌を詠まなかった。詠まない方がよいと判断したのである。道長は酒のため肌をつややかに上気《じょうき》させながらも、さほど酔ってはいない様子だった。紫式部が黙っていると、彼は口を開いた。「中宮は何年もの間、中宮の名にそぐわず懐妊もしなかった。娘が一人きりでいるのを、私は寂しく見ていたのだ。だが今はどうだ。敦成親王と敦良親王、二人の宮《みや》は左に右に、うるさいほどだ。嬉しいことよ」。すやすやと眠っている宮たちを、夜具《やぐ》をそっと引き開けて道長は見つめた。「野辺《のべ》に小松のなかりせば、か」――。

この時彼の口から出たのは、勅撰集の『拾遺和歌集《しゅういわかしゅう》』に収められている歌である。

子《ね》の日《ひ》する　野辺に小松の　なかりせば　千代《ちよ》のためしに　何を引かまし

（『拾遺和歌集』春　二三番／壬生忠岑《みぶのただみね》）

（正月最初の「子」の日を祝う今日、もし野辺に小松がなかったら、千代の命にあやかる例として
いったい何を引けばよいのだろうか）

正月最初の「子の日」には、野に出て小松を抜き長寿をことほいだ。「子」の音に通う「根」によって、松の千年の齢《よわい》にあやかったのである。その小松が、もし無かったら――。道長の「小松」は、もちろん幼い宮たちのことである。そんな時代が長く続いていた。道長はそれを思い出したのだ。彰子が長保元《ちょうほう》（九九九）年に入内《じゅだい》してから寛弘五（一〇〇八）年に敦成親王を産むまでの、足掛け十年のことだ。

あのまま彰子が一人の子も産まなかったら、一条天皇の跡取りは長男で定子の遺児である敦康《あつやす》親王に決まっていただろう。もちろんその時の〈保険〉として、道長は敦康を引き取り、彰子に育てさせていた。だが、それは次善《じぜん》の策に過ぎない。彰子が産み道長の血を分けた本当の外孫、その皇子が欲しいというのが当然のところだった。道長はやきもきしながら、あるいは不安で胸を詰まらせながら、事態に耐えていたというのである。彼が自身の『御堂関白記《みどうかんぱくき》』などには口が裂けても記さなかった思いである。

それが今や、どうだ。彰子は二人もの皇子を産んでくれたではないか。先回りしてしまえば、この時数えで三歳だった兄の敦成親王は、六年後の長和《ちょうわ》五（一〇一六）年、即位して後一条《ごいちじょう》天皇（一〇〇八〜三六）となる。また二歳だった弟の敦良親王は、長元《ちょうげん》九（一〇三六）年、兄の跡を継いで後朱雀《ごすざく》天皇（一〇〇九〜四五）となる。道長は後一条天皇のもとで摂政《せっしょう》となり、彼の跡は長男・頼通《よりみち》が継いで摂政・関白を務め、御堂関白家の権威を確たるものとする。並ぶ幼い二人の寝姿を見たこの時、道長は既にこの将来を見据えていたに違いない。「野辺に小松のなかりせば……ここに幼い宮たちがいなかったら」――。これは道長の臓腑《ぞうふ》から出た、深々とした感慨だった。

紫式部は、自ら和歌を詠むのを控えた。それによって道長にこの言葉を言わせた。組織の一人として、自分が前に出るのではなく自然にトップを支える。これが女房としての彼女の成熟だった。怯えていた半人前の女房から、できる女房へ。道長が政治上の本音を漏らすことのできる相手へと、二人の関係性は確実に深化した。『紫式部日記』はそんな紫式部自身を満足げに記しているのである。

それだけではない。『紫式部日記』は、紫式部がこの翌日、同僚女房に道長のこの言葉のことを語り、二人で彼を讃《たた》えたとも記している。そこからは、トップとしての道長に惚《ほ》れ惚《ぼ》れとするとともに、彼と親密な自分をそれとなく吹聴《ふいちょう》したい思いが感じ取れる。道長に仕える喜び、抑えても抑えきれない道長への想いが、行間から匂い立ってくる。

紫式部と道長に関係があったとすれば、戸を叩かれて身を固くしていた寛弘五年をその時と推定するよりも、紫式部の心に余裕が生まれ、彼を受け入れる準備が十分にできているこの頃ではなかっただろうか。

「召人」という存在

ただ、もしも二人の間に関係があったところで、それはかりそめのものだったろう。当時、主家の男性と男女関係にある女房を「召人《めしうど》」と呼んだが、紫式部は道長の召人にも及ばないものだったと思う。気まぐれに終わらず、継続的に関係を持った女房でなければ、召人とは呼ばれなかったからである。

道長には、多くの召人がいた。例えば、彰子の女房で「大納言《だいなごん》の君《きみ》」と呼ばれていた源廉子《みなもとのれんし》である。『栄花物語《えいがものがたり》』（巻八）によれば、廉子は道長の正妻・倫子《りんし》の姪で、父親に出家され彼女自身の結婚にも失敗した。そこで従姉妹《いとこ》である彰子のもとに出仕したところ、道長に見初《みそ》められた。顔立ちがまことにかわいらしかったからと、『栄花物語』は言う。その彼女に対する道長の扱い方は、こそこそと人目を忍ぶようなものではなかった。そのため当然、倫子の知るところともなったが、倫子は身内だからと許したという。このように、道長はおおっぴらに「召人」を作る男なのである。

また、かつて花山院《かざんいん》（九六八〜一〇〇八）の恋人だった、藤原為光《ためみつ》の四の君である。『栄花物語』（巻八）によると、院が寛弘五年に亡くなると道長は姫たちの女房として彼女を取りたて、仕えさせるうちに情を通じるようになった。それは彼女のために「家司《けいし》（専用の事務担当者）」を置くほどの寵愛《ちょうあい》ぶりだったという。召人という使用人として傍に置きながらも、独立した「家」を持つ側室のように扱ったというのである。彼女は道長の子を産んで亡くなったと『大鏡《おおかがみ》』「為光」）、産む前に亡くなったとも言われている（『小右記《しょうゆうき》』長和五〈一〇一六〉年正月二十一日）。次女・妍子《けんし》に仕えつつ道長の召人となっていた。彼女が自分の子を宿していることを道長は公表しているので（『小右記』同年四月二十四日）、やはり秘めた関係ではなかった。

このように、道長の召人である女房たちは、同僚にも世間にもそれを知られていた。せいぜいが『紫式部日記』のおぼろげな記事以外に根拠もなく、『栄花物語』などにも記されない紫式部との関係は、たとえあったとしても道長にとって「つまみ食い」程度のものだったとしか考えにくい。『尊卑分脈』が「道長妾」と妾（側室）の一人であったかのように記すのは、中世になって『源氏物語』が貴族文化の名作と認められ、紫式部がカリスマ化したためだろう。しかし紫式部の生前においては、『源氏物語』が天皇・中宮・貴族たちに愛読されていたとはいえ、作者は一女房に過ぎなかった。家族に後ろ盾となる有力貴族がいたわけでもない。道長はまさに若き日の光源氏よろしく、一時的に興味本位で関わったに過ぎないのではないか。いや、『源氏物語』は光源氏が女たちに長年愛情を注ぎ続けたと記しているから、現実の道長は源氏に遠く及ばなかったと言うべきか。ただ道長との思い出は、紫式部の心に深く刻まれた。それが最晩年になって『紫式部集』にあふれ出たのだと思う。

紫式部は、『源氏物語』の中に召人を何人も登場させている。妻ではなく、日陰の存在である彼女たちは、普通は物語の登場人物にはなりにくい。だが紫式部は、光源氏の召人を多く登場させ、科白《せりふ》を与えた。『源氏物語』宇治十帖《うじじゅうじょう》最後のヒロイン・浮舟《うきふね》は、宇治の八宮《はちのみや》とその召人との間の娘である。紫式部は、「召人にもなれなかった女房」として召人たちの思いをすくい取り、物語に綴ったのではないだろうか。

大納言の君は紫式部とは同僚で、親友とも言っていい仲だった。次は、彼女が紫式部に詠んだ和歌である。土御門殿で、道長主催の大規模な法会《ほうえ》が一カ月にわたって営まれた時のことである。公卿を始め上流貴族たちのほとんどすべてが参加し、その数は僧・俗を含めて百四十三人にものぼった(『御堂関白記』寛弘五年五月五日)。夜には庭にかがり火が焚《た》かれ、燈明《とうみょう》と光り合って昼以上の明るさとなった。そんななか、大納言の君はふと紫式部に思いを漏らしたのである。

澄める池の　底まで照らす　かがり火に　まばゆきまでも　うきわが身かな

(澄んだ池の底まで照らすかがり火は、道長殿の栄華をあらわすまぶしいもの。でも私の身は、その光に照らされて、恥ずかしいまでにつらいのです)

(『紫式部集』「日記歌」一一七番)

いかに道長が栄華《えいが》を極めようとも、召人である大納言の君の現実は、決して幸せなものではなかった。

紫式部は傍にいて、じかにその苦衷《くちゅう》に寄り添ったのだった。

第十章
主張する女たち

正妻・源倫子にひれ伏す

長い髪、御簾《みす》の向こうでしなだれる影。平安時代の貴族女性には、か弱くしおらしいイメージが付き物である。だがそれは「幻想」と言ってよい。藤原道長《ふじわらのみちなが》の正妻である源倫子《みなもとのりんし》は実に強い女性で、道長はこの人に頭が上がらなかった。また彼女は、しばしば自分の存在感を主張した。

例えば、寛弘《かんこう》五（一〇〇八）年十一月一日、彰子《しょうし》が一条《いちじょう》天皇（九八〇〜一〇一一）との間に産んだ敦成親王《あつひらしんのう》の誕生五十日《いか》の祝いの日のことである。土御門殿《つちみかどどの》に公卿《くぎょう》たちを迎えた祝宴もお開きとなり、道長が倫子と彰子を前に上機嫌で次のように語った時、それは起こった。

「宮《みや》の御《おん》ててにてまろわろからず、まろが娘にて宮わろくおはしまさず。母もまた幸《さいは》ひありと思ひて、笑ひ給ふめり。よい男は持たりかしと思ひたんめり」

（「中宮《ちゅうぐう》の父さんとして、まろはなかなかのものだ。また、まろの娘として、中宮はなかなかでおられる。母もまた、運が良かったと思って笑っておられる様子。いい夫を持ったことよと思っているると見える」）

（『紫 式部日記《むらさきしきぶにっき》』寛弘五年十一月一日）

最高権力者として彰子を支えてきた自分自身と、皇子《おうじ》を産みおおせた彰子を、道長は讃《たた》えた。それはまた、倫子の夫としての自分に対する「我《われ》ぼめ」にもなった。倫子に視線を送って「どうだ」という顔をして見せたりもしたのだろう。権力の道をひた走り、今や外祖父摂政《せっしょう》への決定的な足掛かりを得た自分を、彼は褒めてほしかったのだ。

ところが、聞いた倫子はぷいと席を立ち、自室に行ってしまった。彰子はおっとりと構えているが、紫式部はハラハラする気持ちを抑えられなかった。仕え始めてその時まだ三年だった彼女でも、倫子の立腹にはぴんと来たからだ。いったい何が彼女の癇《かん》に障《さわ》ったのか。それは、道長が使った「幸ひ」という言葉だった。これは幸運、しかも天から降ってきたような僥倖《ぎょうこう》を指す。道長は、倫子がその恩恵に与《あずか》ったと言った。自分という男と結婚したお蔭《かげ》だと。しかし、彼女の認識は違った。倫子に言わせれば、運が良かったのは彼女ではなく道長の方だった。

思い起こせば、二人が結婚した永延《えいえん》元（九八七）年。摂政・兼家《かねいえ》の息子とはいえ末っ子の道長は、左《さ》大臣《だいじん》だった倫子の父・源雅信《まさのぶ》からは「くちばしの黄色い若造」扱いされ、結婚は問題外だと取り合われなかった。しかし倫子の母の穆子《ぼくし》が道長には見どころがあると取りなして、縁談はようやく実現の運びとなったのだ（『栄花物語《えいがものがたり》』巻三）。自分がその程度の人物に過ぎなかったことを、道長は忘れてはならない。ましてや倫子を玉《たま》の輿《こし》に乗せたかのような言い方は、断じて許すことができない。

二人が今、住んでいる土御門殿も、もとはと言えば穆子と雅信のものだったのを倫子が受け継いだのだ。敷地が二町に広がったのは道長が婿《むこ》として入り最高権力者となった後の長保《ちょうほう》初年の頃と考えられるが、それとて彼一人の力でできたことではない。源氏《げんじ》の左大臣家が彼の後ろ盾となり、結婚当初からパリッとした装束《しょうぞく》を着せて人心を集めるなど、中関白家《なかのかんぱくけ》が隆盛を極めた時期でも経済的・政治的な援助を惜しまなかったからこそである。道長はその恩を忘れてはならない。倫子は一言も発することなく、行動でそれを主張したのだった。

道長は気分を害されて怒っただろうか？　そうではない。逆に、倫子の機嫌こそ彼にとっては尊重すべきものだった。彼は慌てて席を立つと、妻の後を追った。

「送りせずとて、母うらみ給はむものぞ」とて、急ぎて御帳《みちやう》の内を通《とほ》らせ給ふ。「宮、なめしと思《おぼ》すらむ。親のあればこそ子もかしこけれ」と、うちつぶやき給ふを、人々笑ひきこゆ。

（「お部屋までお送りしないと、母は御恨《うら》みになるからな」と言って、殿は宮様の御帳台《みちょうだい》の中を突っ切って急がれる。「中宮よ、失礼とお思いだろう。だが、親あっての子だからな。許せよ」とつぶやかれるお姿に、私たちは笑いさざめいた）

（『紫式部日記』同前）

彰子は娘といえども一国の中宮である。そのプライベートスペースを侵してまでも倫子に追いつこうとする彼を、女房《にょうぼう》たちは笑って見送った。倫子が道長をピシャリと抑え道長がそれに随《したが》うという光景は、彼女たちには見慣れたものだったのだ。

「一位」の人・倫子

実は倫子は、このほんの半月前の十月十六日、一条天皇の土御門殿行幸《ぎょうこう》の褒賞として国から従一位《じゅいちい》の位階《いかい》を与えられたばかりだった。道長は正二位《しょうにい》なので、倫子は家族内だけでなく公的な上下関係でも道長を超えたことになる。天皇は最初、道長に加階《かかい》を打診したのだが、道長は断り倫子に加階を譲ったのである（『御堂関白記《みどうかんぱくき》』同日）。朝廷に仕える女官でもない女性が従一位となったのは、史上初めてだった。

道長の気遣いは、倫子の産んだ子供たちへの特別扱いにもはっきり見て取れる。道長は倫子と結婚するより前から、同じ源氏の血筋である源明子《めいし》を妻としていた。だが、明子には父・源高明《たかあきら》が安和《あんな》の変〈安和二〈九六九〉年〉で失脚した〈疵《きず》〉があったためだろう、正妻となったのは倫子だった。また倫子は明子より早く長女の彰子と長男の頼通《よりみち》を産み、それが決定打となって、道長は倫子の子たちを徹底して上に扱った。

例えば、長保三（一〇〇一）年十月九日、道長の姉・東三条院詮子《ひがしさんじょういんせんし》の四十賀《しじゅうのが》が土御門殿で催され、天皇も行幸した時のことである。十歳の頼通が「蘭陵王《らんりょうおう》」、明子腹で九歳の頼宗《よりむね》が「納蘇利《なそり》」を舞い、どちらも人々を感嘆させた。が、天皇が特に頼宗の「納蘇利」に感じ入り、頼宗の舞《まい》の師にだけ従五位《じゅごいの》下《げ》の位を与えたところ、道長は不機嫌になって座を立ってしまった。一同は不穏な空気を感じ、こう言ったという。

陵王の兄は既に愛子《あいし》、中宮の弟、当腹《たうふく》の長子。納蘇利は外腹《ほかばら》の子、其《そ》の愛猶《なほ》浅し。今、納蘇利の師を賞せらる、仍《よ》りて忿怨《ふんゑん》する所と云々《しかじか》。

（蘭陵王を舞ったのは愛息子で、中宮の弟、正妻の産んだ長男である。納蘇利の方は側室《そくしつ》の子で、愛情が浅い。だが今、天皇が納蘇利の師匠を賞賛されたので、左大臣〈道長〉は腹を立てたのだとか）

（『小右記《しょうゆうき》』同日）

道長の怒りは二人の息子への愛情の差によるもの、しかもその愛情とは、「中宮の弟、正妻の長男」という頼通のポジションゆえと、人々は言い合った。頼宗の師だけが位を与えられたことは『大鏡《おおかがみ》』「道長（雑々《くさぐさの》物語）」にも記されており、そこでは不服を示したのは倫子とされている。だが『小右記』による限り、事実として立腹して席を立ったのは道長だった。ただ、その場には倫子もいたので、道長が倫子の怒りを先取りして自分の怒りとして示した可能性はある。その点では、『大鏡』もあながち間違いでなかったのかもしれない。

道長は、道長家を継承するのは倫子の子の頼通であることを、早くから決めていたのだろう。だからこのように、息子たちが幼い時から公的な場で上下関係を明らかに示し、彼らの自覚を促し、貴族社会にも認識させた。つまりは面倒な御家騒動の芽を摘んだということだろう。それにしても、素直に舞に感動した天皇に対しても道長は釘を刺した形だ。道長が一条天皇を軽く見ていたことの一端が覗《のぞ》く逸話でもある。

耐えてきた彰子

さて、こうした個性的な両親の間で、この頃俄《にわ》かに変貌《へんぼう》を遂げようとしていたのが、娘の彰子だった。

彰子は父と母の期待を背負い、わずか十二歳で入内《じゅだい》した。だがその時、一条天皇の心を占めていたのは定子《ていし》だった。やがて定子は崩御《ほうぎょ》したが、天皇は身代わりのように定子の妹・御匣殿《みくしげどの》を寵愛《ちょうあい》し、懐妊までさせた。長保四（一〇〇二）年に御匣殿が身重のまま亡くなり、今度こそ彰子の敵は消えたかに見えた後も、六年間、彰子は一度も懐妊することが無かった。天皇の子を産むことを父からの至上命令として入内した彰子である。内心には屈辱も悲しみも不安もあったことだろう。しかし彼女は、傍目《はため》には〝優等生〟的にそれに耐えてきた。

『紫式部日記』によれば、そこには彼女独特のしのぎ方があったとおぼしい。それは「期待しない」ということである。例えば女房に対する不満を、彰子はこの方法によってやり過ごしてきたと、紫式部は言う。

さるは、宮の御心《みこころ》あかぬところなく、らうらうじく心にくくおはしますものを、あまりものづつみせさせ給へる御心に、「何とも言ひ出《い》でじ」「言ひ出でたらむも、後《うしろ》やすく恥なき人は世に難《かた》いもの」と思《おぼ》しならひたり。

（そもそも、中宮様は非の打ちどころがなく、上品で奥ゆかしくていらっしゃるのですが、あまりにご自分を抑えるご気性で「何も言うまい」「たとえ言っても、安心して任せられこちらが恥をかかずにすむような女房など滅多《めった》にいないものだ」と考える習慣が身についていらっしゃるのです）

（『紫式部日記』消息体部分）

彰子のサロンは、地味で不評だった。それは彰子が女房たちに「ただことなる咎《とが》なくて過ぐすを、ただめやすきことに思《おぼ》したる御けしき（でしゃばって失敗するよりは、ただ大過なくやり過ごせばそれでいいという消極的な方針）」しか示さなかったからだが、その理由は、かつて職場内で大きな顔をしていた女房が間違ったことを言い張り、彰子が「こんなに見苦しいことはない」と骨身にしみて感じた経験によるという（『紫式部日記』消息体部分）。当の女房が彰子サロンの一員だったかどうかはわからないが、彰子には許せない失態だったのだ。彰子はその後、「女房になど期待するまい」と諦観《ていかん》するようになっていた。紫式部自身も、彰子から次のような言葉をかけられた経験があった。

宮の御前《おんまへ》も、「いとうちとけては見えじとなむ思ひしかど、人よりけにむつまじうなりにたるこそ」

と、のたまはする折々侍《をりをりはべ》り。
（中宮様も、「あなたと心を割っておつきあいできるとは思っていなかったけれど、不思議なことに、ほかの女房たちよりずっと親しくなってしまいましたね」。そうおっしゃってくれることもございます）

（『紫式部日記』消息体部分）

『源氏物語』を引っ提げたアマチュア作家・紫式部は、道長と倫子が抜擢《ばってき》して彰子に与えた人材だった。だが少なくとも人としての心の触れ合いという点では、彰子は当初、紫式部に期待しなかったのである。入内以来の、こうありたいと願って叶わなかったり、周囲に期待しては裏切られたりした〈心の傷〉が、彼女の心に鎧《よろい》を着せていたのではないか。「もう傷つきたくない」という思いが、彼女に「望まない」「求めない」という抑制的な生き方を選ばせていたと考えられよう。

だが、彰子の言葉に見えるように、やがてこの中宮と物語作家は特別な信頼関係で結ばれるようになった。きっかけはやはり『源氏物語』だった。一条天皇が内裏《だいり》で女官に『源氏物語』を朗読させ「この作者は実に漢文の才能がある」と褒めたのだ。しばらくして彰子は、紫式部を呼んでは中唐の詩人・白《はく》楽天《らくてん》の詩文集『白氏文集《はくしぶんしゅう》』を読ませるようになった。

紫式部は、彰子の思いを察した。漢文は、一条天皇が定子と分かち合った趣味である。女性とは一線を画したものと考えられていたので、道長は彰子に漢文を教えなかった。だが今、彰子はそれを知りたいと思っている。天皇の心の世界を知りたいのだ。繊細な彰子のため、紫式部は秘密の漢文進講を行うようになった。テキストは「新楽府《しんがふ》」。『白氏文集』の中でも最も儒教的で、一条天皇の好みに合致した連作だ。漢学者である父・藤原為時《ためとき》に尋ねれば、天皇の好んでいる詩の傾向を探るなどたやすかったろう。定子の愛好した美や浪漫の詩よりもずっと難解だが、彰子は投げ出さず、粘り強く講義を受け続けた。この后《きさき》は頑張り屋なのだ。

『紫式部日記』によれば進講の開始は寛弘五年、彰子が初めて懐妊してすぐの頃である。懐妊をきっかけに、挫折続きだった彰子の中に小さな積極性が芽生えたとは言えないか。自ら意思表示し行動する后へと、彰子は足を踏み出し始めていた。

殿《との》もうちもけしきを知らせ給ひて、御書《おんふみ》どもをめでたう書かせ給ひてぞ、殿は奉《たてまつ》らせ給ふ。

(やがて道長殿も天皇も気配をお察しになりました。殿は、漢籍の立派な写本を作らせて、中宮様にお渡しになったのですよ)

(『紫式部日記』消息体部分)

彰子の学びが天皇との夫婦仲を近づけるものである以上、道長は大賛成で後押しした。実際、学びの開始以来、彰子は立て続けに二人の皇子を生《な》したではないか。そう思えば笑いの止まらない彼だったのではないか。

次女・妍子、春宮妃に

寛弘七（一〇一〇）年二月には、道長の次女・妍子《けんし》が春宮《とうぐう》・居貞親王《いやさだ》（のちの三条《さんじょう》天皇。九七六〜一〇一七）の妃《きさき》となった。妍子は寛弘元（一〇〇四）年に十一歳で尚侍《ないしのかみ》となっており、これは女官トップの官職であると同時に、春宮妃となる姫君の就く地位でもあった。少女時代から五年以上のアプローチを経て、十七歳の妍子は三十五歳の春宮の妻となったのである。

家を離れた妍子が、この年の五月五日、道長に節供《せっく》の贈り物をおくってきた。州浜《すはま》と呼ばれる飾り台に、薬玉《くすだま》や菖蒲《あやめ》の輿《こし》などを置いたものである。薬玉は沈香《じんこう》などのアロマを入れ邪気払いのために部屋に飾ったもので、菖蒲の輿は六衛府《ろくえふ》から宮中に献上するアヤメ草（菖蒲《しょうぶ》）の葉を乗せた輿である。妍子はそのミニチュアを作らせて州浜に置き、道長におくってきたのだ。華やかなことの好きな娘だった。そこには和歌も添えられていて、道長も返歌した。

よろづ代《よ》の　齢《よはひ》をこめて　あやめ草　長き例《ためし》と　今日ぞ聞きつる

御返

心《こころ》根《ね》の　浅からぬにや　引きつらん　なべては見えぬ　菖蒲《あやめ》なりけり

（お父様のよろず代までの長命をこめて、あやめ草にちなんだものをお贈りします。あやめの根は長いものの例だと、ちょうど今日、聞きましたので。どうぞお元気で

殿の返歌

浅からぬ心のあなたが根を引いてくれたからでしょう。これは尋常ではない素晴らしい長さの菖蒲

でした。こんなに長い根の菖蒲をありがとう。父の長寿を祈ってくれてありがとう)
(『御堂関白集』八八・八九番)

この日は頼通からも、長い根の付いたアヤメ草が道長に贈られた。彼は寛弘六(一〇〇九)年、村上《むらかみ》天皇第七皇子・具平《ともひら》親王の娘の隆姫《たかひめ》と結婚して婿に入っているから、やはり道長の家を出ている。子供たちはそれぞれに縁付き、それによって道長家を大きく広げてくれる。それだけではない、父への濃《こま》やかな心遣いをこうして示してくれる。〈ファミリー〉の絆《きずな》を感じて和んだ道長だっただろう。

死を示す占い

寛弘八(一〇一一)年五月二十五日は、道長にとって、恒例の土御門殿での法華三十講《ほけさんじっこう》の結願日《けちがん》だった。例年通り滞りなく法会《ほうえ》を終えると、道長は倫子と共に一条院内裏に参った。一条院内裏とは、平安京内裏の外、一条大路《おおじ》に面した貴族邸宅を仮の御所《ごしょ》としたもので、天皇と彰子が前年から住んでいる。この内裏に、道長は一昨日も昨日も足を運んでいた。天皇が発病したからである。ただこの日、容体は蔵人頭《くろうどのとう》が「頗《すこぶ》る宜《よろ》しく御座《おはしま》す」と言うほど回復していた(『権記《ごんき》』同日)。だが道長は思うところがあり、大江匡衡《おおえのまさひら》を内裏に召して易占《えきせん》をさせた。

道長は、天皇にそろそろ譲位してもらいたいと考えていたのである。それを言い出すには、病はよいきっかけだった。彼が望むのは、外孫・敦成親王の一日も早い即位である。数えで四歳になるこの孫がまだ幼い間に即位すれば、道長は高い確率で摂政になれる。天皇家に生まれなかった者が天皇の大権を代行する、父・兼家の辿《たど》り着いた高みが、道長にももう一歩というところに見えていた。

だがそこまでには、いくつかの面倒な工程がある。第一に、一条天皇に退位してもらうこと。第二に、春宮には天皇が望んでいる定子腹の第一皇子・敦康《あつやす》親王ではなく、彰子腹の第二皇子・敦成親王をつけること。敦康親王は時に十三歳で、元服《げんぷく》も終えている。彰子腹の孫が生まれる前は、道長は保険として定子腹の敦康を彰子に育てさせ、自らも後見した。だが彰子が次男・三男と二人も男子を産んだ以上、もう敦康に用はない。逸《はや》る道長には、敦康を何年も弟のように慈しんで育てた彰子の思いなど眼中になかった。そして最後に、即位する現春宮・居貞親王には、その御代《みよ》を早めに切り上げてもらうことである。結果的には、道長はこの三つの工程をすべてクリアした。

さて、当代最高の漢学者である匡衡の仕事は、流石《さすが》に素早かった。果たして、出た卦《け》は「豊《ほう》の明夷《めいい》」、匡衡自身がうろたえる大凶の卦だった。彼は占文《せんもん》に注記した。「醍醐《だいご》・村上両天皇の崩御の際にも出た卦」であること、加えて一条天皇は当年、特に慎むべき「移変の年」に当たっていると。――天皇は死ぬのだ。占文を受け取った道長は悟り、天皇の寝所の隣に控えていた僧・慶円《きょうえん》に見せ、二人で泣いた。慶円はさておき、道長の涙の意味は何だったのだろう。少なくとも悲しみだけではあるまい。彼にとっては思いがけなくも第一の工程が端折《はしょ》られることになったのである。人の死を僥倖とし続けてきたのが道長の人生だった。今回も、それがやって来たのだった。

その時、異変を察した一条天皇は几帳《きちょう》のほころびから二人の泣く様子を覗いて、ことの次第を知った。

儒学の易占を信じている天皇にとって、これは死の告知だった。いったん回復に向かっていた容体は急変し、一カ月後には崩御に至る（以上『権記』同年五月二十七日・六月二十二日）。結果的には、道長の軽率な行動が天皇を死に追いやったことになる。天皇の生真面目《きまじめ》な性格も虚弱な体質のことも知りぬいた道長であろうに、天皇がここまでダメージを受けるとは全く見越していなかったのか。あるいは、これは故意なのか？　いや、そうとは言えまい。一条天皇の世は既に二十五年にわたり、天皇自身がそろそろ譲位を考え始めていたし、そのことは最高権力者である道長の耳にも入っていたに違いない。ならば要するに、道長とはこうした人間なのだ。敦成親王の五十日の祝いで倫子を怒らせた時もそうだったではないか。自分の感情が先に立ち、周りが見えなくなって、失言や勇み足が止められない。その無神経さが誰かを傷つけるなど、思い及ばないのが彼なのだ。

彰子、父を恨む

占いのことを知った翌日の二十六日、天皇の病は悪化し、彼は譲位を決意した。しかし当日は「亥《い》」の日で不吉が重なるとされたので、天皇は発議を控えた。譲位の意志を知らない道長は、『御堂関白記』に「主上の御病気はまだよろしくない」と記すばかりである。だが翌二十七日には、「天皇は余に春宮との会見の仲介を頼まれた。用件はご譲位のことだろうか」とある。歴史学者の朧谷《おぼろや》寿《ひさし》氏はこの態度を「白々しくも」と評するが、その通りである。重病の天皇が春宮と正式に会いたいということなら、譲位しかあるまい。一刻も早くと、道長は心を躍らせたに違いない。天皇の前を発《た》つと、彼はまっすぐに春宮のもとに急いだ。またしても〈無神経〉である。その行為が今度は彰子を傷つけることになるなど、彼は思ってもみなかっただろう。

彰子は怒り、父を恨《うら》んだ。藤原行成《ゆきなり》はそれをのちに聞いて知った。噂では、彰子は次のように言ったという。

「此《こ》の案内《あない》を東宮に達せんが為《ため》、御前より参らるるの道、上の御廬《ぎよろ》の前を経《ふ》。縦《たと》ひ此の議を承《うけたま》はると雖《いへど》も、何事を云《い》ふべきにも非《あら》ず。事は是《こ》れ大事なり。もし隔心無くんば示さるるべきなり。しかうして、隠秘《いんぴ》せんが為に、示し告げらるるの趣《おもむき》無きなり」と云々。

（「この連絡を春宮にお知らせするために、父上が天皇のもとから参上された経路は、私の上の御《み》局《つぼね》の前を通っていました。たとえこのことを伺ったとしても、私には何も口を挟めはしません。事はこれ重大事です。もし父上に、私に対する隔《へだ》て心が無かったら、一言打ち明けて下さっても良かったではありませんか。でも父上は私には秘密にしようと思われた。だから何も教えて下さらなかったのです」。中宮はそうおっしゃったということだ）

（『権記』寛弘八年五月二十七日）

春宮のもとに急いだ道長は、彰子の居室の前を素通りした。彰子に伝える、という発想すら頭に浮かばなかったのかもしれない。それだけでも立派な中宮軽視である。だが彰子は父の行動からそれ以上のことを臆測した。――「故意に排除された。自分は父に異論を抱いていたから」と読んだのである。異論とは何か。道長にとって最重要の皇位継承問題である。国史学の服藤早苗《ふくとうさなえ》氏によれば、彰子は「養母として育てた敦康親王をまず皇位につけ、その後、実子の敦成親王に継がせれば良い」と考えていたらしい。その方法ならば天皇の意向を尊重でき、彰子自身も国母《こくも》になれる。困るのは外孫・敦成の即位が先延ばしになり、摂政の座を逃す恐れのある道長だけだ。

彰子は自分の怒りとこの臆測を、おそらくは女房たちに噂として〈拡散〉させた。だから行成の耳に入ったのである。彰子はそれによって、天皇の意志を踏みにじり娘を蔑《ないがし》ろにしてでも摂政を望む道長の欲望を糾弾した。そして「父とは一線を画する自分」を宣言した。生まれてこの方、まるで人形のように父の言いなりになって生きてきた彰子は、〈主張する中宮〉へと変貌したのである。このことは道長の耳にも入っただろう。だが彼は『御堂関白記』には何も記していない。

なお『権記』によれば、一条天皇は譲位の決意後も、やはり敦康親王を後継にと望んでいた。だが、行成から「道長の意を損ねては敦康自身の不幸にもなりかねない」と諭され、ついに断念した。このことも『御堂関白記』は全く記していない。『権記』を見れば、行成は五月末日に、道長から立太子《りったいし》の雑事を書き出すように命ぜられたという(『権記』同年六月一日)。道長の頭は新春宮となる孫・敦成のことでいっぱいだったのだ。

一条院、崩御

一条天皇の譲位後、敦康親王に手厚い経済的援助を施すことが決まり、六月十三日、一条天皇は譲位して院（上皇《じょうこう》）となった。その翌日、道長は新天皇のもとに参内《さんだい》するため装束をつけ、院の病室を覗いた。すると院が心細げな顔をしたので、道長が「参内しません」と申すと院は嬉しげな様子を見せ、道長は本当に参内をやめた（『御堂関白記』同月十四日）。道長にも愛憐《あいれん》の情があったのである。だがもしもこの時、新天皇が敦成だったとすれば、道長は院を放置し嬉々として参内していただろう。走り出したばかりの三条天皇政権だが、道長は最初から〈賞味期限〉の短いものと見て軽視していた。

院はこの日、道長に出家の意志を伝えた。翌日にはさらに病状が悪化、時に「たはごと」を口にするようになる（『御堂関白記』同月十五日）。おそらくこの前後だろう、道長は院から葬儀についての重大な遺志を伝えられていた可能性がある。だが彼はそれをすっかり忘れてしまい、思い出すのは院の葬儀が終わってしまった後だった。六月十九日、院は出家し、二十二日の正午ごろに崩御。享年三十二の短い生涯を閉じた。

崩御前日の六月二十一日夜、院は重篤《じゅうとく》をおして一首の和歌を詠んだ。道長はこれを日記に書き留めている。

此の夜、御悩み甚《はなは》だ重し。起《お》き居《ゐ》給ふ。中宮、御はしまし、御几帳の下に依《よ》り給ふ。仰《おほ》せらる。

つゆのみの　くさのやとりに　きみをおきて　ちりをいてぬる　ことをこそおもへ

（この夜、御病状は大層重篤だった。院は起き上がられた。中宮が院の御几帳のもとに近寄られると、こう詠まれた。

人という露《つゆ》のようにはかない身の住《す》み処《か》である、草のようにはかない俗世にあなたを置き去りにして、私は一人俗界を離れてしまった。そのことが、気がかりでならない）

（『御堂関白記』寛弘八年六月二十一日）

この辞世の前々日、彼は出家していた。それは彼にとっては往生への切符だったが、妻・彰子を濁世に遺《のこ》して去るということでもあった。逝く覚悟は定まりつつも、そのことが気にかかってならない――そう彼が彰子に言い置いた和歌だと、ひとまずは解釈しておこう。

だがこの和歌については、「君《きみ》」を十一年前に亡くなった定子のことと見て、故定子におくった辞世とする解釈もあった。というのも、長保二（一〇〇〇）年、定子が遺して逝った辞世の中の一首に、次の和歌があったからである。

煙《けぶり》とも　雲《くも》ともならぬ　身なりとも　草葉《くさば》の露《つゆ》を　それと眺めよ

（死んでゆく私の身は、焼かれて煙となることも、空に漂って雲となることもありません。でもどうぞ、草の葉に降りた露を見て、私だと思って偲《しの》んで下さいませ）

（『栄花物語』巻七）

定子は、死んでわが身は「草葉の露」となると言い遺していた。それを思って、今度は院が「露の身の草の宿り」と詠んだ。十年余りの時を隔てた、定子の辞世への返歌――。それが正しいか否かは別にして、そう解釈した者がこの場にいた。『権記』の記主・藤原行成である。彼は日記に院の和歌を記した後、「其の御志《おんこころざし》は皇后に寄するに在り（和歌の心は、法皇《ほうおう》〈一条院〉が皇后宮・定子様に捧げられたものである）」と記している。続けて「但《ただ》し、其の意は指して知り難し」とも彼は言う。だが今、できるだけ行成の意を汲《く》んで、一条天皇が「君＝定子」に詠んだ和歌と見て解釈を施してみると、次のようになろう。

亥《ゐ》の刻許《ばかり》、法皇暫《しばら》く起き、詠歌《えいか》して曰《いは》く
　露の身の　風の宿りに　君を置きて　塵を出《いで》ぬる　事ぞ悲しき
其の御志は皇后に寄するに在り。但し、其の意は指して知り難し。
（午後十時頃、法皇は暫く起き上がって、和歌を詠まれた。
　皇后定子よ、あなたはその辞世のように露の身となり、風に吹かれながらこの世にいるのだった。あなたはいったん出家したが、私が還俗《げんぞく》させてあなたを俗世に引き戻したのだ。だが、そのあなたをおいて私自身が死を前に出家してしまったことが悲しい
和歌の心は、法皇が皇后宮・定子様に捧げられたものである。ただ、その意味はこれと明確には知り難い）　（『権記』同日）

院は息も絶え絶えだったのだろう。行成の和歌の言葉が道長の書きつけたものと微妙に違うのは、そ

のためと推測できる。だが、第一句の「露の身の」は同じだ。

定子の十一年前の和歌は、彼女の死後、御帳台の帳《とばり》の紐《ひも》に結びつけられているのが発見され流布《るふ》して、貴族社会には周知の和歌となっていたとおぼしい。行成もこれを知っており、院の辞世の「露の身の」を聞いた途端にぴんと来たのである。院は皇后・定子を還俗させ苦しい人生を送らせたことに罪悪感を抱いていた。そして自分が死に赴こうというこの時、十一年を隔てた返歌を詠んで詫《わ》びた。行成はそう感じたのだろう。

しかし、『御堂関白記』はそうした疑念を抱かせない。道長が和歌の前に彰子のことを記しているからだ。道長は、道長なりのやり方でずっと娘を想ってきたのだろう。そんな彼にとってこの和歌は、院が彰子に向けて詠んだ愛の歌でなくてはならなかったのだろう。

それにしても、院が最後に気にかけた「君」とは、彰子なのか、それとも定子なのか。あるいは、敦康親王でもあるのか。最後の力を振り絞って詠み置いた院自身に、できれば確かめたいところである。

土葬か、火葬か

七月八日、一条院の葬儀が行われ、遺体は荼毘《だび》に付された。ところが、翌九日の早朝、遺体がすっかり遺骨となってしまった時、道長は驚くべきことを言いだした。

去る九日早旦《さうたん》、山作《やまつく》り所《どころ》に於《お》いて丞相《しようじやう》云はく、土葬、並びに法皇の御陵の側に置き奉るべきの由、御存生《ごぞんじやう》に仰せらるる所なり、日ごろ惣《すべ》て覚えず、只今《ただいま》思ひ出だせるなり。しかうして定めて無益、事、已《すで》に定まれるなりと云々。

（去る七月九日早朝、火葬の場で、左大臣〈道長〉殿は言った。「土葬し、故円融《えんゆう》法皇の御陵《ごりょう》の傍《そば》に埋めてほしいとのことを、一条院はご生前におっしゃっていたのだった。だが日頃すっかり忘れていて、たった今思い出した。だが、もうどうしようもない。事はもう終わってしまった」と）

（『権記』寛弘八年七月二十日）

院は土葬を望んでいたという。それはなぜなのだろう。一般に当時の貴族層や天皇は火葬だったと思われがちだが、彼が憧れた醍醐天皇（八八五〜九三〇）と村上天皇（九二六〜六七）は土葬に付されていた。また、天皇は在位中に崩御すれば土葬とされており、院が自分の葬送方法を言い遺したのが在位中のことだったからとも考えられている。要するに、天皇として土葬を望んだという見方である。だが、土葬と言えば、定子もまた土葬に付されていた。服藤早苗氏は「一条院は、寵愛した故定子皇后と同じような葬られ方を希望し、土葬を遺言した可能性もあり、道長はわざと忘れた振りをして火葬にしたのかもしれない」と推測する。遺体が燃え、取り返しがつかなくなってから「思い出した」と言いだしたということである。

ところで、藤原実資《さねすけ》は慎むべきことがあって葬送当日には参列しなかった。そして数日後、公卿たちとの雑談のついでに道長の失敗を聞き、彼の日記『小右記』に記した。そこに気になる記述がある。院から土葬の希望を聞いていたのは、彰子と道長、そして近習《きんじゅ》（近くに仕える臣下）の人々だったというのである（『小右記』同月十二日）。道長が土葬のことを失念していようとも、他に知っている人間がいたのなら、耳打ちして思い出させることができただろうに。「近習」は無理かもしれないが、彰子にならそれができたのではないか。だが、結果として彼女はそうしなかった。彼女もまた夫が定子と同じ葬られ方をするのを嫌い、わざと口をつぐんだのかもしれない。

譲位の発議の時、それを伝えられなかったと父を恨んだ彰子。後継については、父の意に反しても夫の意向を尊重しようとした彰子。彼女は院の死の床に付き添い、彼の辞世をたぶん誰よりも近くで聞いた。辞世に詠まれていた「君」を誰だと思ったのだろうか。自分か、あるいは定子か。いずれにせよ、おそらく彰子は強い意志をもって夫の土葬を阻止したのだろう。彼女の胸に黒い淀《よど》みがあったことに、思いを致さずにいられない。

この時、彰子は二十四歳。自己主張を始めた彼女は父にも母・倫子にもよく似て、強い自我を持つ人となっていた。

第十一章

最後の闘い

新帝・三条天皇の即位

寛弘《かんこう》八（一〇一一）年、三十二歳の一条《いちじょう》天皇（九八〇～一〇一一）の若すぎる崩御《ほうぎょ》によって、藤原《ふじわらの》道長《みちなが》はまた一段〈金の梯子《はしご》〉を上った。思えばここに至るまでに、どれだけの思いがけない出来事があったことだろうか。

始まりは、末子ならではの無邪気な野望だったのだ。道長を支配下に置こうとした長兄・道隆《みちたか》に反発して、道長は知略に長《た》けた次兄・道兼《みちかね》と手を組んだ。ところが二人の兄は長徳《ちょうとく》元（九九五）年、相次いで亡くなって、道長は唐突に最高権力者となった。その翌年、道隆の息子・伊周《これちか》と隆家《たかいえ》が「長徳の政変」を起こして自滅。出家した定子《ていし》は一条天皇の愛情により復縁したが、数年後には難産で崩御し、中関白家《なかのかんぱくけ》は事実上終わった。天皇はそれでもなお定子に強い執着を見せていたが、やがて彰子《しょうし》との間に二人まで皇子《おうじ》を生《な》し、世を去った。

道長の「出世すごろく」において、彼の前に立ちはだかったものの死という形で姿を消した人間は、この時点で既に五人になる。二人の兄と定子、一条天皇。実は定子の兄の伊周も天皇の崩御する前年の寛弘七（一〇一〇）年、父と同じ飲水病《いんすいびょう》（糖尿病）によりわずか三十七歳で人生を終えていた。むろん、道長が直接手を下したことなど無い。不思議に次々といなくなり、道を開けてくれるのだ。これを恐ろしい幸運と言わずして何と言おうか。

そして今、道長の前にいる最後の存在が、三条《さんじょう》天皇（九七六〜一〇一七）だった。彼は一条朝の四半世紀にもわたる時間をずっと春宮《とうぐう》として生き、この寛弘八年の六月にようやく即位した。歳はもう三十六である。これからは待ちに待った自分の世だ。そう胸を膨らませていたに違いない。だがそれは、道長にとっては足踏みの時間、無用の世だった。今や、彰子の産んだ実の孫・敦成親王《あつひらしんのう》が春宮なのだ。この世さえ終われば、孫の治世になる。現在四歳の孫が元服《げんぷく》する前、幼帝として即位すれば、そこには摂政《せっしょう》の座――万機をゆだねられる天皇代行というゴールが待っている。だが孫が大人に成長していては、与えられるのはせいぜい、助言者としての関白《かんぱく》職に過ぎない。ならば、三条天皇が即位したその時から道長の心は秒読みを始めていたに違いない。早く、一刻も早く辞めてくれないかと――。

『栄花物語《えいがものがたり》』は、即位式での道長を「どの帝《みかど》にも勝るとも劣らない素晴らしさ」と賛美する。だが臣下ゆえ当然のこと、彼は天皇の輿《こし》の後ろを歩かざるを得なかった。それは「事限りありければ（決まりがあるから）」仕方がないが、「あぢきなきこと（実に口惜《くちお》しいこと）」だったとも記している。これはそのまま道長の胸中を言い当てたものではなかったか。

春宮時代の密通事件

三条天皇は本名を居貞《いやさだ》といい、天皇親政で「天暦《てんりゃく》の治」を展開した村上《むらかみ》天皇（九二六〜六七）と藤原安子《あんし》の長男・冷泉《れいぜい》天皇（九五〇〜一〇一一）の第二皇子である。父帝は精神の病があったためわずか二年で退位し、弟の円融《えんゆう》天皇（九五九〜九一）が後を継ぐと、御代《みよ》は十五年とそこそこ長持ちした。次いで皇統が嫡流《ちゃくりゅう》に戻り、冷泉天皇の長男で居貞には異母兄にあたる花山《かざん》天皇（九六八〜一〇〇八）が即位。だが花山天皇は母女御《にょうご》もその父も早くに亡くして後見《うしろみ》がなく、御代は父と同じ二年で終わった。そして寛和《かんな》二（九八六）年に始まったのが、円融天皇の子・一条天皇の二十五年にわたる長く安定した治世だった。つまりここ四代、皇統は嫡流の冷泉流とピンチヒッターの円融流の間を往復する「両統《りょうとう》迭立《てつりつ》」となっていた【系図1】。一条天皇の時代、天皇より四歳も年上の居貞が春宮であったのは、そのためのねじれである。また、病は致し方ないとはいえ嫡流が分家より極端に短い御代しか保てないことが二度続いて、居貞は臍《ほぞ》を噛《か》むような思いであったに違いない。つまり、天皇家嫡流の矜持《きょうじ》と雪辱への執念とを心に強く抱いた春宮、それが居貞親王だった。彼は言っている。

久しく東宮《とうぐう》に在りて天下を知らず。今、適登極《たまたまとうきょく》しては意に任すべきなり。然《しか》らざるの事愚頑《ぐぐわん》なり。

（朕《われ》は長く春宮の位にあって天下を知らない。今、たまたま即位したからには、わが意のままに為《な》すのが当然であろう。さもなければ愚《おろ》かというものである）

【系図1】皇統と源頼定（数字は天皇の即位順）

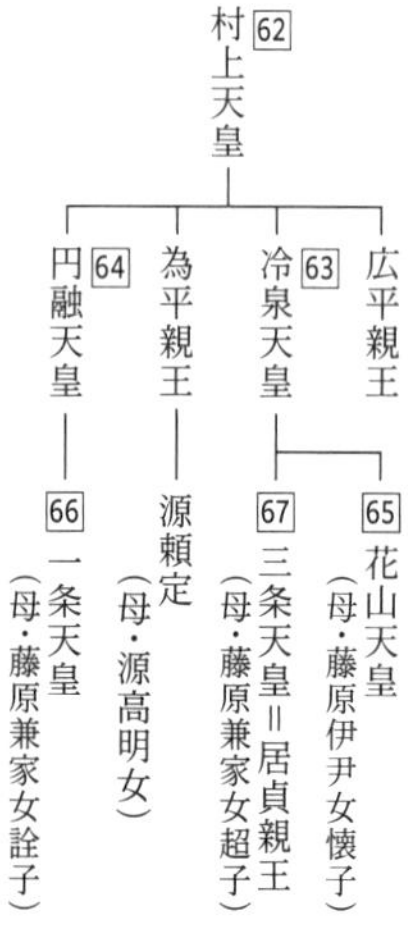

（『小右記《しょうゆうき》』長和《ちょうわ》元〈一〇一二〉年四月二十八日）

道長と居貞親王をめぐっては、ドキッとさせる逸話が『大鏡《おおかがみ》』に記されている。長徳年間のこと、春宮妃で故藤原兼家《かねいえ》の娘、つまり道長の腹違いの妹の綏子《すいし》が、こともあろうに密通し懐妊までしているとの噂が流れた。醜聞を恥じてだろう、綏子は自宅に籠り、案じた居貞は道長に相談した。「噂はまことだろうか」。道長は「見て参りましょう」と、綏子を訪ねた。きょうだいとは言え異腹、道長と綏子は親しくない。継兄の来訪をいぶかしく思った彼女は几帳《きちょう》を引き寄せて身構えた。道長はそれをすっと押しのけた。華やかな顔立ちに濃い化粧を施した綏子は、普段に増して美しく見えたという。

「春宮に参りたりつるに、しかじか仰《おほ》せられつれば、見たてまつりに参りつるなり。空言《そらごと》にもおはせむに、しか聞こし召され給はむが、いと不便《ふびん》なれば」とて、御胸を引き開けさせ給ひて、乳《ち》をひねり給へりければ、御顔にさと走りかかるものか。

（「春宮のもとに参ったところ、これこれとおっしゃいますので確認に参ったのです。噂は事実無根でしょうが春宮は疑っていらっしゃって、お気の毒なので」と言って、妃《きさき》の装束の胸元を左右に開

くと、乳房を握った。と、道長様の御顔に何かがさっと走りかかったではないか)

(『大鏡』「兼家」)

ほとばしる母乳。懐妊の噂は本当だったのだ。私は高校時代にこの一節を初めて読んだ時の衝撃が忘れられない。温かい液体が顔を濡らす感覚やほの甘いにおいまでが行間から立ち昇り、おもむろに顔をぬぐう道長の仕草が浮かんだ。いけないものを読んでしまったという思いで日本古典文学全集の赤い表紙を閉じたものだ。だが現在、改訂された白い表紙の新編日本古典文学全集には、頭注に「出産間際としても、乳房をひねって母乳がほとばしり出ることはまずない。いかにも『大鏡』的な誇張した表現」と書き加えられていて、胸をなでおろした。

しかし誇張としても、春宮妃の胸を引き開け乳房をひねりあげるとは。別の方法もあったろうに、あまりに無礼だ。道長は何も言わず立ち上がり居貞にありのままを報告、春宮はかえって綏子を不憫《ふびん》に思ったという。また綏子は道長が去った後、自業自得とわかりつつひどく泣いたという。『大鏡』は道長の行動力と非情さを強調しようとして過剰な演出を加えたのだろうが、そこから透けて見えるのは、綏子も居貞も道長にとってさほど大切な存在ではなかったことである。

なお、綏子の密通は事実だった。相手は為平《ためひら》親王の息子・源頼定《みなもとのよりさだ》、三条天皇には従弟《いとこ》にあたる人物である【系図1】。為平親王は次代の春宮と期待されていたが、源高明《たかあきら》の婿《むこ》であったため藤原氏の他氏排斥《はいせき》の巻き添えを食い、皇統を継げなかった人物である。つまり頼定は、世が世なら天皇の子として生まれ、皇統に連なったかもしれない。その思いからだろうか、彼はキサキに対する垣根が低く、この綏子を始め、一条天皇の女御だった藤原元子《げんし》とも、天皇の崩御後に通じている（『栄花物語』巻十一など）。また居貞は即位すると、さすがに意地があったのだろう、頼定を清涼殿《せいりょうでん》の殿上《てんじょう》の間《ま》に出入りさせなかったという（『大鏡』「兼家」）。

三条天皇の妻たち

三条天皇には、綏子を含めて生涯に四人の妻がいた。皆、彼の春宮時代に結婚した妻たちである【系図2】。

彼の母のことから語ろう。母は藤原兼家の娘・超子《ちょうし》で、道長には同母姉にあたる。兼家は冷泉天皇に超子、円融天皇に詮子《せんし》を入内《じゅだい》させ、それぞれに居貞親王（三条天皇）と懐仁《やすひと》親王（一条天皇）を産ませて、皇統がどちらに転んでも良いように対応したのである。だが、超子は天元《てんげん》五（九八二）年に突然死した。原因は不明だが、脇息《きょうそく》にもたれたまま眠るように亡くなっていたという（『小右記』天元五年正月二十八日・『栄花物語』巻二）。可愛がってくれた祖父・兼家も、正暦《しょうりゃく》元（九九〇）年には世を去った。母も外祖父《がいそふ》もいない状態。この後見の手薄さが天皇の弱さに直結することは、花山天皇の例から明らかである。それを見越してだろう、生前の兼家は居貞親王の元服からしばらくして、最初の妻として彼の娘の綏子を添わせてくれたのである。永祚《えいそ》元（九八九）年十二月九日のことだった（『小右記』同日）。

だが綏子は兼家の愛人の娘で、『大鏡』の逸話からも窺《うかが》われるとおり、道長たち本妻の子からは見下されていた。というのも、『蜻蛉日記《かげろうにっき》』（中巻）によれば綏子の母・近江《おうみ》はもと藤原実頼《さねより》の「召人《めしうど》（性関係付きの女房《にょうぼう》）」で、「色めく者」との噂があった。『栄花物語』（巻三）も綏子の母を「世のたはれ人（たいそうな浮気性）」と評している。まるで母の多情を受け継いだかのように綏子は居貞親王を裏切った。そして夫婦関係の途絶えたまま寛弘元（一〇〇四）年、三十一歳で亡くなった（『日本紀略《にほんきりゃく》』同年二月七日）。

　母といい綏子といい若い身空《みそら》での死だが、居貞親王にはもう一人若くして死んだ妻がいた。中関白道隆の次女・原子《げんし》である。道隆は長徳元（九九五）年、既に持病で我が余命が少ないと知りながら、原子を春宮妃とした。兼家に倣《なら》い、円融流と冷泉流のそれぞれに姻戚《いんせき》関係の手を打ったのである。その後道隆が病死し、中関白家が没落したのは既に触れた通りだが、姉・定子が崩御した長保《ちょうほう》二（一〇〇〇）年の二年後、長保四年にはこの原子も亡くなってしまう（『権記《ごんき》』同年八月三日）。二十代前半の若さで、『栄花物語』（巻七）によれば持病も無いのに鼻と口から出血して急死したというから、あまりにも忌《い》ま

【系図2】三条天皇と四人の妻

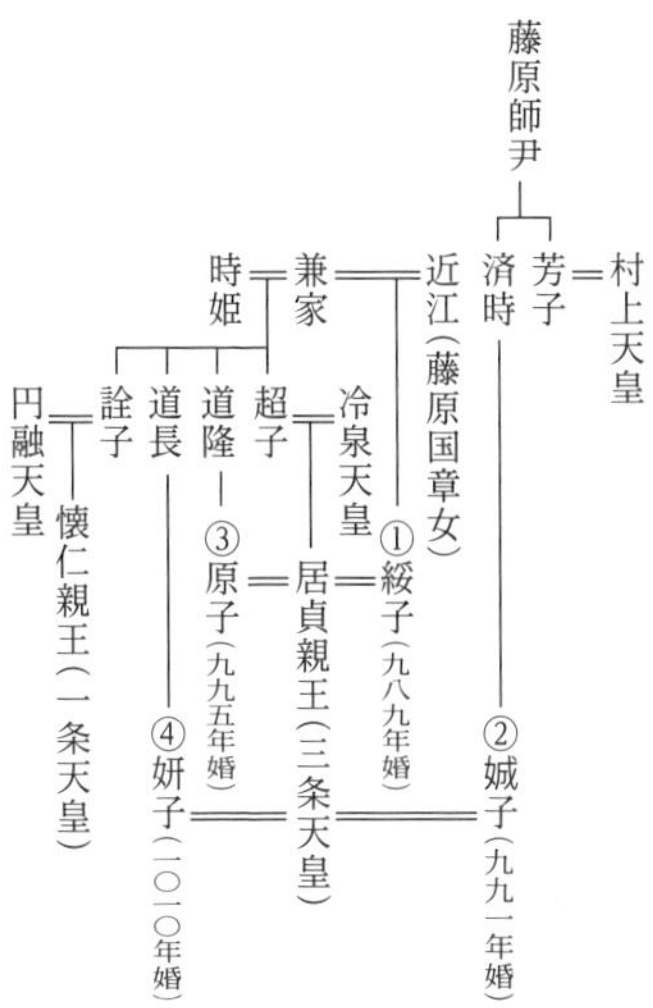

わしい。

この時呪詛《じゅそ》の疑いを掛けられたのが、藤原娍子《せいし》だった。彼女は正暦二（九九一）年、居貞親王自身が強く申し出て迎えた妻である（『栄花物語』巻四・『小右記』正暦元年十二月二十六日）。父親は当時大《だい》納言《なごん》だった藤原済時《なりとき》。公卿《くぎょう》の一員ながら傍流と言ってよい人物の娘に、なぜ居貞親王が目を付けたのかはわからない。ただ、済時の姉妹つまり娍子のおばが村上天皇の女御・芳子《ほうし》だったことは、理由の一つになったかもしれない【系図2】。彼女は天皇に寵愛《ちょうあい》され、その逢瀬《おうせ》を清涼殿の上《うえ》の御局《みつぼね》の襖障子《ふすましょうじ》の穴から覗き見た中宮《ちゅうぐう》・安子が、嫉妬のあまり土器《かわらけ》を投げつけたという逸話（『大鏡』「師輔《もろすけ》」）でよく知られる。長い美髪と目じりの少し下がった愛らしい顔立ちで（『大鏡』「師尹《もろまさ》」）、『枕草子《まくらのそうし》』には、父・師尹から『古今集《こきんしゅう》』を暗記せよとキサキ教育を受けた彼女が入内後に村上天皇にテストされ、見事答えおおせたという逸話も記される。とはいえ彼女は居貞の生まれる前に亡くなり、彼はただ逸話で聞き及んでいただけだ。ともあれ、政治的には無意味でしかない娍子をなぜか居貞は大層気に入って、正暦五（九九四）年には長男の敦明《あつあきら》親王が生まれた。翌年、疫病《えきびょう》が大流行して済時は亡くなり、娍子の政治的な後ろ盾は皆無となったが、居貞親王はますます彼女に固執し、生涯に六人の子女を産ませることになる。

そして、最後に妻となったのが道長の次女・妍子《けんし》である。父や長兄に倣って道長も、円融流の一条天皇に彰子を入内させた後、冷泉流の居貞親王に娘を入れたのだ。寛弘七（一〇一〇）年二月二十日、選《え》りすぐった四十人もの女房たちを引き連れて華々しくやって来た時、妍子は十七歳。居貞親王は既に三十五歳であった。そして居貞の長年の妻・娍子は、彼より四歳年上の三十九歳。居貞親王が即位して三条天皇となったのは、その翌年だった。

このように三条天皇は、女性については母に加え二人の妻の死という暗い体験を重ねてきた。裏切られた苦い経験もあった。しかし彼がそれを乗り越えてこられたのは、ひとえに愛妃・娍子の存在があったからと言ってよい。娍子だけは政略ではなく彼自身が望んだ妻だった。実家の家格の軽さは、綏子や原子の実家である摂関《せっかん》家の重さに対して、むしろ気楽に思えたのかもしれない。だが、春宮妃と天皇のキサキでは大きく事情が変わってくる。彼が即位し天皇になると、最高権力者・道長を後ろ盾に持つ妍子と父のいない娍子とでは、キサキとしての「意味」の違いは歴然としていた。政治的に重要な妍子に対して、娍子は愛という私情で天皇と結ばれているに過ぎず、当然分が悪かった。そんな娍子を三条天皇は全力で守った。

この関係に、どこかで覚えがないだろうか。そう、一条天皇と彰子と定子である。『栄花物語』は、妍子が春宮妃となった時、かつての彰子の入内を髣髴《ほうふつ》させる書き方をしている。だがそれは、この物語だけが後付けで気づいたことではなかっただろう。当事者である居貞親王、つまり三条天皇自身も感づいていたのではないか。いやむしろ、彼は一条天皇の再来として振る舞ったと、私は考えている。若い一条天皇が定子を愛し続けて政治社会に立ち向かい、しかし定子の崩御という形で敗北した時、春宮だった彼は二十五歳。当時、二十代の若い公達《きんだち》たちの中には、敗北感と無力感で厭世《えんせい》気味になり出家する者が相次いだ。居貞親王の心に彼らに共感するものがあったと考えても不自然ではない。それから十年余り、即位によって今度は自分が一条天皇と同じ状況となった。

死者は死なない——記憶の中で生き、時には生者を動かす。かくして道長は、再び〈一条天皇〉と闘うことになった。それは〈権力〉に対する、〈愛〉と〈意地〉という蟷螂《とうろう》の斧《おの》の闘いで、三条天皇の敗北は最初から見えていた。だが、一方で彼には道理を弁《わきま》えないという妙な強みがあった。二人は互いに傷つけ合いながら、数年間、文字通りの死闘を展開することになる。

妍子と娍子の「二后冊立」

長和元(一〇一二)年二月十四日、妍子は立后《りっこう》して中宮となった。道長の娘として織り込み済みのことと言ってよい。もちろん三条天皇もこれを当然と受け入れた。だがその上で彼が発議したのが、娍子をも立后させること、要するに自分という一人の天皇に対する「一帝二后冊立《さくりつ》」だった。

后《きさき》つまり「中宮」は、律令《りつりょう》制で「天皇の嫡妻《ちゃくさい》」と決められている。にもかかわらず、中宮に「皇后《こう》」という別の呼び名もあることを利用して、一人の天皇に中宮と皇后という二人の后を立てるのが「一帝二后冊立」である。これは公的に重婚を認めることになり、后の制度を骨抜きにするものにほかならない。その史上初の例が、一条天皇の代の定子と彰子だった。一条天皇の時には、定子が中宮だったところに道長の力により彰子が割り込んだ。だが今度は、まず妍子が中宮となったところへ、二カ月後に天皇の力により娍子が割り込んで二后冊立が行われたのである。三条天皇は意図してそれを行った。道長に対する〈一帝二后冊立返し〉だった。

ただ、一条天皇の時は定子が出家しており中宮としての神事を勤められないという理由付けができた。しかし今回の妍子には、何の〈疵《きず》〉もない。つまり制度を歪《ゆが》めて二后を立てるべき大義名分は何もない。三条天皇のやり方は加えて娍子は亡くなった父が大納言に過ぎず、到底中宮・皇后の家柄ではない。三条天皇のやり方は掟《おきて》破りと言えた。

一条天皇が長徳の政変で没落し出家した定子を復縁した時、貴族社会は「天下甘心《かんしん》せず」と非難した。今回も同じく、貴族たちは反発した。天皇のわがままだ、面倒を繰り返すのはごめんだと、誰もが思ったのである。一条天皇は調和型の性格で、幼少期に道長と同じ邸宅で暮らしたこともあり、意思疎通が可能だった。だが三条天皇にはそれがなかった。彼は長年の様々な被害者感情を内にため込んでいて、天皇になった時、一気にそれを爆発させた。プライドが高く、人を試し、その我意《がい》は傲慢《ごうまん》に映った。

道長は負けておらず、娍子の立后の日に妍子を内裏《だいり》に入らせることにした。中宮の家移りだから公卿のお供が必要で、宴もある。娍子の立后の儀に奉仕するのか、それとも妍子か、あるいは両方か。いや、どちらも欠席するのか。道長は公卿たちに選択を迫ったのである。かつて、定子が第二子出産に向けて転居した日に道長は上級貴族たちを誘って宇治《うじ》に遊び、公卿たちが定子に奉仕できないように妨害した（『小右記』長保元〈九九九〉年八月九日）。今回の手もそれと同じだった。結果、娍子の儀式にやって来たのは藤原実資《さねすけ》を始めとするわずか四人。殿上人《てんじょうびと》は一人も参加しなかった。一方、東三条邸《ひがしさんじょうてい》で行われた妍子の儀には公卿たちが十人、加えて多くの殿上人も参加した。実資が東三条邸に使いを遣《や》って立后の儀への参加を促すと、人々は手を打ち声を合わせて笑い、使いを嘲《あざけ》った。なかには石を投げる者までいたという（以上『御堂関白記《みどうかんぱくき》』・『小右記』長和元年四月二十七日）。

天に二つの日無く、土に二つの主《あるじ》無し。仍《よ》りて巨害を懼《おそ》れざるのみ。

（天に二つの太陽はなく、地に二人の帝王はいない。だから私は道長の迫害を恐れない、それだけだ）

（『小右記』同日）

実資はこの日の日記にこう記し、自分を奮い立たせるようにして三条天皇の側についた。その忠義により、彼は無二の部下として天皇の命を受け続けることになる。

顕信、出家

三条天皇は、道長の弱点が家族にあることを知っていたのだろう。立后の計略と並行して、前年の寛弘八（一〇一一）年末、道長の三男・顕信《あきのぶ》を蔵人頭《くろうどのとう》に抜擢《ばってき》したいと、しきりに道長に持ち掛けていた。蔵人頭は天皇の秘書官長で、側近中の側近である。その職に道長の息子を取り込めば、何かと役に立つ。特に、顕信は道長の次妻・明子《めいし》腹である。道長が家内の秩序を保つためとはいえ正妻・倫子《りんし》腹の彰子や頼通《よりみち》たちを優遇し、それに比べて次妻腹の子たちを冷遇していることは、誰の目にも明らかだった。天皇は、冷遇組の顕信なら道長に不満を抱いており、御《ぎょ》しやすいと考えたのだろう。

だが道長は断った。この人事には裏があったからだ。前の蔵人頭は娍子の弟で、この寛弘八年六月、天皇の即位とともに着任したばかりだった。だがそれからわずか半年で、天皇は彼を参議《さんぎ》へと引き上げた。そのあからさまな身内びいきに、道長は反対の意を示してやりたかったのだ。道長は藤原行成《ゆきなり》と密談して語った。「娍子様の弟のような不覚の者の代わりが、うちの息子のような力不足の者ということでは、世の批判を受けるだろう?」(『権記』同年十二月十九日)。確かに顕信はまだ十八歳と若かった。天皇によって自分の子供たちを分断されたくないという思いもあったろう。

ところが、顕信はそれに傷ついたのだろう。一カ月後の長和元年正月十六日、突然出家してしまった。比叡山《ひえいざん》・無動寺《むどうじ》に籠ったという知らせに、頼通が山に駆けつけ、母の明子と顕信の乳母《めのと》は茫然《ぼうぜん》自失となった。道長も表面を取り繕《つくろ》ったものの心は乱れ、翌日、日記に本音を漏らした。

自ら本意《ほい》の事有《あ》りと雖《いへど》も未《いま》だ遂げず。思ひ歎《なげ》くに於《お》いては罪業《ざいごふ》たるべきに依《よ》り、思ふ所無し。然《しか》れども寝食例に非《あら》ず。

(私だって出家の本懐《ほんかい》はあるが遂げていないではないか。歎くのは仏法の罪にあたるから、何も思うことはない。とはいえ、眠れない。食べ物も喉《のど》を通らない)

(『御堂関白記』長和元年正月十七日)

四月には比叡山に赴いて息子と対面し、身の回りのものをととのえてやった。『栄花物語』によれば、道長は泣きながら言ったという。「何が辛《つら》かったんだ? 私を冷たいと思ったか? 出世に不満があったか？　女か？」「私の生きている限りは何一つ見捨てまいと思っているのに、お前は私のことも母のことも考えないで、こんなことを」（『栄花物語』巻十）。五月には顕信の受戒《じゅかい》に立ち会うため再び赴いた。この時、山に登る道中で道長一行は僧たちから投石された（『御堂関白記』同年五月二十三日）。乗馬のままであったことが非礼と咎《とが》められたのだが、道長にとっては「大きな恥辱」であり「希代の事」だった（『小右記』同月二十四日）。ショックが重なったためか、道長は発病し六月には辞表を提出した。もちろん三条天皇は受理しなかった（『小右記』同年六月五日）。

禎子内親王の誕生

こうしたなかで、妍子が懐妊した。もしもこの時生まれた子が男御子《おとこみこ》だったなら、道長の機嫌も多少は良くなっていただろう。しかし翌長和二（一〇一三）年七月七日早暁、妍子が産み落としたのは女御子だった。道長は集まった公卿や殿上人の前に姿を見せず、露骨に不満の色を表したという。実資は「女を産ましめ給ふに依りてか。天の為す所、人事何するものぞ（女子をお産みになったから機嫌が悪いのか。天の為す事に対して人が何をできよう）」（『小右記』同日）と日記に記して、感情的な道長を批判した。

一方、三条天皇は胸をなでおろしていただろう。彼は娍子との間の長男で既に二十歳になる敦明親王をこそ次の春宮にしたいと望んでいたからだ。寵愛する后の子に位を譲りたい思いは、かつて一条天皇が定子との間の長男・敦康《あつやす》親王の春宮就任にこだわったことの繰り返しだ。その時は道長の娘である彰子が敦成・敦良《あつなが》親王を産んでいたため、天皇の宿願は潰《つい》えた。その時と同じ轍《てつ》を踏むことを、三条天皇は未然に回避できたのだ。

三条天皇は妍子の娘を愛し、皇女《おうじょ》には異例の「御剣《みはかし》」を贈った。乳母には故関白道隆の落胤《らくいん》である中務大輔《なかつかさのたいふ》・周頼《ちかより》の妻をあてた。道隆の子・隆家が娍子の皇后宮大夫《だいぶ》になっていることといい、三条天皇の決める人事には中関白家の残党の影がちらつく。「敵の敵は味方」、天皇は道長が蹴落とした一派を自らの周りに取り込んだのである。また天皇は九月、道長の土御門殿《つちみかどどの》まで行幸《ぎょうこう》して皇女と対面した。既に髪が豊かで、天皇が「いかに？」と声をかけると大きな声で答え、にこにこ笑ったという。「何とかわいい。この子はもう、父である私の見分けがつくのだ」（『栄花物語』巻十一）。この子が禎子内親王《ていしないしんのう》――のちに彰子の第二皇子・後朱雀《ごすざく》天皇（一〇〇九～四五）に嫁《か》して尊仁《たかひと》親王（のちの後三条《ごさんじょう》天皇。一〇三四～七三）を産み、円融流と冷泉流の血を一つに合わせることになる皇女である。だが、この時の道長にも天皇にも、そうした未来が見えるはずもなかった。

ついに譲位を勧告

長和三（一〇一四）年二月九日の夜、内裏は無人の登華殿《とうかでん》から出火し全焼した。天皇は腰輿《たごし》で、中宮・妍子と春宮・敦成は網代車《あじろぐるま》に乗って脱出し、それぞれ大極殿《だいごくでん》とその南側の八省院《はっしょういん》の東廊《とうろう》にひとまず避難した。

実はこの日、実資は陰陽寮《おんようりょう》から気になる文書を受け取っていた。天文に関する調査報告書で、彗星《すいせい》が出現し変異の予兆が現れているという。たしかに火事、大地震、そして為政者・道長をめぐっては明らかに凶兆がある。だが実資は、それを記すなと指示した。彼にも憚《はばか》るところがあったのである。その当日に出火とは、彼は悔やんでも悔やみきれなかっただろう。

実資が内裏に駆けつけると、道長ほか数人が既に来ていた。天皇たちはさらに太政官《だいじょうかん》に移動したが、火は燃え続けた。当時の消火は水ではなく「撲滅《ぼくめつ》」、叩いて火を消すことで行われる。大規模な火災の場合には、類焼しないように建物を引き倒すこともある。内裏の東側の左衛門陣《さえもんのじん》（建春門《けんしゅんもん》）では、下人《げにん》たちが建物の下敷きになり死傷した。朝廷の上層部が案じたのはこの死傷により内裏が「ケガレ」の状態となり政務を止めなくてはならないということだが、現場はかなり混乱し、小舎人《こどねり》（蔵人所の召使）が宝物を盗むなどまさに「火事場泥棒」も現れた。

天皇の消耗は激しかった。三月一日には「近日、片目が見えず片耳が聞こえず、極めて具合が悪い。夜になるとさらに状態が悪くなる」という（『小右記』同日）。ここから二年間天皇を悩ませ続け、退位に追い込んだ挙句《あげく》、その翌年には死に至らしめる病魔の始まりだった。

この情報を得て、道長は早速三月二十五日、天皇に譲位を迫った（『小右記』同日）。臣下である彼が天皇を責め、その玉座から引きずりおろす――。道長の人生で初めての、後に引けない実力行使だった。

眼病の正体

三条天皇の眼病については、早くに国文学研究者の山岸徳平《やまぎしとくへい》氏が「青そこひ」「陰性内性緑内症」と推測し、医学博士の服部敏良《はっとりとしろう》氏も補って「炎症性緑内障」と診断している。これは中年以降、精神的ストレスなどにより発症する病で、心身の安らぎによって一時的に眼圧が下がり視力が回復することもあると言う。例えば彼には次のようなことがあった。

いかなる折にか、時々は御覧ずる時もありけり。「御簾《みす》の編緒《あみを》の見ゆる」なども仰せられて。一品《いつぽんの》宮《みや》の上《のぼ》らせ給ひけるに、弁《べん》の乳母《めのと》の御供にさぶらふが、さし櫛《ぐし》を左にさされたりければ、「あゆよ、など櫛はあしくさしたるぞ」とこそ仰せられけれ。

（どうした折にか、時々は目がお見えになることがありました。「御簾の編み糸が見える」などと仰《おお》せになって。一品宮・禎子内親王様が参上なさった時、御供についていた弁の乳母が櫛を左側に挿《さ》していたところ、「そなた、どうして櫛を変に挿しているのか」とおっしゃったとか）

（『大鏡』「三条院」）

しかし視力の回復は一時的なもので、『大鏡』は、彼が禎子内親王の美しい髪を手さぐりにして「お前のこんなに美しい髪を見ることができない辛さよ」と言いぽろぽろと涙を流したと記している。また、病は遠い過去に死んだ僧の祟《たた》りという説も、次のように記している。

桓算供奉《くわんざんぐぶ》の御物《もの》の怪《け》に現れて申しけるは、「御首《くび》に乗りゐて、左右の羽をうちおほひ申したるに、うちはぶき動かす折に、少し御覧ずるなり」とこそ言ひはべりけれ。

（桓算《かんざん》という内供奉僧《ないぐぶそう》が物の怪となって天皇に憑《つ》き、正体を現して申したことには、「己《おのれ》は御首に乗って左右の羽で天皇の目隠しをしているのだが、時々羽ばたきをした時に、少し御覧になれるのだ」と言ったのだった）

（『大鏡』同前）


桓算は醍醐《だいご》天皇（八八五～九三〇）の時代の叡山僧で、村上天皇の第一皇子・広平《ひろひら》親王の守護僧だったが、広平親王と第二皇子・憲平《のりひら》親王との立太子《りったいし》争いに駆り出されて負け、怨霊になったと伝説化された。この憲平こそが三条天皇の父・冷泉天皇なので、桓算は父帝への怨《うら》みを抱いて皇子の三条天皇にまで祟ったこととなり、霊ならではの道理が通っている。なお、広平親王の外祖父で敗北の怨みを抱き、死後は勝者たちに次々と祟って冷泉天皇の心の病を引き起こすなど平安時代最強の怨霊と怖《おそ》れられるに至ったのが、藤原元方《もとかた》である（『大鏡』「師尹」「師輔」）。とすれば、『小右記』の次の記録が見過ごせない。


賀静《がしょう》・元方等の霊、露《あら》はれて云《い》はく、「主上《しゅしやう》の御目の事は賀静の為す所なり。御前《おまへ》に居《ゐ》て、翼を開く時には御目を御覧ぜざるなり。但《ただ》し御運尽き給はず、仍《よ》りて御躰には着かず、ただ御所の辺りに候《さぶら》ふ」。

（賀静《がしょう》・元方などの霊が出現して言った。「天皇の御目の病は賀静の仕業《しわざ》だ。天皇の御前に居《い》て、賀静が翼を開いて視野を塞《ふさ》ぐと御覧になれなくなるのだ。但し天皇の御運は尽きてはいらっしゃらない。だから賀静は御躰に密着せず、ただ辺りにいるのだ」)

(『小右記』長和四〈一〇一五〉年五月七日)

ここには元方の名が見える。「賀静」は康保《こうほう》四(九六七)年に八十一歳で入滅《にゅうめつ》したとされ、桓算とは別の僧である。だが翼の開閉と視力の関係などが『大鏡』の話によく通い、あるいは両者の名が混同されていたのかもしれない。いずれにせよ、三条天皇の病は彼の血と歴史に積もる怨みの現れと見なされたのである。

すり寄る天皇

長和四(一〇一五)年八月、道長は重ねて譲位を勧告し、十月には権大納言の藤原公任《きんとう》、権中納言の源俊賢《としかた》も追随した。二人とも道長と同世代で一条天皇時代から共にやってきた公卿の実力者だ。天皇は「神明《しんめい》に訴え申す。彼らの身は子孫に及ぶまで良からぬぞ。われは十善の故に帝位に就いたのだ、それを臣下がわが位を危うくするとは何たること。一時も憂《うれ》いが休まらぬ」と憤った。だが三条天皇〝包囲網〟はどんどん狭まり、彼の進退は窮《きわ》まりつつあった(『小右記』同年八月四日・十月二日)。

一方で天皇にとって嬉しい材料は、長和三年二月に焼けた内裏が一年半の復興期間を経て九月に完成したことだった。天皇は多少元気を取り戻したか、道長との関係の修復を図ってすり寄り始める。巻き込んだのは、前回の顕信と同様にまたも道長の息子、今回は長男の頼通だった。この年二十四歳にして権大納言の彼に、娍子と天皇の間の次女・禔子《しし》内親王を降嫁《こうか》させたいと持ち掛けたのである。ただ、頼通には故中務宮具平《ともひら》親王の娘・隆姫《たかひめ》という妻がいるが、どうだろうか。天皇に聞かれた道長は「帝の仰せ事が下されたという事態に至った以上、あれこれ申す事はできません」と答えた（『小右記』同年十月十五日）。綸言《りんげん》汗の如《ごと》し。取り消すことはできない。たとえ道長でも、ここまで大きな申し出を聞いてしまった以上、さすがに無下《むげ》に断れなかった。だが結果的には、この縁談は多くの面倒を引き起こした挙句、破談となる。それを考えれば、自分の言葉の重さを考えもせず持ち掛けた天皇は、やはり軽率だったと考えざるを得ない。

ここからは『栄花物語』に随《したが》おう。道長から結婚を命ぜられた頼通は「どのようにでも」と受け入れたものの、隆姫を思って目に涙を浮かべた。道長はその気色《けしき》を見て言ったという。

「男《をのこ》は妻《め》は一人のみやは持たる、痴《しれ》の様《さま》や。いままで子もなかめれば、とてもかうてもただ子をまうけんとこそ思はめ。このわたりはさやうにはおはしましなん」

（「男が妻を一人しか持たないなど、馬鹿な事よ。お前には今まで子も無いようだから、何でもいいからただ子を作ろうと思え。今回の姫は産んでくれるだろう」）

（『栄花物語』巻十二）

子がないと言われれば致し方ない。頼通はかしこまって席を立った。

ところがしばらくして、頼通は体の不調を訴え始める。風邪かと湯あみをしたり、漢方薬の朴《ほお》を飲んだり、もちろん読経《どきょう》に祈禱《きとう》、祓《はらえ》と手を尽くすが、一向に回復しない。道長も倫子も憔悴し、大規模な五壇《ごだん》の御修法《みずほう》まで行ったが効き目がない。

こうして七日が過ぎた頃、ついに恐ろしげな声をした物の怪が出現し、霊媒に乗り移った。聞けば貴《き》船明神《ふねみょうじん》が、隆姫を思う乳母の祈りに感応して頼通を苦しめていたのだった。頼通は意識を喪い死んだようになっている。倫子は我が子を掻《か》き抱いて涙を流し、道長は経を唱えた。すると、頼通が身動きをして笑った。いや、頼通ではない、物の怪だ。物の怪が道長の経に呼応して顕現《けんげん》し、嘲《あざわら》笑ったのである。道長が涙を流しながら読経し続けると、物の怪はその場の女房に乗り移り、女房は怪しくも高貴な雰囲気を漂わせて泣き始めた。倫子は意識の無い頼通を幼子のようにひしと抱いて身構えた。

するとその女房は向き直り、道長を呼んだ。彼が近づくと彼女は男の気配で話した。自分は死後の世界から、軽々しいと知りながらも我が子可愛さにより現れてしまったのだ。いつも頼通夫妻を見守ってきた。だがこの度の沙汰《さた》は何ということか――。言葉の主は隆姫の父・具平親王だった。道長はひれ伏した。「息子の過ちではございません。わたしの罪でもありません。ただ流れでこうなってしまったので」。霊は言った。「なんと。そんなことでお前は我が子が可愛いのか？　可愛いのか？」――我が子の命が惜しいなら縁談を破談にせよということなのだ。道長は怨霊の言い分を認め、おっしゃる通りだ、見ていてくださいと、何度も繰り返した。「大臣《おとど》は嘘は申すまいな。嘘ならば、また怨んでやるばかりぞ」。霊は消え、頼通の病は跡形《あとかた》なく回復したという（以上『栄花物語』同前）。

史実として、頼通は長和四年十二月八日に発病、頭痛と発熱に苦しみ、物の怪も出来《しゅったい》した。一時は危篤状態に陥ったが、十四日には平癒。その後、禔子内親王との縁談は立ち消えとなっているので、何かの力が働いたことは間違いない。

実は、縁談と物の怪騒動の間に重要な出来事が起こっていた。十一月十七日の夜、三条天皇待望の新造内裏が、完成してまだ二カ月というのに全焼したのである。今回、娍子は内裏にはいなかった。娍子は長男の敦明親王に抱きかかえられて脱出した。天皇は冠《かんむり》もかぶらない恥ずかしい姿で避難し、肩を落とした。

ここまで凶事が続けば、やはり退位はやむを得ない。道長は火事の翌日にも天皇に譲位を迫った。頼通の発病と物の怪騒ぎは、その後のことだった。頼通の病の間、天皇は度々その病状を尋ねていたが、そこで邪気《じゃき》の件も聞いたのだろう。禔子内親王と頼通の縁談は破談となり、天皇にとっては最後の頼みの綱も切れたことになる。頼通が健康を回復した翌日の十二月十五日、悪あがきを断念した天皇は、来《きた》る正月に譲位すると道長に伝えた（『小右記』同月十六日）。

この頃、天皇は避難先の仮内裏で妍子に和歌を詠んだという。

心にも　あらで憂《う》き世に　長《なが》らへば　恋しかるべき　夜半《よは》の月かな

（今はもう生きていきたくもない。だがもしその思いとは裏腹に生きながらえたならば、いつかは恋しく思うこともあるのだろうな。美しい冬の夜半の月だ）

（『栄花物語』巻十二）

刀折れ矢尽き、どこか解脱《げだつ》の境地すら漂わせる和歌である。対立と火災と病に明け暮れた狂騒の御代はこうして終わった。その果てに三条天皇の見た月は、荒涼としつつも冴えわたっていたのだろう。

そして三年後の寛仁《かんにん》二（一〇一八）年冬十月、道長はこれと全く違う月を愛《め》でることになる。「我が世」の月。その光が、もうすぐそこで彼を待ち受けていた。

第十二章　「我が世の望月」

虎の子の相《そう》

道長《みちなが》は若かりし日、「まさに毘沙門天《びしゃもんてん》さながら」の顔かたちと評されたことがあったという。『大鏡《おおかがみ》』に記す逸話で、道長が中宮大夫《ちゅうぐうのだいぶ》の時、観相に長《た》けた叡山《えいざん》僧に言われたと伝える。僧は当時最も華やかだった長兄・道隆《みちたか》を「天下とる相」、次兄・道兼《みちかね》を「大臣の相」、そして道隆の子・伊周《これちか》を一瞬だけ鳴り響く「雷《いかづち》の相」だと言い、道長の相こそ無類だと何度も繰り返した。

「第一相には、虎《とら》の子《こ》の深き山の峰《みね》を渡るがごとくなるを申したるに、いささかも違《たが》はせ給はねばかく申し侍《はべ》るなり。この譬《たと》ひは、虎の子のけはしき山の峰を渡るがごとしと申すなり。御かたち・容体《ようてい》は、ただ毘沙門《びしゃもん》の生本《いきほん》見たてまつらむやうにおはします。御相かくのごとしと言へば、誰《たれ》よりもすぐれ給へり」

（「観相の世界では、最高の相を『虎子如渡深山峰』と申しますが、道長様はそれにいささかも違いございませんので、こう繰り返し申すのでございます。これはものの たとえで『虎の子が険しい山の峰を行くようだ』ということです。ご容貌《ようぼう》とお姿は、まさに生きた毘沙門天を拝見するようでいらっしゃる。これほどのご器量ですから、ご運は誰よりも優れていらっしゃいます」）

（『大鏡』「道長」）

それから二十数年。虎の子・道長は、一歩踏み外せば千尋《せんじん》の谷に転がり落ちるような深山の尾根を歩き続けてきた。だが、ふと気が付けば、彼は誰よりも高い所にいた。長和《ちょうわ》四（一〇一五）年十月二十七日、眼病の三条《さんじょう》天皇（九七六〜一〇一七）から「准摂政《じゅんせっしょう》」に就任せよとの宣旨《せんじ》（勅命）を受けたのである（『御堂関白記《みどうかんぱくき》』同日）。名ばかりは「准」と冠されてはいるものの、実質は摂政と変わりない。三摂政となり全権を握れるのは血を分けた外孫《がいそん》が天皇になった時と思っていたが、そうではなかった。三条天皇はとうとう政務を断念し、道長に渡したのである。確執の末の勝利とはいえ、最後はあっけなかった。

この時点で、道長は目標を据え直したと思われる。自分自身の天下取りはもう叶った。だがもう若虎ではなく、齢《よわい》五十という、当時では老齢の域にある。ならばこの先、さらに欲を抱いてもう一つ先の峰に登るとすれば、それは何か。一代でここまでのし上げた家を、守ること。家の格を温存しつつ長子・頼通《よりみち》に継承させることである。

もとより頼通は、彰子《しょうし》と並んで道長には目に入れても痛くないほど可愛い我が子だった。十一年前の寛弘《かんこう》元（一〇〇四）年、春日祭《かすがのまつり》の勅使という大役を務めた時にはまだ十三歳で、頬《ほお》のふっくらした少年だった。当日は京で七、八寸もの大雪が降り、春日大社《かすがたいしゃ》で務めを果たす息子を思って、道長は和歌を詠んだ。

若菜摘《わかなつ》む　春日の原に　雪降れば　心遣《こころづか》ひを　今日《けふ》さへぞやる

（息子が若菜を摘む春日山の原に雪が降っていると思うと、「使い」である息子が今日もまた心配で仕方がないことよ）

（『御堂関白記』寛弘元年二月六日）

その時道長は、勅使の支度はもちろん出立《しゅったつ》と帰京の宴《うたげ》にも意を注ぎ、大勢の上流貴族たちを呼んで華々しく執り行った。息子の初仕事だからと気合を入れたのだ。

今回、道長の准摂政としての初仕事は除目《じもく》（人事異動）だった。道長は頼通を左近衛大将《さこのえのだいしょう》に任じた（『御堂関白記』・『小右記《しょうゆうき》』長和四年十月二十八日）。過去には藤原《ふじわら》一門の歴史を担ってきた歴々――初代人臣《じんしん》摂政・藤原良房《よしふさ》や、菅原道真《すがわらのみちざね》の向こうを張った藤原時平《ときひら》、今の道長に続く直系の父祖・忠平《ただひら》なども就いていた要職である。頼通は時に二十四歳。もちろん、平安朝始まって以来最年少の左大将だった。

孫の即位

翌長和五（一〇一六）年正月二十九日、三条天皇は譲位して院（上皇《じょうこう》）となり、道長の九歳の孫・敦成親王《あつひらしんのう》が新帝・後一条《ごいちじょう》天皇（一〇〇八〜三六）となった。あいにくと内裏《だいり》が前年十一月に焼失したため、前帝譲位の儀式は枇杷殿《びわどの》、新帝の受禅《じゅぜん》の式は三町ほど（約３６０ｍ）離れた土御門殿《つちみかどどの》で行われた。どちらも道長の自宅である。三種の神器の宝剣と璽《しるし》が厳《おごそ》かに運ばれ、土御門殿の仮の内侍所《ないしどころ》である文庫《ふみぐら》に安置された。寛弘五（一〇〇八）年、敦成がこの邸宅で生まれた時には、数カ月間、安産祈願の修法《ずほう》に当たった僧の宿直所《とのいどころ》となっていた建物だ。敦成はこの土御門殿で産声を上げ、九歳の今、天皇になった。そして道長は摂政に任じられた。道長は庭前《にわさき》で孫に就任挨拶の拝舞《はいぶ》を行った。新帝は受禅を終えると帝服に着替え、母である皇太后《こうたいごう》・彰子に拝舞した。今や彼女は、道長が拝舞した天皇から拝舞される存在なのだった。

続いて、二月七日には正式な即位式が行われた。彰子は幼い息子と一つ輿《こし》に乗って大極殿《だいごくでん》に臨み、儀式では息子と共に高御座《たかみくら》に昇った。高御座は即位式で最も大切な装置で、中に神器の宝剣と璽が置かれ、籠《こも》った天皇に神祇《じんぎ》の聖なる力を授けるという演出を担う。彰子はその壇上に昇ったのである。もちろん天皇がまだ幼いからであり、さすがに几帳《きちょう》を立ててけじめをつけてはいた。しかし、即位式で母の皇太后が高御座に昇るのは歴史上初めてだった。道長は高御座の北側に設けられた幔幕《まんまく》内の摂政の座からそれを見守った（『小右記』同日）。

また、冬の大嘗会《だいじょうえ》ではすべてが華やかに改められた（『栄花物語《えいがものがたり》』巻十二）。一年の収穫を祝う新嘗祭《しんじょうさい》は毎年のことだが、そのうち代替わり後初めて行われる大嘗会は、一代一度の祭りである。十月二十三日、御禊《ごけい》の行幸《ぎょうこう》では沿道に物見車《ものみぐるま》が並び、桟敷《さじき》席も設けられて見物人が詰めかけた。彰子は天皇と同じ鳳輦《ほうれん》に担がれ、誰よりも高い位置から人々を睥睨《へいげい》した。天皇が幼少で女御《にょうご》がいないので代理に「女御代《にょうごだい》」が立てられ、華やかなその役回りを務めたのは、道長の明子《めいし》腹長女で十八歳の寛子《かんし》だった。その牛車《ぎっしゃ》の御簾《みす》からは飾り装束がこぼれ出、数え切れぬほどの色が重なり輝いた。文武百官が付き従うなか、ひときわ目を引いたのは潑溂《はつらつ》とした左大将・頼通だった。さらに左衛門督《さえもんのかみ》は頼通の弟で二十一歳の教通《のりみち》、右衛門督《うえもんのかみ》は明子腹で二十四歳の頼宗《よりむね》。どちらもまさに「時の花」を思わせるみずみずしさである。彰子、天皇、そして女御代に仕える女房《にょうぼう》たちの車が四十〜五十台も続く。この行列は、道長一家の行列と言っても過言ではなかった。そしてそのしんがりを務めたのが、摂政左大臣《さだいじん》の道長だった。他の官人たちが皆乗馬であったなか、数十人の供を従えてただ一人最高級の牛車で進む彼の威容は、言語に絶するものだったという。

その後、名も知れぬ里人の詠んだ一首の和歌が、人々の口から口へと広まった。

めづらしき　豊明《とよのあかり》の　光には　荒れたる宿《やど》の　うちさへぞ照る

（稀《まれ》に見る大嘗会の宴の余光《よこう》を浴びて、荒れ果てた下々の家の中までもが照り輝いていることよ）

（『栄花物語』巻十二）

天皇家・摂関家《せっかん》がまぶしく輝き、庶民までもがそのおこぼれに与《あずか》って慶《よろこ》んでいるというのだ。道長もきっとこの和歌を耳にして、満面の笑みを浮かべたに違いない。

この長和五年は、七月には土御門殿が火災に遭い全焼するという災難もあった。だがそれはむしろ、この邸宅が岳父《がくふ》・源雅信《みなもとのまさのぶ》の邸《やしき》から道長の邸へと完全に生まれ変わる契機でもあった。年来の宝物も豪奢な庭の樹々《きぎ》も残らず燃え落ちた後は、翌月からすぐに、再興に向けた手斧《ておの》の音が響き始めた。造営は国々の守《かみ》たちに柱間一つずつを担当させるという方式で行われたが、命ぜられた受領《ずりょう》はむしろ道長にとりいる好機と見て喜んだという。復興の方法も人々の受け止めも、まさに皇居並みだった（『栄花物語』巻十二・『小右記』寛仁《かんにん》二〈一〇一八〉年六月二十日）。

地滑り的勝利

続く寛仁元（一〇一七）年の出来事は、道長の地滑り的な大勝利と言ってよかった。五月、在位時には最後の宿敵として道長を阻もうとした三条院が、ついに崩御《ほうぎょ》した。すると八月、院の長男で後一条天皇の即位と共に春宮《とうぐう》位に就いていた敦明《あつあきら》親王が、位の返上を申し出てきたのである。空席となった春宮位には、彰子の次男・敦良《あつなが》親王が就いた。道長は外孫に天皇と春宮を擁する祖父となった。かつて父・兼家《かねいえ》も外孫に一条《いちじょう》天皇（九八〇～一〇一一）と居貞《いやさだ》親王（のちの三条天皇）を擁したが、その父と道長は肩を並べたのである。もうこれは〈幸ひ《さいは》〉ではなく、彼自身の持つ権力によるものだった。

順を追って語ろう。三条院の死は、それは哀れなものだった。もとより病に苦しんでいた院だったが、『栄花物語』によれば、死の引き金を引いたのは愛娘・当子内親王《とうしないしんのう》をめぐる醜聞《スキャンダル》だったという。相手は藤原道雅《みちまさ》。中関白家《なかのかんぱくけ》の嫡男《ちゃくなん》で寛弘七（一〇一〇）年に亡くなった伊周の長男である。当子は父の在位時には伊勢斎宮《いせのさいぐう》を務めていたが、父の退位に合わせて長和五（一〇一六）年九月五日、上京した（『御堂関白記』同日）。するとこの十七歳の宮に二十五歳の道雅が言い寄り始めたのだ。噂を聞いた院は激怒した。

院には、いとどしき御心地《ここち》に、これを聞こしめししより、いとどまさらせ給ふやうに思《おぼ》されて、宮たちを隙《ひま》なう御使《つかひ》にて、皇后宮と内《うち》とのほどの御消息《せうそく》いみじうしきりなり。斎宮我《われ》にもあらずいみじう思さる。

（『栄花物語』巻十二）

（三条院はかねてのご容体の上にこのことをお聞きになり、ひどく症状が悪化するのを感じられた。そこで皇子《おうじ》たちに、姫のいる皇后宮《こうごう》・娍子《せいし》様宅とご養生中の御所の間を何度も往復させ、事情をお確かめになった。姫は茫然《ぼうぜん》として悩むばかりである）

内親王は斎宮だったとは言えもう辞しており、恋をするには何の禁忌《きんき》もない。にもかかわらずここまで院が反対した理由は、ひとえに相手の道雅にあった。父・伊周が長徳《ちょうとく》の政変を引き起こして流人《るにん》となっていた間に五～六歳だった彼は、狭い貴族社会で、常に後ろ指をさされながら成長した。父亡き後、一条天皇の遺言もあって彰子は彼に目を掛けてくれ、三条天皇の時代には春宮・敦成親王の権亮《ごんのすけ》にまで取り立ててくれた。だが、彼は勤務態度が悪く、始終《しじゅう》暴言を吐き、暴力沙汰を繰り返した。長和五年の代替わりに際しては新帝・後一条天皇の蔵人頭《くろうどのとう》という重要な職に任ぜられたが、十日も経たぬうちに従三位《じゅさんみ》に叙《じょ》せられたのは評価されたからではなく、大きな失敗をしでかす前に名目だけ位を与える形で職から引きはがされたものである。それが証拠に、彼はその後六十三歳で死ぬまで一度も昇進しなかった。貴族社会から孤立してやさぐれた若者、それが道雅だった。

　密会すら叶わなくなって、道雅は恋を捨てざるを得なかった。彼は当子に歌を詠み、彼女の御殿の欄《らん》干《かん》に結び付けたという。

今はただ　思《おも》ひたえなん　とばかりを　人づてならで　言ふよしもがな

（今となっては、ただ「諦めた」とそれだけを、言伝《ことづて》でなく君に直接会って伝えたい。せめてその術《すべ》だけでもあればいいのに）

（『後拾遺和歌集《ごしゅういわかしゅう》』恋三　七五〇番／左京大夫《さきょうのだいぶ》道雅）

後年、小倉百人一首にも選ばれたこの和歌は、彼の絶唱である。

寛仁元（一〇一七）年五月九日、院は衰弱しきって崩御（『日本紀略《にほんきりゃく》』同日）。遺《のこ》された当子も病にかかって出家した（『小右記』同年十一月三十日）。当子自身の道雅への思いについては、先の彼の和歌への返歌も伝わっておらず、全く知ることができない。だが、少なくとも自分の醜聞が父の病を悪化させ崩御を早めたことには、計り知れないほど強い罪悪感を覚えたに違いない。わずか十八歳での出家はそこにも理由があったのではないか。五年後の治安《じあん》二（一〇二二）年九月十二日、彼女は亡くなった。享年二十三であった（『小記目録《しょうきもくろく》』二十・『大鏡裏書《うらがき》』）。

敦明親王の春宮退位

この寛仁元年の三月十六日、五十二歳の道長は摂政を頼通に譲った。頼通はわずか二十六歳。平安朝の摂政史上最年少だが、もちろん道長という後ろ盾あっての青年摂政である。ちなみに一年半前に就いた左大将の職は、二十二歳の弟・教通が引き継いだ。兄が作った左大将任官の最年少記録は、さらに更新された形である。

盤石の道長家体制のなか三条院が崩御すると、わずか三カ月後に事態は大きく動いた。『御堂関白記』によれば、八月四日、道長の四男で明子腹の能信《よしのぶ》は、春宮蔵人《とうぐうのくろうど》である源行任《ゆきとう》の訪問を受けた。行任は告げた。「実は宮様が、どうしても春宮を辞めたいと仰《おお》せなのです」。能信は二十三歳と若いが機転が利き、即座に道長の指示を仰いだ。「子細を確認したいところですが、誰を遣《つか》わせば？もしくは、私自身が参りましょうか」。道長は能信自身にその役を命じた。親王は春宮退位を心に決めてはいるが、問題はその後の身の処し方だ。できるだけ自分に有利になるよう持っていきたい。能信は道長の息子ながら、長和二（一〇一三）年には十九歳で当時の三条天皇の蔵人頭を務めたことがあった。加えて、住まいが春宮御所からほど近い。道長側にほとんどつてのない敦明親王にとって、頼りの糸を見いだせる相手なのである。道長にはそのプライドもすがる思いも手に取るように分かった。最初に親王の話を聞くのは、能信以外にない。

能信は親王のもとに走った。親王は能信に退位の意志をはっきり告げ、言った。「道長に参れと伝えよ」。退位後の処遇について、道長との直接交渉を要求したのである。かくして二日後の八月六日、道長は長男の摂政・頼通、五男の権中納言《ごんちゅうなごん》・教通、次男の権中納言・頼宗、そして四男の非参議《さんぎ》従二位・能信を引き連れ、春宮御所での会見に臨んだ。道長はもはや摂政を辞め、朝廷では何の官職も持っていない。だが、こうした大事となれば、やはり前に立つのは道長なのだった。伴った公卿《くぎょう》四人がすべて息子ということも、道長家の圧倒的な力を見せつける。天皇後継というまさに国家の大事すら、今や道長と彼の率いる一家によって決まるということである。

話は文字通りとんとん拍子に進み、親王の退位は決定した。一方、親王への今後の経済的措置については、退位後もこれまで通り保証する。さらに道長は言った。「他に何かご希望があれば、仰せに随《したが》いましょう」。彼にとっては、朝廷にどれだけの出費をさせても惜しくなどなかった。「受領の任官権はいかがですか？」。受領は実入りが良く、なりたがる者が多い。その任官権があれば親王の大きな収入源になる。経済面では春宮時代を上回るかなりの優遇措置である。これを引き出すために道長を呼び出したのだ。親王の気色《けしき》は「甚《はなは》だ能《よ》し」であったという。

さて、退位と伝え聞いた藤原実資《さねすけ》は驚愕し、日記に記した。「奇也、怪也、希有《けう》希有（奇だ、怪だ、稀有《けう》でも訳が分からぬ。あり得ない、あり得ない）」（『小右記』同日）。だが、道長にとっては奇怪でも稀有でもなかった。彼は三条天皇の在位中から「敦明親王は春宮にふさわしくない。一条院の三の宮・敦良親王なら任に堪《た》える」とはっきり言ってきた（『小右記』長和四〈一〇一五〉年十月二日）。実際、敦明親王は素行が悪く、受領を拉致して叩きのめすなど暴力沙汰が絶えなかった（同、長和三年六月十六日）。だから立太子《りったいし》が内定した時にも、道長は不快の意を示した（同、長和四年十二月二十四日）。それもあってだろう、実際の立太子に際しては敦明親王自身が尻込みし、同じ娍子を母とする弟に任せたいと言い出して周囲を戸惑わせるなど、世間から危ぶまれながらようやく立太子した経緯があった（同、長和五年正月二十四日）。道長は確実に親王を追い詰めてきたのだ。

『栄花物語』（巻十三）は、親王は「昔の御忍び歩《あり》きのみ恋しく思されて」、窮屈な春宮という立場に嫌気がさしたと記している。一方『大鏡』は、院の崩御後、親王の御所にはめっきり人の影も絶え、下仕《しもづか》えさえ辞めて雑草が生え放題となっていたが、その陰には道長の暗黙の圧迫があったと言う。

まれまれ参り寄る人々は、世に聞こゆることとて、「三の宮のかくておはしますを、心ぐるしく殿《との》も大宮《おほみや》も思ひ申させ給ふに、『もし内《うち》に男宮《をとこみや》も出《い》でおはしましなば、いかがあらむ。さあらぬ先に東宮《とうぐう》に立て奉《たてまつ》らばや』となむ仰《おほ》せらるなる。されば、おしてとられさせ給ふべかんなり」などのみ申すを、まことにしもあらざらめど、げにことのさまも、よもとおぼゆまじければにや、聞かせ給ふ御心地《ここち》は、いとどうきたるやうに思《おぼ》し召されて、「ひたぶるにとられむよりは、我《われ》とや退《の》きなまし」と思し召すに（後略）。

（稀に立ち寄る人々は、世間の噂として「今上《きんじょう》後一条天皇の弟君・三の宮敦良親王がこうしてただの親王でいらっしゃるのは気の毒だと、道長殿や皇太后・彰子様はお思いとか。『もし今上天皇に皇子でもお生まれになったら、敦良親王の出番はなくなってしまう。その前に春宮に立ててさしあげたいもの』と仰せらしいですよ。となると、敦明様は今の春宮位を奪い取られることになりそうです」などとばかり申す。まさかまことでもあるまいが、世の情勢から見てあり得ないことでもない。春宮はおろおろしてしまい「むりやり奪い取られるよりは、自分で退位しよう」という気持ちに傾かれた）（『大鏡』「師尹《もろまさ》」）

春宮の母の娍子は、これを物《もの》の怪《け》による乱心と見て止めたという。しかし彼の意志は固かった。道長との会見の折には、母の邪魔が入らぬよう春宮自らが指示して、会見場への通路を厳重に閉じた。こうして敦明親王は春宮位を降り、通常は天皇退位者に与えられる院号を得て「小一条院《こいちじょういん》」となった。

なお、この会見で次のやりとりがあったことを、道長は自ら日記に書きとどめている。

「皇后宮・左大臣はいかが申さるる」てへり。命《めい》じ給ふ様《やう》、「宮は不快。左大臣は『心に任せよ』てへり。日ごろの間、思ひ定めて聞こゆる所なり。早く此《こ》の春宮号を停《と》めて然《しか》るべく相定めて宣《の》るべし」てへり。

（私が「母后《ははぎさき》の娍子様と左大臣・藤原顕光《あきみつ》公は、何と申されていますか」と言うと、春宮はおっしやった。「母は不賛成。左大臣は『御心のままに』ということだ。ともかく私が何日もかけて決心したことなのだ。早くこの春宮の称号を停めて、しかるべき措置を定めて勅命を発せよ」
（『御堂関白記』寛仁元年八月六日）

【系図】顕光・延子と道長

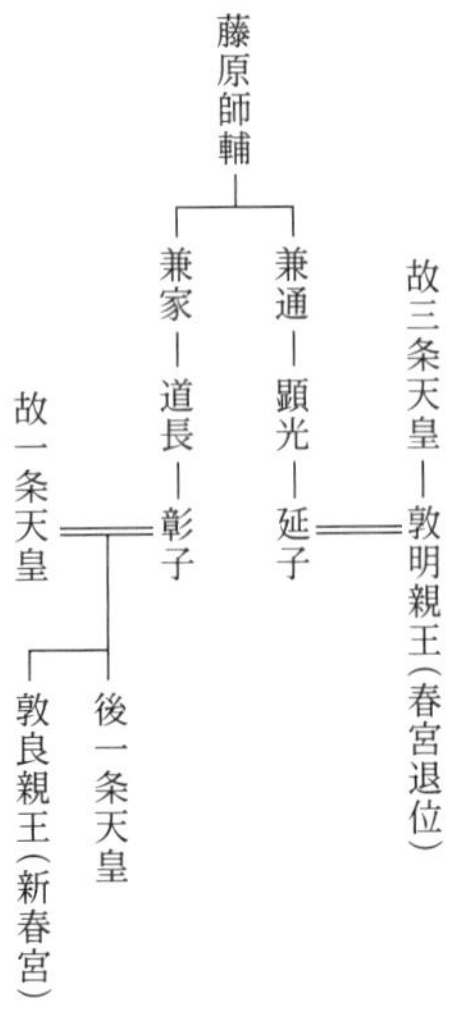

娍子のことはさておき、道長が左大臣・顕光の意向を気に掛けたのは、顕光が娘の延子《えんし》を春宮に入れており、親王には岳父にあたるからである。この顕光、道長にとっては父・兼家の兄の子で年の離れた従兄《いとこ》にあたり【系図】、この時七十四歳の高齢である。だが政務にめっぽう疎《うと》く、『紫式部日記《むらさきしきぶにっき》』でも儀式の宴で几帳を引きちぎるやら食事の盆を壊すやらの醜態が笑いものにされている（寛弘五〈一〇〇八〉年十一月一日・同七年正月十五日）。前年の三条天皇の譲位・後一条天皇の践祚《せんそ》にかかる儀式でも失態をしでかして、公卿たちから「至愚《しぐ》のまた至愚」と罵倒された（『小右記』長和五年正月二十七日）。
　その彼は、春宮がやがて天皇となれば、後見人として大きな権力を手中にするはずだった。やがて娘が皇子を産めばと、次代の外戚《がいせき》の座も夢見ていたはずだ。それはすべて失われ、道長に回収される。
　押し寄せる圧倒的勝利感のなかで、道長は何かを予感していたのだろうか。というのも、この顕光と娘の延子こそが、この一件で激しく道長を怨《うら》み、やがて死しては道長の娘たちに次々祟《たた》っては取り殺す、道長の人生最後にして最強の怨霊となるからである。おそらくこの瞬間、道長の胸を〈心の鬼〉――罪悪感が小さくよぎった。それが核となって、やがて彼を恐怖に陥れていくことになるのである。ただ、それは先の話である。

〈ブラックホール化〉する後宮サロン

寛仁二（一〇一八）年正月、後一条天皇は十一歳で元服《げんぷく》し、道長の正妻・倫子《りんし》腹三女でしばらく尚侍《ないしのかみ》を務めていた威子《いし》が、三月に華々しく入内《じゅだい》して翌月には女御となった。すると、その女房の一人として倫子が目を付けたのが、道長の亡くなった次兄・道兼の娘だった。

この頃、道長の娘たちの後宮《こうきゅう》サロンは、上流貴族の娘たちを女房として吸い上げる〈ブラックホール〉の様相を呈し始めていた。早くは寛弘年間（一〇〇四～一二）、故一条太政大臣《だいじょうだいじん》・藤原為光《ためみつ》の四女でかつて花山院《かざんいん》（九六八～一〇〇八）の寵愛《ちょうあい》を受けた姫君が道長の姫たちの遊び相手として出仕させられ、また故藤原伊周の娘が彰子に仕えた（『栄花物語』巻八）。長和年間（一〇一二～一七）には、為光四女のすぐ下の妹や中関白道隆の娘が妍子《けんし》に仕える女房となった。大蔵卿《おおくらきょう》・藤原正光《まさみつ》の娘は、父が健在なのに出仕した（同、巻十一）。『栄花物語』はこう記す。

すべてこのごろのことには「さべき人の妻子《めこ》みな宮仕《みやづか》へに出ではてぬ。籠りゐたるは、おぼろげの疵《きず》、片端《かたは》づきたらん」とぞ言ふめる。さてもあさましき世なりや。
（およそ近頃は「しかるべき上流貴族の妻子は、皆が道長家の姫君の女房となり尽くした。家に籠っているのは、明らかな欠点があるか体の悪い者だろう」という噂だ。何とも驚く時代になったものよ）

（『栄花物語』巻十二）

公卿にとって一家の娘は、状況さえ合えば入内の夢を懸けて当然の〈宝〉だった。それが召使《めしつかい》である女房になり果てるなど、屈辱以外の何物でもない。だが道長から娘を出仕させよと請《こ》われれば、父も一家の者たちも断ることができなかった。「世、以《もっ》て嗟《さ》と為《な》す（世間はこれを嘆いている）」とは、実資が『小右記』（長和二〈一〇一三〉年七月十二日）に記した言葉である。

そんななかで、故道兼の娘も、威子の女房にと声を掛けられた。父が長徳元（九九五）年に亡くなった時、母の胎内にいた姫で、この寛仁二年には二十四歳。上流貴族に縁づかせようと夢見てきた母は号泣した。「良い話と思って言うのではないの。でも道長様の奥様があんまり強引におっしゃるから」。兄の兼隆《かねたか》も泣いたが、「断ってはこの兄の立場が悪くなる。道長ご一家の世は永く続きそうだし」と露骨に自分の保身を先に立てた。ところでこの母は道兼の死後に再婚しており、その相手が、先に触れた至愚の大臣・顕光だった。しかし相談されても彼は「何も麿《まろ》に言うな。今は何事も考えられぬ」とにべもない。敦明親王の春宮退位の巻き添えを食った実娘・延子のことで頭がいっぱいなのだ。果ては道兼が夢枕に立つやら物の怪となって現れるやら、姫は出家まで考えるやらの愁嘆場《しゅうたんば》となったが、結局道長家に逆らうことはできなかった。姫は「二条殿の御方《にじょうどのおんかた》」という名で威子に仕える女房となった。威子側は彼女を特別待遇とし、道長の息子たちすら容易に近づかせなかったという（『栄花物語』巻十四）。

だが、妙ではないか。人に会わせぬなど、これではまるで深窓《しんそう》の令嬢である。応接したり儀式に参加したりと、人前に出て立ち働いてこそ〈女房〉ではないのか。――違うのである。この姫を始めとして、道長家が吸収した貴顕《きけん》の女君たちはいわゆる〈女房〉ではなく、彰子、妍子、威子たちの〈装飾〉だった。彼女たちは、その出自一つで道長家をさらに輝かせた。そして道長家は彼女たちを雇用することで、自分たち一家が他とは別格の存在であることを上流貴族社会に見せつけたのだ。加えて、姫にはそれぞれの女房がおり、女房はそれぞれのネットワークを持っている。姫たちを握ることで、道長一家は貴族社会の入り組んだネットワークをも把握し、利用することができた。文化と情報と人脈の、道長家への〈一極集中〉である。そしてその〈施策〉を練り実行したのは、道長というよりも道長家の女たち――妻の倫子と長女の彰子だった。彼女たちは姫君に狙いをつけると、その母などに消息《しょうそく》（手紙）を「せちに（熱心に）」「たびたび（何度も）」送りつけて出仕を要請し、断られても決して折れることなく、結局は意志を通した。こうして道長の妻と今上天皇の母が上流貴族の姫君を吸い上げることは、上流貴族を脅かし、娘を入内させて道長家に対抗しようという野心を阻喪《そそう》させた。結果的に、後一条天皇の后妃は彼が崩御するまでたった一人、威子だけだった。

彰子からの申し出

　実は、道長にとって彰子はだんだん煙たい存在になりつつあった。今や彼女は、今上・後一条天皇と春宮・敦良親王を擁する「天下第一の母」(『大鏡』「道長」)である。道長の開く宴会が貴族らを疲弊させていた時は「父上のいない所では、皆嫌がって後ろ指をさしていますよ。ましてご薨去《こうきょ》後はどう言われるか」とビシッと窘《たしな》め、道長が「心神宜《よろ》しからず(気分が悪い)」とふてくされたこともあった(『小右記』長和二〈一〇一三〉年二月二十五日)。道長が見るより遠い将来と広い世間を、娘は見つめ始めていた。

　ところが、寛仁二(一〇一八)年秋のことである。早朝、道長と摂政・頼通を御前に呼ぶと、彰子は言った。

「尚侍立后《りっこう》すべき事、早々たるを吉《きち》とすべし」てへり。余《よ》、申して云《い》はく、「宮の御座《おはしま》すを、恐れ申し侍り」と。是《こ》れを以て未《いま》だ此《か》くの如《ごと》き事を申さざるなり。又《また》仰せられて云はく、「更に然るべき事に非《あら》ず、同様のこと有るを以て、慶び思ふべきなり」と。摂政申して云はく「早く日を定めらるべし」てへれば、慶びの由《よし》を申して退下《たいげ》す。

(「尚侍〈女御・威子〉の立后《りっこう》は、早くしたほうがよろしいでしょう」。私は申した。「太皇太后《たいこうたいごう》様も妍子中宮様もいらっしゃるのに、立后などと申すのは憚《はばか》られます」。だから私はいまだにこの提案をしていなかったのだ。太皇太后はまた、おっしゃった。「全く憚ることはございません。前例もあるのですから、慶ばしく思うべきでしょう」。摂政〈頼通〉が申した。「早く日程を決めましょう」。私はお礼を申して退出した）
（『御堂関白記』寛仁二年七月二十八日）

この時、后《きさき》は、最高位の太皇太后が彰子、次の皇太后が空席で、皇后と中宮にそれぞれ娍子と妍子がいた。彰子は空席の皇太后に妍子を転上《てんじょう》させ、空く中宮に威子を立てようというのである。すると、四人のうち三人が道長の娘となる。これは空前の事態だ。「そこまではいくら何でも」と遠慮して、道長は言い出せずにいたのだ。まさに望外、しかし喉《のど》から手が出るほど憧れた状況だ。ところがそれを彰子が自分から言い出して成就させてくれるというのだ。日記の記す彰子は堂々としている。頼通は坊ちゃんらしく、事の重大さをあまり分かっていないようで、いそいそとしている。そして道長は、いささか茫然としている。

彰子は前例のあることと言ったが、『栄花物語』は「一人の大臣の娘が二人后に立った例はない」（巻十四）と記している。確かにその通りで、実は前例では、娘たちが后として並び立ったのは父大臣の死後だった。道長は、自分の存命中に彰子と妍子の二人を后にしただけでも、史上初めてだったのだ。それが今度は、三人になる。まさにこれは「未曽有」（『小右記』寛仁二年十月十六日）の事だった。

この夜は「我が世」――至福の時

誰も手の届かなかった場所に達した道長。彼の「この世」を『栄花物語』は讃《たた》える。

かくて后三人おはしますことを、世にめづらしきことにて、殿《との》の御幸ひ、この世はことに見えさせ給ふ。

（こうして后に娘三人が立たれることを、まさに稀有なこととして、道長殿のご幸運、この世の運命は最強のものとお見えになる）

（『栄花物語』巻十四）

立后の日程は、安倍晴明《あべのせいめい》の息子である陰陽師《おんようじ》・吉平《よしひら》に占わせ、十月十六日となった。この威子立后の夜こそが、道長が彼の代名詞となる和歌を詠んだ月夜だった。だが、当夜は誰もが想像する望月《もちづき》の夜ではない。十六日の夜――月は十六夜《いざよい》の月で、少し欠けていた。

当日の子細は、道長の『御堂関白記』よりも実資の日記『小右記』に詳しい。道長が和歌を詠んだのは、内裏の紫宸殿《ししんでん》で立后の儀式が行われた後、場を道長の土御門殿に移しての宴でのことだった。前々年七月の火災で灰燼《かいじん》に帰した土御門殿はこの六月に新造され、前より高く聳《そび》える屋根など、すべて道長の指示通りに輝かしく造り替えられていた（『小右記』寛仁二年六月二十日・『栄花物語』巻十四）。

宴がやがて寛《くつろ》いだ二次会となると、音楽が奏でられるなか、道長は大納言《だいなごん》の実資に戯《たわむ》れるように言った。「我が子に盃を勧めてくれんか？」。我が子とは、摂政・頼通である。実資は頼通の盃に酒を注《つ》ぎ、頼通は左大臣・顕光に、顕光は道長に、そして道長は右大臣《うだいじん》・藤原公季《きんすえ》に注いだ。この五人こそが、現政権の頂点に立つ者たちである。頼通だけは二十七歳と若いが、あとの四人は一条朝から三十年来の公卿仲間である。長徳元（九九五）年、道長の長兄・道隆と次兄・道兼が亡くなり、翌二年、中関白家の伊周が失脚した時、道長、顕光、公季の三人は政界第一位、二位、三位の座に躍り出て、その順位はずっと変わらなかった。また、その間、政界の〈ご意見番〉として一目置かれてきたのが実資だった。そこに頼通が加わり、道長は表向き身を引いて「太閤《たいこう》」となったが、陰《かげ》に控えている。そんな五人の間を盃が廻《めぐ》った。

しばらくして、道長は再び実資を呼ぶと言った。

「和歌を読まんと欲す。必ず和すべし」てへり。答へて云はく、「何ぞ和し奉らざるや」。又云はく、「誇りたる歌になむ有る。但《ただ》し宿構《しゆくこう》に非ず」てへり。

（「和歌を詠もうと思う。必ず返歌せよ」。私は答えた。「どうして返歌しないことがありましょう」。すると、太閤はまた言われた。「浮かれた気分の歌なのだ。ただし、予《あらかじ》め用意したものではない」）

（『小右記』寛仁二年十月十六日）

そうして道長が詠んだのが、今や教科書でおなじみのあの和歌だった。だがその意味は、長らく理解されてきたものとは違う。

此《こ》の世をば　我が世とぞ思ふ　望月の　欠けたる事も　無しと思へば

（今夜のこの世を、私は最高の時だと思う。空の月は欠けているが、私の望月は欠けているこ

ともないと思うと）（同前）

「この世をば我が世とぞ思ふ」は、「この世は私のものだ」の意味ではない。道長は『拾遺和歌集《しゅういわかしゅう》』以下の勅撰《ちょくせん》和歌集に自詠が四十三首も採られている歌人である。どんなに酔っていても、和歌でそうした乱暴な言葉遣いはしない。定石《じょうせき》通り「世」は「夜」を掛けたものだし、「我が世」は「我が世の春」のような人生最高の時を言うと解釈するのが正しい。道長が「浮かれた歌」と照れていたのは、このことである。

では、「望月」以下はどういう意味か。この日は十六日で、空の月は欠けていた。歴史学者の佐々木《ささき》恵介《けいすけ》氏によれば、天文学的には限りなく満月に近かったらしいが、和歌はそれには頓着しない。むしろ、「月は欠けたが欠けていない」と謎々のような機知を詠むことこそが、和歌の真骨頂なのである。

つまり、道長の詠んだ〈欠けない望月〉とは、天体の月ではない。意味するものは二つ。その一つは、今しがた道長ら五人が酌《く》み交わした盃――「さかづき」の洒落《しゃれ》である。土器《かわらけ》は丸く、欠けていない。いや、それもあるが、何より五人の結束が固く、欠けていない。道長は、政界の重鎮たちが若い頼通を迎

え入れて盛り立ててくれる様《さま》に、この世の円満を感じたのだ。そしてもう一つは、今夜の主役、「后」である。「后」は文学の世界でしばしば月に喩《たと》えられてきた。その后（太皇太后、皇太后、中宮）の席を、道長家の娘たちはすべて満たした。いや、実際にはもう一人、故三条院の妻である娍子も皇后なのだが、それは措《お》いておこう。后の席は娘たちで満席、これは月も月、満月だ――道長は二つの洒落で、〈我が人生最高の時〉を喜んだのである。

思えば、かつて同じように我が人生の到達を歌に詠んで喜んだ人物がいた。外孫・清和《せいわ》天皇（八五〇～八〇）のもとで史上最初の人臣摂政となった藤原良房である。彼は天皇の母后である我が娘・明子《あきらけいこ》の前に置かれた桜を見て、こう詠んだ。

年ふれば　よはひは老《お》いぬ　しかはあれど　花をし見れば　物思《ものおも》ひも無し

（年の経つままに、私は老いてしまった。それでも桜の花を見ると――母后となって花を咲かせたお前を見ると――何の悩みもないことよ）

（『古今和歌集《こきんわかしゅう》』春上　五二番）

実物の桜は必ず散り、人の心を悩ませる。しかし后となった明子と、娘のおかげで摂政となった良房の栄華は、咲き誇って散ることがない。道長の和歌も同じである。実物の月は必ず欠けるし、実際十六日の当夜には欠けていた。だが、道長にとっての二つの月――息子を中心としての政界の円満と、娘たちの名誉ある位とは、満ち足りてこれからも輝き続ける。道長は百五十余年前の父祖・良房に肩を並べたのだ。

道長の和歌を聞いた実資は彼の思いを理解した。そして自らは返歌を詠まず、「この和歌を唱和しよう」と一同に呼びかけた。一同にとっても政界の円満は〝我がこと〟である。皆は何度もこの歌を唱和し、道長は満悦の様子で見守った。その夜深く、皆がすっかり酔って土御門殿を後にした時も、十六日の月は空に明るく照り映えていた。ちなみに、その土御門殿があったのは現在の京都御苑地内。今は京都迎賓館が美しい佇《たたず》まいを見せる場所である。

第十三章　雲隠れ

〈光源氏〉道長

確かに、『源氏物語《げんじものがたり》』の主人公・光源氏《ひかるげんじ》のモデルの一人は、藤原道長《ふじわらのみちなが》だろうと言われる。

確かに、〈栄華の人〉光源氏のあり方は道長によく似ている。光源氏は三十歳を前に政治の実権を握ると、天皇の後見役を務めつつ、通常の貴族邸の四倍という大きさの豪邸・六条院《ろくじょういん》に住み、風流を極めた暮らしを送った。その間には養女を梅壺女御《うめつぼのにょうご》として冷泉《れいぜい》天皇に入内《じゅだい》させ、実の娘の明石姫君《あかしのひめぎみ》を春宮妃《とうぐうひ》とし、やがて二人をそれぞれ立后《りっこう》させた。つまり、最終的に就いた「准太上天皇《じゅんだいじょうてんのう》」という虚構の地位を除けば、彼には摂関《せっかん》期の権力者がとった典型的な行動パターンが詰め込まれている。そして摂関期の権力者の代表はと言えば、やはり道長なのだった。

紫式部《むらさきしきぶ》が道長をなぞって光源氏を描いたかどうか、それは別として、道長の豪華な邸宅や、繰り広げられた天皇の行幸《ぎょうこう》、四季の行事や荘厳な仏事、また娘を次々と入内させる後宮《こうきゅう》政策などを実際に目の当たりにしてこそ、リアルな源氏像が描けたことは間違いない。光源氏は中年になっても色気があり、お茶目《ちゃめ》でよく冗談を言い、甘え上手で人に好かれた。一方、押しの強いところもあった。これらは道長の性格そのもののようにも思える。

さて、光源氏ももちろん老いる。そして人生の最晩年、彼は自分の〈光〉に絶望する。

いにしへより御身のありさま思《おぼ》し続《つづ》くるに、「鏡に見ゆる影をはじめて、人には異《こと》なりける身ながら、いはけなきほどより、悲しく常なき世を思ひ知るべく仏などのすすめ給ひける身を、心強く過ぐして、つひに来《き》し方《かた》行く先も例《ためし》あらじとおぼゆる悲しさを見つるかな（後略）」

（源氏の君は過去を振り返り自分の人生を思った。「自分は鏡に映る顔かたちからして人より抜きんでた男だった。だが幼いころからたくさんの人と死に別れ、人の命には限りがあるという悲しい真実を思い知らされてきた。それは私の身を通して仏がそう教えてくださっていたのだが、私はそれに気づかぬふりをして強気で生きてきた。しかしついに過去にも未来にも金輪際《こんりんざい》あるまいという悲しみに遭《あ》ってしまった……」）

（『源氏物語』「御法《みのり》」）

光源氏の〈光〉とは、彼の美貌や高貴な血統、権力、富、恋愛力などの輝かしさを讃《たた》えたあだ名だった。しかしそんなものはすべて何の役にも立たないと、五十一歳のこの時、光源氏は思い知らされた。妻・紫上《むらさきのうえ》を亡くしたのである。その悲しみに彼は引きこもり、心は救いを求めてのたうちまわる。

『源氏物語』は人の世の普遍を描いた書であり、その意味では〈予言の書〉とも言える。ならば、〈光〉ならぬ〈幸《さいは》ひ〉の人・藤原道長にも、同じ日は来るのか。彼がこれまでの幸運な人生を全否定するようなことが、やはりその最晩年にはあったのだろうか。

「この度こそは限り」

寛仁《かんにん》二（一〇一八）年十月十六日、五十三歳の道長は「望月《もちづき》の和歌」を詠んで、自分と息子を含めた政界の円満を、そして后《きさき》の席を満たした娘たちの達成を喜んだ。だが実はその時すでに、彼はかなり目が見えなくなっていた。藤原実資《さねすけ》が翌日の日記に道長自身の言葉を記している。

大殿《おほとの》、清談《せいだん》せらるる次《ついで》に目の見えざる由《よし》を命ず。「近くば則《すなは》ち、汝《なんぢ》の顔も殊《こと》に見えず」。申して云《い》はく、「晩景《ばんけい》と昼時とでは如何《いかん》」。命じて云はく、「昏《くら》き時・白昼《はくちう》に因《よ》らず、ただ殊に見えざるなり」。
（太閤《たいこう》・道長殿は、俗事を離れた話のついでに目が見えないとおっしゃった。「近寄ると、汝《なんじ》の顔も見分けられない」。私は尋ねた。「暗くなってからと昼時とでは、いかがですか」。太閤は答えられた。「暗いか白昼《はくちゅう》かによらず、ただ見分けられないのだ」）（『小右記《しょうゆうき》』寛仁二年十月十七日）

白内障《はくないしょう》の症状である。ここ数カ月、道長は自覚症状に気づきながら手当てを怠《おこた》っていた。威子《いし》の立后で多忙を極めたためだろう。だがそれも一段落つき、ついに十一月には陰陽師《おんようじ》に祓《はら》いを始めさせたと記している（『御堂関白記《みどうかんぱくき》』同年十一月六日）。

これだけではない。この年閏《うるう》四月、道長は何度も「胸病《きょうびょう》」の発作に襲われていた。胸の痛みを訴え「叫び給ふ声甚《はなは》だ高く、邪気に似たり」というもので、食事も受け付けない。邪気は次兄の故藤原道兼《みちかね》の怨霊《おんりょう》らしいともされ、ならばもはや「おなじみ」の感すらあるが、今回は新たに前年崩御《ほうぎょ》した三条《さんじょう》院《いん》（九七六〜一〇一七）の怨霊との疑惑も加わった（『小右記』同月十七日・二十日・五月二日）。確執は死によって終止符を打たれ、道長の勝利に終わったかと思いきや、敗北者はすぐに怨霊となってよみがえる。一体どちらが勝者なのか。道長が栄華を手に入れる足跡とは、勝利によって己《おのれ》の〈心の鬼〉――罪悪感を増幅させ、疑心暗鬼による怨霊を次々生みだし、それらがますます己に襲い掛かる足跡でもあったのだ。医学博士の服部敏良《はっとりとしろう》氏によれば、この年の四月から六月末までに、道長の胸病の発作は実に約三十回に及んでいるという。

他にも彼は、二年前の長和《ちょうわ》五（一〇一六）年から、とにかく喉《のど》が渇き顔色が悪く気力が減退していた。「飲水病《いんすいびょう》」――現在の生活習慣病（糖尿病）で、父・兼家《かねいえ》、長兄・道隆《みちたか》、そして甥《おい》の伊周《これちか》を死に追いやった宿痾《しゅくあ》――の典型的症状である。この長和五年五月十日、道長家恒例の法華三十講《ほっけさんじっこう》に招かれた僧・頼秀《らいしゅう》は目ざとく道長の症状を見つけ、「死期が遠くないと思う」と実資に漏らした。なるほど、僧とはこのように権力者の機密を漏らす存在でもあったのだ。しかし道長はこれを病魔と認めず、翌十一日、心配する実資に語って「確かにこの三月から喉が渇き、大量に水を飲むようになったが、食事はしっかり摂《と》っている。医者の見立てでは暑気《しょき》あたりだ」と言っている。だが病魔は彼の中に居座り、確実に彼の体を蝕《むしば》んでいた（『小右記』同月十日・十一日）。
あちこちの不調、度重なる発作。「この度《たび》こそは限り」。そう道長は覚悟したと、『栄花物語《えいがものがたり》』（巻十五）は言う。こうして辿《たど》り着いたのが、寛仁三（一〇一九）年の出家と、同年に始まる阿弥陀堂《あみだどう》――やがて大伽藍《だいがらん》を整備して彼の心の聖地となる「法成寺《ほうじょうじ》」――の建立だった。

勝ち逃げの出家

『栄花物語』には、出家にあたって道長が家族らに思いを述べる場面がある。

「さらに命《いのち》惜しくも侍《はべ》らず。ささざき世を知りまつりごち給へる人々多かるなかに、おのればかりすべき事どもしたる例《ためし》はなくなんある（後略）」

（『栄花物語』巻十五）

（「命は全然惜しくない。これまでの多くの為政者のなかに、私ほどすべてを成し遂げた例は無いではないか」）

そして語ったのは、孫である後一条《ごいちじょう》天皇（一〇〇八～三六）と春宮《とうぐう》・敦良親王《あつながしんのう》の存在、太皇太后《たいこうたいごう》・彰子《しょうし》、皇太后・妍子《けんし》、中宮《ちゅうぐう》・威子の三后と、「小一条院《こいちじょういん》」敦明《あつあきら》親王の女御《にょうご》で明子《めいし》腹長女の寛子《かんし》という娘たち、そして摂政《せっしょう》・頼通《よりみち》や権中納言・教通《のりみち》など公卿《くぎょう》に名を連ねる息子たちの存在だった【系図1】。道長にとって人生すごろくの〈あがり〉とは、何よりもこの家族のことだったのだ。特に后《きさき》三人の父

【系図1】道長の家族（道長出家時）

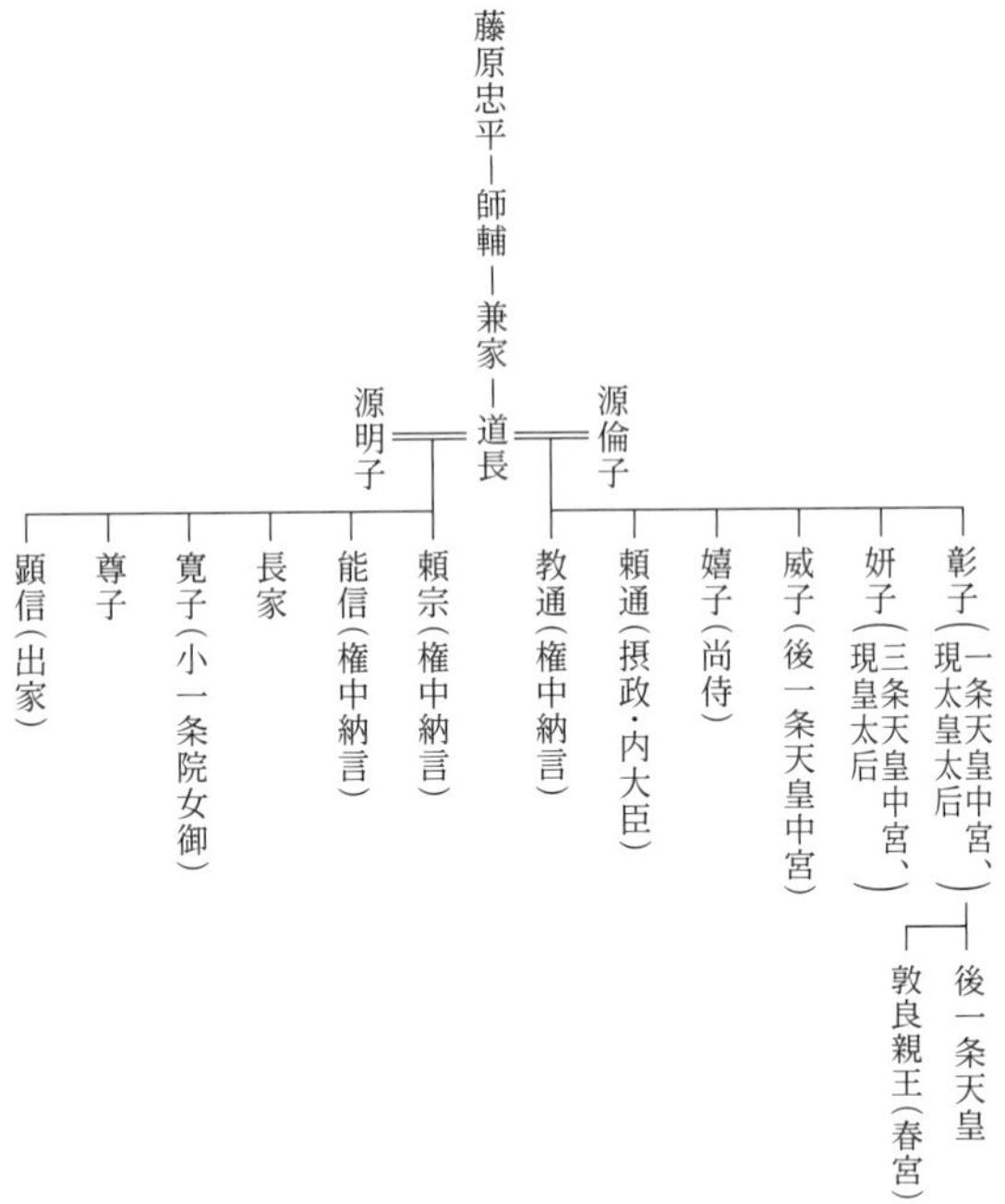

となったことは曽祖父・忠平《ただひら》にも祖父・師輔《もろすけ》にも達成できなかったことだ。もちろん自分のことも忘れてはいない。「自らは太政大臣にもなり、一般人ながら三后に准じた待遇も受けている。この二十余年、誰も並ぶものなく一人で数多《あまた》の帝《みかど》のお世話にあたり、大過なくやってきた」と並べ立て、「今年、私は五十四歳になる。死んでも恥ずかしくない歳だ。将来も、いまほどの成就を見ることはあるまい」――。わが人生への満足の思いをしみじみと語った。

この出家は一体、何なのだろうか。出家には大方三つのパターンがあり、一つは大病や事件などをきっかけに世をはかなんで仏道にすがる「遁世《とんせい》型」、一つは臨終に際して浄土《じょうど》への転生《てんせい》を願う「往《おう》生型《じょう》」、一つは老後を心静かな環境で送ろうという「ライフサイクル型」である。道長の出家は病が理由なので、煩悩《ぼんのう》を捨てて仏にすがる「遁世型」であるべきだ。死を覚悟していたのだから「往生型」の側面もある。しかし彼の言葉は世俗の達成ばかりを自画自賛している。これで解脱《げだつ》ができるのだろうか。自らの〈罪障《ざいしょう》感〉を払拭して、迫りくる数々の怨霊から逃れられるのだろうか。

寛仁三（一〇一九）年三月二十一日、道長は出家した（『小右記』同日）。すると、不思議にも彼の体は劇的に回復に向かう。怨霊たちは悔しがり怨嗟《えんさ》の声を上げたが、やがて消えゆき、道長には食欲が戻った（『栄花物語』巻十五）。出家したから大丈夫という安心感からだろう。薬と信じて飲めば何でも幾分かは効くという、いわゆる〈プラセボ効果〉が働いたとおぼしい。道長には、断念していた寿命が「おまけ」のように立ち現れた。

ここで彼の出家は、安らかな思いで晩年を過ごすための「ライフサイクル型」に転じた。だが道長のことである。安らかな思いとは結局、世俗時代の延長だった。歴史学者の上島享《うえじますすむ》氏によれば、道長は出家して法成寺を建立するにあたって、ますます権力欲をあらわにした。宗派門流を超えて仏教界を掌握し、君臨を図ったというのである。

道長は、病の癒えた四カ月後には御堂《みどう》の建立にとりかかった（『小右記』同年七月十七日）。一丈六尺（丈六《じょうろく》＝約4・85m）の金色の阿弥陀如来《にょらい》を九体造らせて安置する計画である。大規模な建築作業の様子を、『栄花物語』は生き生きと記す。

堂の上を見上ぐれば、たくみども二三百人登りゐて、大きなる木どもには太き綱《つな》をつけて、声を合はせて、「えさまさ」と引き上げ騒ぐ。御堂《みだう》の内を見れば、仏の御座《ざ》造り耀《かかや》かす。板敷《いたじき》を見れば、木賊《とくさ》、椋葉《むくのは》、桃《もも》の核《さね》などして、四五十人が手ごとに居並《ゐな》みて磨《みが》き拭《のご》ふ。檜皮葺《ひはだふき》、壁塗《かべぬり》、瓦作《かはらつくり》なども数を尽くしたり。また年老いたる法師《ほふし》、翁《おきな》などの、三尺ばかりの石を心にまかせて切りととのふるもあり。池を掘るとて四五百人おりたち、また山を畳《たた》むとて五六百人登りたち、また大路《おほぢ》の方《かた》を見れば、力車《ちからぐるま》にえもいはぬ大木《おほき》どもを綱つけて叫びののしり引きもて上《のぼ》る。賀茂川《かもがは》の方《かた》を見れば、筏《いかだ》といふものに榑《くれ》、材木《ざいもく》を入れて、棹《さを》さして、心地《ここち》よげに謡《うた》ひののしりてもて上るめり。

（堂の上を見上げれば、大工どもが二百〜三百人登って、大きな木材には太い綱を巻いて、「えっさ、まっさ」と声を合わせて賑《にぎ》やかに引き上げる。御堂の中を見れば、仏像を置く台座を造り輝かせている。板敷を見れば、四十〜五十人が手に手に木賊、椋の葉、桃の種などを持ち、並んで磨きたてている。檜皮《ひわだ》葺き、壁塗り、瓦《かわら》作りなども数え切れない。また老法師《おいほうし》や翁など、力仕事は無理でも、三尺（約90㎝）ほどの石を思い思いに切り調《ととの》える者もいる。池の掘削《くっさく》には四百〜五百人が底に下り立ち、また築山《つきやま》の造作には五百〜六百人が上に登り立つ。また大路《おおじ》の方を見れば、力車にとんでもない大木を何本も置き綱を巻き付け、大声で叫んでは引いてくる。賀茂川《かもがわ》の方を見れば、筏というものに製材した板や材木を入れて、流れに棹《さお》をさし、心地よさそうに大声で歌いながら上ってくるのが見える）

（『栄花物語』巻十五）

仏を安置するための仏壇造りには、道長、頼通を筆頭に、公卿・殿上人《てんじょうびと》から僧・下級官人・庶民までが力を合わせたとは、当時の実務官僚・源経頼《みなもとのつねより》が記すところである（『左経記《さけいき》』寛仁四〈一〇二〇〉年二月十五日）。思えばこうしたパフォーマンスは、若い時から道長が得意とするところだった。

御堂はやがて無量寿院《むりょうじゅいん》と名付けられたが、それでは終わらず講堂や金堂《こんどう》が次々と造営されて、治安《じあん》二（一〇二二）年には名が法成寺と改められた。無量寿院は道長の極楽往生を祈る阿弥陀仏の寺だったが、法成寺は金色の大日如来《だいにちにょらい》像を安置し国家鎮護と万民救済を祈る寺だった。これはもう、個人の寺ではない。道長は一体どこまで手を広げれば気が済むのか。もともと信仰は篤《あつ》かったが、出家してからの道長は、まるで熱に浮かされでもしたように大掛かりな仏事にのめりこんだ。

延子の死、顕光の死

道長が出家で命拾いをしてから二十日も経たない寛仁三（一〇一九）年四月十日のことだった。前の春宮で二年前に退位して小一条院となった敦明親王の女御・延子《えんし》が亡くなった【系図2】。

堀河《ほりかは》の女御《にょうご》、明暮《あけくれ》涙に沈みておはしませばにや、御心地《ここち》も浮き、熱《あつ》うも思《おぼ》されて、例《れい》ならぬさまにてあり過ぐさせ給ふほどに、いと悩ましう思されければ、御風《おんかぜ》にやとて、茹《ゆ》でさせ給ひて上《のぼ》らせ給ふに、御口鼻《くちはな》より血あえて、やがて消え入り給ひぬ。

（堀河《ほりかわ》の女御・延子は、明けても暮れても泣いてばかりだったからか、精神が不安定になり熱っぽくも感じられるなど、普通ではない状態で過ごしてこられた。そのうち、ひどく体調を崩されたので、お風邪だろうかと体を温めると逆上《のぼ》せてしまわれ、お口からも鼻からも血が滴《したた》り落ちて、そのまま消え入ってしまわれた）

（『栄花物語』巻十六）

【系図2】 小一条院と二人の女御

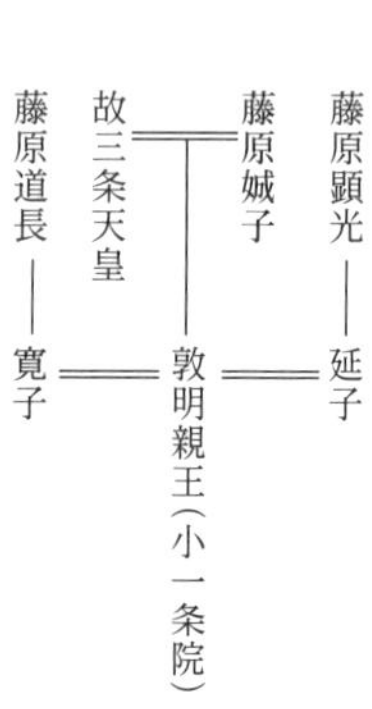

延子が涙に暮れる日々を送っていたのは、夫・小一条院の愛が別の女御——道長の明子腹の長女・寛子——に移ってしまったことによる。小一条院は寛仁元（一〇一七）年八月、自ら春宮の位を返上して「院」となった。それによって孫の敦良親王を春宮に据えることができた道長は、三カ月半後の十一月二十二日、院を寛子と結婚させ、自分の婿《むこ》に迎えた（『小右記』同日）。つまりは、春宮退位への返礼と、道長閥への囲い込みである。それを正妻・倫子《りんし》の娘ではなく側室《そくしつ》・明子の娘をもってしたところに、道長の小一条院に対する露骨な軽視が覗《のぞ》く。

『栄花物語』（巻十三）によれば、院は延子に心を置きながらも新妻方に入りびたりになった。延子は鬱々《うつうつ》として寝込み、住まいも荒れ果てた。たまたま立ち寄った院は、彼女の袖《そで》の中に和歌を見つける。

恋しさも　つらさもともに　知らせつる　人をば憂《う》しと　いかが思はぬ

（恋しさも恨《うら》みも、どちらも教えてくれた人。あなたをどうして憎いと思わずにいられましょ

（『栄花物語』巻十三）

小一条院とて、延子から心が離れ切ったわけではなかった。戸惑うほど豪華なもてなしで彼を縛る道長を憚《はばか》るあまり、つい足が遠のいたのである。見送る子供たちに涙をこぼしながらも彼は寛子の高松殿《たかまつどの》に戻り、延子の心はその時から死に向かって傾いていたという。

延子の死は、実資の日記にも「心労と云々《しかじか》」と記されている（『小右記』寛仁三年四月十一日）。彼女の傷心と怨嗟は、貴族社会の誰もが知っていた。

延子の父は、道長が長年「至愚《しぐ》」と見下げてきた藤原顕光《あきみつ》である。娘の死に彼は取り乱した。

大臣《おとど》御声をささげて泣きののしり給へど、何のかひかあらん。「七十余《よ》になりぬる身を召せ。若う盛りなる人の行末《ゆくすゑ》遠きをば、返したべ」と泣きののしり給へど、かかる道は術《ずち》なきわざなれば、えとどめ奉《たてまつ》らせ給はずなりぬ。

（父の左大臣《さだいじん》・藤原顕光は大声で泣き叫ばれたが、それが何の役に立とうか。「七十余になった我が身を連れて行け。若い盛りでこれからという娘を返してくれ」。そう泣きわめいても死出《しで》の道はどうしようもない。引き留めることもできず、女御は逝ってしまわれた）　（『栄花物語』巻十六）

顕光は延子の亡骸《なきがら》を抱きしめて泣いた。再婚同士で結婚した妻は実の娘が中宮・威子のもとに出仕したのでそちらに移り、広大な屋敷にはただ老残《ろうざん》の顕光と、延子の遺《のこ》した二人の宮たちが住むばかりだった。そして治安元（一〇二一）年五月二十五日、顕光も死んだ。享年七十八だった（『日本紀略《にほんきりゃく》』同日）。すべての望みを成就させ命拾いもして仏道に浮かれていた道長に、やがてこの顕光・延子の父娘が襲い掛かる。犠牲となるのは、寛子を始めとする道長の娘たちだった。

寛子の死

寛子に顕光と延子の怨霊が取り憑《つ》いたと『栄花物語』が記すのは、万寿《まんじゅ》二（一〇二五）年三月の記事の中である。その時、彼女は既に数カ月にわたって病に苦しんでいたという。

いと苦しげにせさせ給ひつつ、月日にそへて影のやうにのみならせ給へば、かたがたいかにとのみいみじう思し嘆かせ給ふ。入道殿《にふだうどの》よりも、かくおはしませば、御修法《みずほふ》、御読経《みどきやう》なども隙《ひま》なく思し掟《おき》てさせ給ふ。堀河の大臣、女御やなどひき連れて、いとおどろおどろしき御けはひ有様《ありさま》にてののしり給へば、いとほしうかたはらいたうのみ思しめす。

（随分苦しそうなご容体のまま、月日につれて影のように弱っていかれるばかりなので、小一条院は母の娍子《せいし》様もご病気中のこと、どちらにも気が気でなくお嘆きになる。入道・道長殿も、容体を聞きつけられ、御修法《みずほう》や御読経《みどきょう》など、矢継ぎ早に指図しては行わせなさる。堀河の大臣・顕光の霊が、娘の女御・延子やら何やらを引き連れて、おぞましい様子で叫びたてられるので、院は自責

の思いで身の置きどころも無い）　　　　　　　　　　　　　　　　（『栄花物語』巻二十四）

『左経記』にも「小一条院の上、年来霊気に煩《わずら》ふ」（万寿二年七月八日）とある。貴族社会は彼女の病臥《びょうが》を、顕光が延子を連れて復讐《ふくしゅう》にやってきたと解釈したのである。道長は様々な仏法の手立てを施し、自らもあちこちの寺に参って祈った。だが、寛子の病状は悪化の一途を辿った。

七月八日、小一条院から道長に連絡があり、寛子が危篤で、死ぬ前にもう一度だけ父に会いたがっているという。道長が駆けつけると、寛子はやせ細って死相が出ていた。あまりの衰弱ぶりに道長は驚愕《きょうがく》して「どうして今まで来てやらなかったのか」と泣いた。そして、「私に会いたいとは、どう思われてか」と娘に問うた。

「何ごとをかともかくも思ひ侍らん。ただつらしと思ひ聞こえさすることは、この院の御ことを、かからで侍らばやと思ひ侍りしことをせさせ給ひて、身のいたづらになり侍りぬることなんある」とのたまはせて、泣かせ給へるさまなれど、涙も出でさせ給はず。殿《との》泣く泣く、「さやは思ひ侍りし。今は限りにこそおはしますめれ」とて、御髪《みぐし》おろして尼《あま》になし奉らせ給ふ。

（「何をとやかく思うのでもございません。ただ、お父様をひどいとお恨みいたします。それは、小一条院様の御事で、私がしないでほしかったことをお父様がなさった、だから私は死ぬ運命になったということです」。そう言って女御は泣こうとなさるのだが、衰弱した身からは一滴の涙を絞り出すことすらできないのだった。道長は泣く泣く弁解した。「まさか、そんなつもりは」。そして周りに「今は限りでいらっしゃるようだ」と言って、往生のために髪を切って尼にして差し上げた)

(『栄花物語』巻二十五)

いまわの際《きわ》にわざわざ父を呼んで寛子の言いたかったこととは、父への恨みだった。小一条院の春宮退位と引き換えのようにして、自分と彼を結婚させたこと。それによって延子を苦しめ死に追いやり、その父の顕光をも苦しめたこと。それは、いま彼らの怨念を一身に受けて死んでゆこうとする寛子にしてみれば、不本意なことだったというのである。寛子は、自分を死なせるのは父だと、父に面と向かって言いたかったのだ。権力を手に入れるため、天皇家と姻戚《いんせき》関係を結ぶために、道長は当たり前のように娘たちを利用してきた。寛子はその父の方法の犠牲にされたと、死の床で父を詰《なじ》ったのだった。

御物《もの》の怪《け》どもいといみじう、「し得たり、し得たり」と、堀河の大臣、女御、諸声《もろごゑ》に「今ぞ胸あく」と叫びののしり給ふ。

(寛子様に憑いた物の怪どもは狂喜して「やったぞ、やったぞ」と騒ぐ。堀河の大臣・顕光と女御・延子の怨霊は声を合わせ「これですっきりした」と絶叫なさる)

(同前)

寛子の言葉は、寛子の口を借りて顕光と延子が言ったのではなかったか。寛子が息を引き取ったのは、翌七月九日の暁方《あかつきがた》、寅《とら》の刻（午前四時前後）のことだった（『小右記』同日）。

嬉子、赤裳瘡に

道長は、寛子の死を看取《みと》らなかった。訴えを聞き、落飾《らくしょく》させた後は、見捨てるようにそそくさと土《つち》御門殿《みかどどの》に帰ったのだ。さすがにまんじりともできず、暁方に寛子臨終の報せを聞いた時は胸が張り裂けそうだった。だが、こちらはまたこちらで倫子腹の末娘・嬉子《きし》が出産を前に里帰り中だった。

嬉子は寛仁二（一〇一八）年に威子から尚侍《ないしのかみ》を引き継ぎ、治安元（一〇二一）年、十五歳の時に、二歳年下の春宮・敦良親王の妃《きさき》となっていた【系図3】。今回は初めての懐妊で、土御門殿には春宮も行啓《ぎょうけい》して見舞うなどしていた（『左経記』万寿二〈一〇二五〉年六月二十五日）。

だが、頃悪《あ》しく「赤裳瘡《あかもがさ》」と呼ばれた麻疹《はしか》が流行し、嬉子も感染してしまった（『小右記』万寿二年七月二十七日・二十九日）。時々物の怪の発作が出ていると聞いた小一条院は、寛子の病の折、顕光の怨霊が言った「尚侍様の産室に必ずや参って、お産を拝見しましょうぞ」という言葉が脳裏に浮かび、ぞっとしたという（『栄花物語』巻二十五）。

【系図3】 嬉子と妍子（続柄は倫子からの出生順）

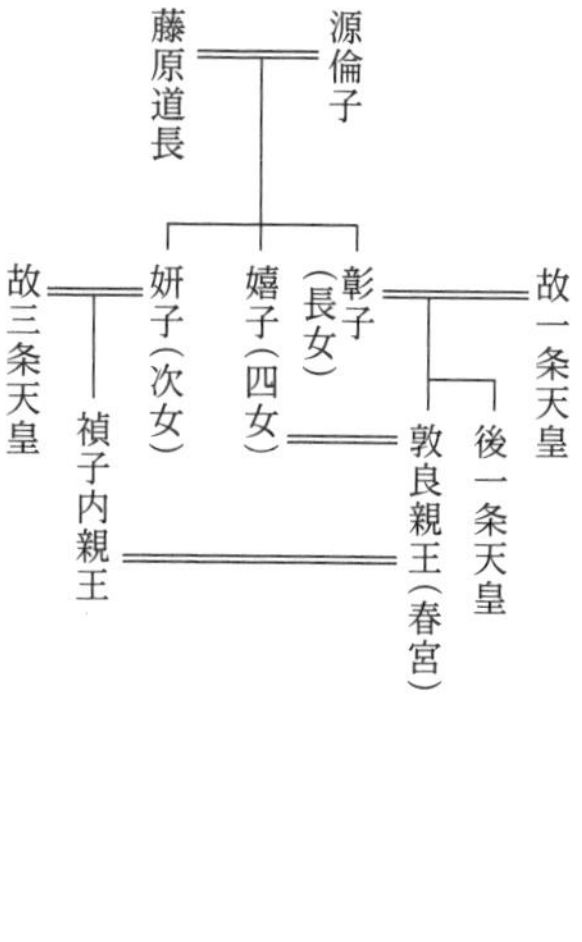

『小右記』によれば、嬉子に赤裳瘡の発疹《ほっしん》が出たのが七月二十九日、お産の最初の兆候があったのが八月一日。病から回復して出産という大事を迎えるほどに体調が整っていたとは考えにくい。しかも嬉子は、難産だった。赤裳瘡と陣痛の二つの苦しみは、当時の人々の目には物の怪どもの悪事と映った。案の定、顕光と延子の怨霊が立て続けに現れて大声を上げた。嬉子の苦痛の声を、周囲は彼らのおぞましい声と聞いたのである。

八月三日、嬉子は男児を産んだ。親仁《ちかひと》親王、のちの後冷泉天皇（一〇二五〜六八）である。邸内は歓喜に沸き、道長も胸をなでおろした。翌日には産湯《うぶゆ》の儀式「御湯殿《おゆどの》の儀」が行われ、嬉子はその様子が見たいと、あどけない子供のように御帳台《みちょうだい》から出て立って眺めた。だがそれが元気な嬉子の最期の姿になった。

嬉子の死

若宮の御湯殿果《は》てて、御前にそそくり臥《ふ》せ奉りたるを、殿、諸心《もろごころ》に見奉らせ給ふに、督《かむ》の殿こそ、「かくて侍るをば、いかが思す」と聞こえさせ給へば、殿、「いとめでたしとこそ見奉れ」と聞こえさせ給へば、「されど、それよな、え堪《た》ふまじき心地《ここち》のし侍るが、いとわりなきぞ」と聞こえさせ給へば、「あなゆゆし。かくなのたまはせそ」と申させ給ふ。

（御湯殿の儀が終わり、若宮は嬉子様の御前に急いで運ばれ寝かされる。道長殿は嬉子様と同じ思いで宮様を見守られた。その時、嬉子様が「この次第を、お父様はいかがお思いになりますか」とお聞きになるので、殿は「本当に素晴らしいと拝見しますよ」とお答えになった。すると嬉子様は「でもね、それがね、私、ひどく気分が悪うございますの。我慢できません」と申される。「なんと、縁起でもない。そんなことをおっしゃるでない」。殿はそう声を上げられた）

（『栄花物語』巻二十六）

男子を産んで父に褒めてほしい。その思い一つで何とか出産をしおおせた。嬉子は健気《けなげ》な娘だった。だが赤裳瘡と出産が続く間、嬉子は全く食事をとらず、体は衰弱しきっていた。翌日の五日には、嬉子は頻《しき》りに生あくびをするようになり、読経を再開するとまたしても物の怪が現れた。顕光と延子の怨霊が、忌《い》まわしい言葉を吐き続ける。僧たちは声を惜しまず経を読み、折からの雨も打ち付け、邸内は騒然となった。道長は泣きながら嬉子の体を抱いて励まし、嬉子は最初こそか細い声で答えていたが、やがてそれも弱まり、夕刻には蚊《か》の鳴くほどの声になった。

そこら満ちたる僧俗《そうぞく》、上下《かみしも》、知るも知らぬもなく、願《ぐわん》を立て額《ぬか》をつきののしる。えもいはぬものまで涙を流して、「観音《くわんおむ》」と申さぬなく、ただ額《ひたひ》に手をあてて起居礼拝《たちゐらいはい》し奉らぬなし。今は加持《かぢ》の声も聞こえず、御読経の声も聞こえず、「観音」とのみ申しののしる。

（邸内いっぱいの人々は、僧俗も貴賤《きせん》も親疎《しんそ》もなく、ただ嬉子様の命を願い、ひれ伏して声を上げる。下々までが涙を流して「観音《かんのん》」と申さない者はなく、ただ額《ひたい》に手をあてて立ち、座り、礼拝す

る。今は加持《かじ》の声も聞こえず、御読経の声も聞こえず、「観音」とのみ叫び続ける）（同前）

観音――観世音菩薩《かんぜおんぼさつ》は、子宝や縁結びなど現世の望みを叶えてくれるとされる菩薩だが、その信仰は、衆生《しゅじょう》が救いを求めると菩薩がすぐさま救済してくれるとある『法華経《ほけきょう》』の教えに基づいていた。死を覚悟した者を極楽に迎え取る阿弥陀如来ではない、〈今・ここ〉の苦しみを救済してくれる慈悲の仏である。いま、嬉子の命が絶えようとしているこの場で、人々が自然発生的にすがったのは、この観音菩薩だった。十九歳の、母になったばかりの一人の女性である嬉子を救う仏は、道長が贅《ぜい》を尽くした法成寺の阿弥陀でも大日如来でもなかった。

嬉子はそのまま息を引き取った。『左経記』（同日）には「天下の道俗・男女、首を挙げて歎息《たんそく》すると云々（天下の僧俗男女が皆、嘆き悲しんだ）」とある。嬉子の悲劇は時代の記憶となったのだった。

気落ちする道長

道長は嬉子のことが諦めきれず、死の当日の夜には陰陽師に命じて「魂呼《たまよばい》」の術まで行わせた。亡骸のある土御門殿の東《ひがし》の対屋《たいのや》に嬉子の衣を持って上り、呪文を唱えながら北に向かって三度招くのだという（『左経記』同月二十三日）。だが娘が目を覚ますことはなかった。

葬送の儀が決まり、嬉子の遺体はいったん、四町ほど南の法興院《ほこいん》に安置してから荼毘《だび》に付すこととなった。入棺の時には、冷たくなってしまった嬉子の肌をさすり、道長と倫子は「我を捨ててどこへ、どこへ」と泣き崩れた。棺《ひつぎ》を運ぶ際には道長は足元がおぼつかず、頼通や教通に助けられてやっと歩くほどだった。寺に着けば棺を置いた車にとりすがり、一晩中一睡もしないで、泣きながら何事かをつぶやき続けた（『栄花物語』巻二十六）。

実資は、道長が仏法を怨《うら》んでいるとの噂を聞いた。大財をつぎ込んだ信仰が何の足しにもならなかったという「裏切られ感」からだろうか。また実資は、道長一家が、顕光と延子に加え小一条院の母で三月に亡くなった娍子も怨霊となったと見て、怖《おそ》れおののいているとも聞いた。人々は「もっともだ」と感じたという。道長が北山《きたやま》あたりへの隠棲《いんせい》を思い立ったとか、嬉子の蘇生を夢に見たとかの噂も頻りだった（『小右記』同月八日・九日）。末娘を喪った道長の激しい悲嘆は真実だった。

『栄花物語』は、この時こそ道長は「まことの道心」を起こしたという。ならば先の寛仁三（一〇一九）年の出家は真の出家ではなかったのだ。あの時、道長は重病に苦しみながらも「もう命は惜しくない」と満足げに人生を振り返った。だが真の出家とは、光源氏がそうであったように、自分の無力を思い知り諦めの境地に達することによって、苦悩も愛執も含めたすべての煩悩《ぼんのう》を断ち、仏にすがることである。ただ光源氏にさえ、悟りの道へ踏み出すためには紫上の死後、一年間もの悲嘆の時間が必要だった。昨日今日、嬉子を亡くしたばかりの道長に可能なはずがない。

嬉子の葬送は、八月十五日に行われた。折しも中秋の名月が空にかかり、人々は「かぐや姫が昇天した月もかくや」と見て、嬉子を偲《しの》んだという。帰宅して呆《ほう》けたように肩を落としている道長を、延暦《えんりやく》寺《じ》の座主《ざす》・院源《いんげん》は諭した。世とはこんなものと悟れというのである。

「この世に、御幸ひも御心掟《こころおきて》も、殿の御やうに、思しめし掟《おき》つることに事たがはせ給はず、あひかなはせ給ふ人はおはしましなんや。この三十年のほどはさらに思しむすぼほるることなくて過ぐさせ給ひつるに、いかでかかることまじらせ給はざらん。この娑婆世界《しゃばせかい》は、苦楽ともなる所とは知らせ給ひつらんものを」

（「この世に、殿のように御幸運も御意向も思いのままの人などいらっしゃるものですか。権力を手中にされた三十年前からこのかた、何一つ悩み事もなくやってこられて、時にはこうした悲しみの一つ二つ、どうして訪れないことがありましょうぞ。娑婆《しゃば》世界が苦楽共存の所とは、とうにご存じでしょうに」）

（『栄花物語』巻二十六）

道長をふがいないと叱咤《しった》激励する院源に、道長は「そんな理屈など全部分かっている、だが娘がただ恋しい、娘に会いたいのだ」と駄々をこね、水晶のような大粒の涙をぽろぽろとこぼした。これには院源ももらい泣きしたという。

〈幸ひ〉の人は、不運に慣れていなかった。〈幸ひ〉であったがゆえに、悲しみの打撃は大きかった。幸運の果ての不幸の沼に、道長は足を取られた。

道長の死

道長は、その後もなお娘の死に遭わなくてはならなかった。倫子腹次女で皇太后の妍子が、長患いの末、万寿四（一〇二七）年九月十四日、三十四歳で崩御《ほうぎょ》したのである（『日本紀略』同日）。『小右記』には三月に始まる妍子の病の情報がそのつど記されているが、怨霊についての記述は少なく、また詳しくない。だが『栄花物語』（巻二十九）は、やはり顕光と延子、加えて今度は嬉子までが妍子に憑いたという。嬉子の死後、その夫だった春宮・敦良親王と、妍子の娘の禎子内親王《ていしないしんのう》が結婚したからである【系図3】。道長家にとって天皇家との婚姻は当然の政策である。父の三条院を亡くし道長家が頼りである禎子内親王を春宮に入れることは、最善の策だった。だが、それが嬉子の怒りを買ったというのである。道長が長年、良しと信じてやってきた方法が、亡き娘をして生きた娘に祟《たた》らせることになった。嬉子が妍子を取り殺すとすれば、その原因は道長にある。最期の時、妍子は道長を呼び、虫の息で髪を切る仕草《しぐさ》をした。道長が尼になるのかと聞くとただうなずき、受戒《じゅかい》の式では声を絞って「阿弥陀仏」と唱えた。即日、妍子がこと切れると、道長は「嘘だろう？　これ、これ」と亡骸の御衣《おんぞ》を何度も引きのけては起こそうとし「仏は酷《むご》い。私を今まで生かして、こんな目に遭わせるとは」と呪ったという（『栄花物語』巻二十九）。結局、家族への愛執では悟りに程遠い道長だった。

三人の娘の死について記しながら、『栄花物語』は何を言おうとしているのだろうか。愛し、慈しんだものを次々と喪っていく悲しみ。自信をもってやってきたことが裏目に出て、自ら報いを受ける苦しみ。わが人生は間違っていたのかもしれぬという疑い――。光源氏が紫上を喪った時と同じ思いを、『栄花物語』は道長の奥に察し、記しているのではないか。

　こうして『栄花物語』では、道長は厭離穢土《えんりえど》、欣求浄土《ごんぐじょうど》の思いに達する。妍子の四十九日前後から、道長自身の病が目に見えて悪化し、頼通が治療のための加持祈禱《きとう》を促すと、道長は断る。「ただ念仏を聞きたい」。そして妍子崩御の三カ月後、法成寺の九体の阿弥陀仏だけを見つめ、耳に念仏を聞き、心には極楽を思い、手には阿弥陀如来の手と結んだ糸を握りながら逝くことになる（『栄花物語』巻三十）。

　実際には、その死は凄絶《せいぜつ》だった。十一月十日には失禁が始まり、十三日には危急《ききゅう》の容体に恩赦《おんしゃ》が行われ、後一条《ごいちじょう》天皇は彼のために千人の僧を得度《とくど》させた。翌日には彰子が法成寺に百人の僧を集めて寿《じゅ》命経《みょうきょう》を読ませた。二十一日には体に力が入らず下痢が止まらず、背中の腫《は》れ物《もの》が悪化して、意識を失ったとの情報もあった。嬉子の死後出家して「上東門院《じょうとうもんいん》」となった彰子と中宮・威子が見舞ったが、下痢の汚れで父に近づくこともままならなかった。二十四日、体の痙攣《けいれん》が始まり、背中の腫れ物の毒気が腹中に入ったと見立てられた。二十五日、人々は道長を法成寺の阿弥陀堂に移した。いつ迎えが来てもよいようにとの措置である。二十六日には後一条天皇が、二十九日には春宮・敦良親王が法成寺の道長を見舞ったが、どちらも短時間で御所に戻った。見舞いの間に道長が死に、そのケガレに触れることが危ぶまれたからではないか。十二月二日には腫れ物に針が立てられたが、膿汁《のうじゅう》と血が少々出ただけで、道長は苦悶の声を上げた。そして十二月四日、道長は薨去《こうきょ》した（すべて『小右記』各日）。享年六十二。最期の言葉は何だったのか、伝える史料は無い。

往生の夢

『栄花物語』に戻ろう。十二月十日、道長の死から七日目の夜に、道長の倫子腹三女・中宮威子は夢に若く美しい僧を見たという。高貴な装束をまとった彼は、「これを」と一通の手紙を差し出した。

「殿の御文《ふみ》」と申せば、喜びて御覧《ごらむ》ずるに、下品下生《げぼむげしやう》になんあると侍る御消息《せうそこ》なれば、宮の御前《ごぜん》、「いと思はずに、さやは」とのたまはせければ、この僧、「いかでか。かうまでもおぼろけのことにはさぶらはぬものを」と申す（後略）。

（「道長殿の御文です」と申すので、威子様が喜んで御覧になると、手紙には「下品下生《げぼんげしょう》だよ」とあった。威子様が「まさか、そんな」とおっしゃると、この僧は、「どうしてどうして。下品下生でもそこそこのものです」と申す）

（『栄花物語』巻三十）

道長の極楽往生を知らせる〈夢の告げ〉である。だが、「上品上生《じょうぼんじょうしょう》」から「下品下生」まで九階級ある極楽往生のうち、道長は最低ランクだったという。威子には心外な告げだった。だが息子たちは「それでは往生されたのだ」「嬉しいことよ」と喜んだという。道長は上品上生を目指して奮闘していたのに、下品下生で満足するとは、息子たちはいかにも〝小粒〟である。時代が変わったのだ。藤原氏の風雲児が野望を抱き、熱く駆け抜けた時代は終わった。道長はどこかで、息子たちの志の低さに舌打ちをしただろうか、それともそれでよいと笑ったか。
〈幸ひ〉の申し子、藤原道長――。権力を愛し家族を愛し、幸福も悲しみも人一倍だった。
『栄花物語』は道長の死でいったん「正編」が終わり、後は次世代に書き継がれた。その「続編」冒頭巻には、次の言葉がある。

光《ひかる》源氏《げんじ》隠れ給ひて、名残《なごり》もかくやとぞ、さすがにおぼえける。
（光源氏がお隠れになり、薄闇になった世には、彼を継ぐ人は誰もいなかった――そう『源氏物語』にあるとおり、道長殿亡き後の世はさすがに寂しかった）
（『栄花物語』巻三十一）

〈光源氏〉道長は、死後もこうして慕われ続けたのだ。

さて、最後は道長自身の言葉で、この〈ものがたり〉を終えることにしよう。己《おのれ》の死期を悟った道長が、おそらく生涯で最も信頼し、だからこそ時には恐れもした娘――長女の上東門院・彰子におくった万感の一首を、彼から私たちへの和歌として。

言《こと》の葉《は》も　絶えぬべきかな　世の中に　頼む方《かた》なき　もみぢ葉《ば》の身は
（あなたに言葉を託して、私は逝く。しかしその言葉も、時の流れにいつかは途絶える定めな

のだろうな。所詮《しょせん》はこの世の中に、すがるところもなく散る「もみぢ葉」――誰もがそんな身なのだから）

（『栄花物語』巻三十）

（了）

あとがき

藤原道長の人生を記し終えて今、過去への長い旅から戻ってきたような気がする。

平安文学研究者で紫式部の人と作品を専門とする私が道長に興味を抱いたのは、やはり彼女の作品である『紫式部日記』の記事がきっかけだった。寛弘《かんこう》五（一〇〇八）年、娘の彰子が入内から足掛け十年で待望の皇子を産み、道長家は喜びに沸いた。将来この親王を天皇の座に即《つ》ければ、道長は外祖父摂政《せっしょう》、あるいは関白という悲願の職を手に入れることができる。彼の邸宅・土御門殿《つちみかどどの》では幾度もの祝いの儀式が繰り広げられ、天皇の行幸《ぎょうこう》まであって、場面は十一月一日、孫の敦成《あつひら》親王の五十日《いか》の祝いの日となる。大勢の客が詰めかけて賑わった宴の果て、皆が帰ってやれやれ一家だんらんとなった場面で、道長は正妻の倫子を怒らせてしまうのである。その顚末についての考察を、私は「倫子の不愉快『紫式部日記』五十日の祝い」という論文にしたためた。二〇〇二年のことなので、もう二十年以上前になる。

本書では第十章の冒頭に記したが、この事件の原因は、道長が一家の状況を満足げに嚙み締めながら、倫子に向かってこう言ったことだった。

「宮《みや》の御《おん》てにてまろわろからず、まろが娘にて宮わろくおはしまさず。母もまた幸《さいは》ひありと思ひて、笑ひ給ふめり。よい男は持たりかしと思ひたんめり」

——中宮《ちゅうぐう》様の父さんとして僕はなかなかのもの。父さんの娘として中宮様はなかなかのもの。母さんも運が良かったと思って笑っておられるようだ。いい夫を持ったと思っているんだな（『紫式部日記』同日、本書第十章）――。

倫子は気分を害して、ぷいと席を立った。彼が彼女を評した「幸ひ」という言葉が悪かったのである。「幸ひ」とは幸運の意味で、それは当人の実力や努力によるものではない。しかし倫子は自分自身の実力と努力によって一家を盛り立てた自負があったので、夫に自分の力を無視されたと感じ、腹を立てた。さらに「いい夫」云々については、道長ばかりが功績をあげたつもりなのかと、これまた腹を立てた。彼女にしてみれば、そもそも摂政の息子とは言え末っ子で出世の見込みの薄かった道長こそが偶然にも〈幸ひ〉をつかんだのであり、その理由は「いい妻を持ったこと」なのだった。

彼に自覚を促そうとしてだろう、自室に引き上げてしまった彼女を、道長は慌てて追った。『紫式部日記』を読む私の脳裏に、その姿がありありと浮かんだ。クールで上から目線の倫子と、お調子者で腰の低い道長。これが平安貴族最高の栄華を誇った権力者夫婦の素顔なのだと思うと驚き、笑えた。そして、紫式部は彼らのこの日常を書き留めたかったのだと感じた。

かつてこの場面は、道長と紫式部に男女の関係があり、それを嫉妬する倫子が、紫式部のいる前で道長が自分を「いい夫」などと褒めたことに立腹したものと解釈されもした（萩谷朴《はぎたにぼく》『紫式部日記全注釈』）。だが、ことはそうした痴話レベルのものではない。道長家がどのように始まったか――倫子との結婚によってだ。道長家がどのように芽を出したか――倫子が彰子を産んだことによる。彼が外祖父摂政の見通しを得たのは何によるか――彰子が皇子を産んだお蔭《かげ》だ。すべてが道長の幸運、まさに〈幸ひ〉であり、それは自分たち家族の功績によるのだと、倫子は主張している。これは道長家の歴史を作ってきた当事者の証言、オーラルヒストリーと見なすことができるだろう。

さて、本書で道長のキーワードとした〈幸ひ〉は、このように『紫式部日記』に見え、そこから『栄花物語』にも採られて、『栄花物語』では彼を彩る言葉になっている。道長殿ほど運の強い人はあろうか、というわけである。『栄花物語』正編で「幸ひ」という単独語の用例は三十例、その中で道長を言う例は七例と実に四分の一弱を占める。

一方で、この言葉は『源氏物語』にしばしば使われ、そこで〈幸ひ〉と評されるのは、光源氏《ひかるげんじ》の妻の紫上《むらさきのうえ》や宇治十帖《うじじゅうじょう》で匂宮《におうみや》の妻となった中君《なかのきみ》である。世間は、親王を父に持つものの隠し子に過ぎない紫上が光源氏に愛されたことや、落ちぶれて宇治に引きこもった八宮《はちのみや》の娘である中君が春宮《とうぐう》候補である匂宮の子を産んだことを、〈幸ひ〉ともてはやす。しかし彼女たちは、それぞれ内心に言い知れぬほどの苦悩を抱えて生きている。

つまり〈幸ひ〉は、幸せとは一致しないのである。〈幸ひ〉は結婚、出産、あるいは仕事など、世俗的で目に見える事柄に関わり、あくまでも世間が認めるような外見の幸運を言うに過ぎない。狭いながらも楽しい我が家とか、道端の雑草がささやかな花をつけているのに出会ったとかといった、個人がそれぞれの事柄に対して内心で深々と実感する「幸せ」では決してない。

ならば、道長はどうだったのか。このように物語から幸運ともてはやされた彼の内心は、幸せに満ちていたのか、どうだったのか。本書で道長の心を辿ろうと思ったのは、こうした疑問からであった。本書のタイトルを「道長ものがたり」としたのも、ゴールに置いたのが史実よりも彼の心であることによる。読者の方々にも、物語を読むように、彼の心に寄り添ってほしいと考えたのだ。結果として、従来彼がまといがちであった「傲慢な権力者」の顔一辺倒ではなく、怨霊におびえ、病気に苦しみ、身内の不幸に泣くという弱い部分も分かってもらえたと思う。

身内への思いという点においては、紙幅《しふく》の都合から盛り込めなかったエピソードが幾つもあった。彰子のために書かせた『源氏物語』を次女の妍子にも贈ってやりたいと、紫式部の局《つぼね》をあさって原稿を盗み出させた道長（『紫式部日記』寛弘五〈一〇〇八〉年十一月上旬）。倫子との結婚を最初に許してくれた姑・穆子《ぼくし》の死を悼んで「悲しき哉《かな》、悲しき哉」と嘆いた道長（『御堂関白記』長和《ちょうわ》五〈一〇一六〉年七月二十六日）。治安《じあん》三（一〇二三）年五月、彰子に土御門殿の外で行われる田楽《でんがく》を見せるため、豪邸の築地塀《ついじべい》をわざわざ崩した道長（『栄花物語』巻十九）。その時には庶民たちも数知れず集まって来て、共に田楽見物を楽しんだという。彼は確かに人間味あふれる人物であった。死後の極楽往生が最低ランクの「下品下生《げぼんげしょう》」だったと『栄花物語』が記していることも、あながち不似合いではなかったかもしれないと私は思うのだが、いかがだろうか。

本書は、朝日新聞出版刊行の雑誌『一冊の本』に、二〇二二年十月号から二三年十月号まで十三回にわたって連載されたものをもととしつつ、選書刊行にあたって加筆を施した。同社の編集者・内山美加子さんには、『平安人の心で「源氏物語」を読む』の折と同様に、連載から選書刊行までお世話になった。何年か前に道長について書きたいと言った私のつぶやきを覚えていて、「生活者・道長」というテーマをもちかけて下さったことに、心から感謝している。また、きめ細かく作業を行って下さった朝日新聞メディアプロダクションの校閲担当の方々にも、この場を借りて御礼を言いたい。
朧谷《おぼろや》寿《ひさし》先生を始め、日本史学の諸先生方の学恩があって本書が書けたことは言うまでもない。冷泉家和歌会の師である冷泉貴実子《れいぜいきみこ》先生が連載を愛読くださり、温かく励まして下さったことも、本当に嬉しかった。そして、高校の校長を引退し、毎朝おいしい朝食を作って私を支えてくれた夫に、心から感謝したい。

令和五年　紅葉の嵯峨野にて、遠い戦火に心を痛めつつ

著者しるす

【主要参考文献】

Ⅰ　引用本文（句読点、漢字表記などを改めた箇所がある）

『栄花物語』『大鏡』『源氏物語』『枕草子』…新編日本古典文学全集
『古今著聞集』『紫式部集』…新潮日本古典集成
『古今和歌集』『後拾遺和歌集』『拾遺和歌集』『本朝文粋』…新日本古典文学大系
『続古今和歌集』…新編国歌大観
『公任集』『御堂関白集』…私家集全釈叢書
『紫式部日記』…山本淳子『紫式部日記　現代語訳付き』（角川ソフィア文庫）
『御産部類記』…萩谷朴『紫式部日記全注釈』附篇
『権記』…増補史料大成
『小右記』『御堂関白記』…大日本古記録
『尊卑分脈』『日本紀略』『本朝世紀』…新訂増補国史大系

Ⅱ　古記録・史料参考図書

倉本一宏『藤原道長「御堂関白記」　全現代語訳（上・中・下）』（講談社学術文庫、二〇〇九）
倉本一宏『藤原行成「権記」　全現代語訳（上・中・下）』（講談社学術文庫、二〇一一・一二）
倉本一宏『現代語訳　小右記（1〜16）』（吉川弘文館、二〇一五〜二三）
藤岡忠美・芦田耕一・西村加代子・中村康夫『袋草紙考証　歌学篇』（和泉書院、一九八三）

Ⅲ　伝記・評伝

大津透『藤原道長』（山川出版社、二〇二二）
朧谷寿『藤原道長』（ミネルヴァ書房、二〇〇七）
朧谷寿『藤原彰子』（ミネルヴァ書房、二〇一八）
倉本一宏『一条天皇』（吉川弘文館、二〇〇三）
倉本一宏『藤原伊周・隆家』（ミネルヴァ書房、二〇一七）
倉本一宏『三条天皇』（ミネルヴァ書房、二〇一〇）
黒板伸夫『藤原行成』（吉川弘文館、一九九四）
後藤昭雄『大江匡衡』（吉川弘文館、二〇〇六）
服藤早苗『藤原彰子』（吉川弘文館、二〇一九）
増田繁夫『評伝　紫式部』（和泉書院、二〇一四）
山中裕『藤原道長』（吉川弘文館、二〇〇八）

Ⅳ　参考論文・書籍

赤間恵都子『歴史読み枕草子』（三省堂、二〇一三）
圷美奈子「一条天皇の辞世歌「風の宿りに君を置きて」――「皇后」定子に寄せられた《御志》――」（津田博幸編『〈源氏物語〉の生成――古代から読む――』武蔵野書院、二〇〇四）
上島享『日本中世社会の形成と王権』（名古屋大学出版会、二〇一〇）
朧谷寿「王朝貴族と源氏物語」（瀧浪貞子編『源氏物語を読む』吉川弘文館、二〇〇八）

朧谷寿『平安王朝の葬送　死・入棺・埋骨』（思文閣出版、二〇一六）
倉本一宏『摂関政治と王朝貴族』（吉川弘文館、二〇〇〇）
小島明子「『栄花物語』の叙述方法――道長政権成立までの道筋――」（『鳴門教育大学研究紀要』34、二〇一九）
佐々木恵介『天皇の歴史03　天皇と摂政・関白』（講談社、二〇一一）
清水婦久子『源氏物語の巻名と和歌　物語生成論へ』（和泉書院、二〇一四）
東海林亜矢子「正妻源倫子――妻として、母として、同志として」「道長が愛した女性たち――次妻源明子、ツマ藤原儼子・藤原穠子・源重光娘」（服藤早苗・高松百香編著『藤原道長を創った女たち〈望月の世〉を読み直す』明石書店、二〇二〇）
末松剛「即位式における摂関と母后の登壇」（『日本史研究』一九九九年十一月）
末松剛「平安時代の饗宴――「望月の歌」再考――」（『文学・語学』２１３号、二〇一五年八月）
杉崎重遠「愛宮考」「高松上」（『勅撰集歌人伝の研究』東都書籍、一九四四）
関口力『摂関時代文化史研究』（思文閣出版、二〇〇七）
徳植俊之「藤原道兼とその周辺――『拾遺和歌集』前夜における歌人の動静をめぐって――」（『横浜国大国語研究』17－18巻、二〇〇〇）
中込律子「三条天皇　藤原道長との対立」（元木泰雄編『古代の人物⑥　王朝の変容と武者』清文堂出版、二〇〇五）
中島和歌子「藤原定子をめぐって――一条天皇の辞世歌のことなど――」（紫式部学会編『むらさき』第54輯、二〇一七）
萩谷朴『紫式部日記全注釈　上巻』（角川書店、一九七一）・『紫式部日記全注釈　下巻』（同、一九七三）

服部一隆「娍子立后に対する藤原道長の論理」（『日本歴史』二〇〇六年四月）
服部敏良『王朝貴族の病状診断』（吉川弘文館、二〇〇六復刊版）
伴瀬明美「東三条院藤原詮子」（元木泰雄編『古代の人物⑥　王朝の変容と武者』清文堂出版、二〇〇五）
服藤早苗『平安王朝社会の着袴」（『平安王朝の子どもたち――王権と家・童――』吉川弘文館、二〇〇四）
服藤早苗『平安王朝社会のジェンダー――家・王権・性愛』（校倉書房、二〇〇五）
藤本一恵『平安中期文学の研究』（桜楓社、一九八六）
藤本宗利「Ⅱ　新しい女性美の創出」（『枕草子をどうぞ』新典社、二〇一一）
古瀬奈津子『摂関政治』（岩波新書、二〇一一）
増田繁夫「源氏物語作中人物論の視角　主題論として」（『国文学　解釈と教材の研究』一九九一年五月）
山岸徳平「大鏡の構想と道理と含蓄」（『日本古典文学大系』月報、一九六〇年九月）
山本淳子「『枕草子』と『小右記』の中宮大夫藤原道長――第一二四段「関白殿、黒戸より」をきっかけに――」（『日本文学研究ジャーナル』15、二〇二〇年九月）
山本淳子「〈新しい歴史読み〉の登場　時代・社会・歴史と切り結ぶ作品読解――『枕草子』積善寺章段試論――」（『国語と国文学』二〇二一年五月）
山本淳子『紫式部日記と王朝貴族社会』（和泉書院、二〇一六）
山本淳子『紫式部集論』（和泉書院、二〇〇五）
山本淳子『ビギナーズ・クラシックス　日本の古典　紫式部日記』（角川ソフィア文庫、二〇〇九）
山本淳子「敦成親王誕生時の「御物怪」記事――『紫式部日記』と『栄花物語』、各々の意図――」（桜井宏徳・中西智子・福家俊幸編『藤原彰子の文化圏と文学世界』武蔵野書院、二〇一八）

山本淳子『紫式部ひとり語り』（角川ソフィア文庫、二〇二〇）
山本淳子『平安人の心で「源氏物語」を読む』（朝日新聞出版、二〇一四）
山本淳子「藤原道長の和歌「この世をば」新釈の試み」（『国語国文』二〇一八年八月）
吉海直人「源倫子――その摂関家の正妻らしからぬ行動」（高橋亨・辻和良編『栄花物語　歴史からの奪還』森話社、二〇一八）

【『道長ものがたり』関係年表】

・改元年の表記については本文、年表ともに改元後の年号に統一した
・年齢は数え年

天皇	道長の年齢	年	月日	道長と家族（父、妻、きょうだい、息子、娘、孫）の出来事	社会の出来事
村上	1歳	康保3（966）		道長、兼家の五男（末子）として生まれる	
冷泉	4歳	安和2（969）			●3/25 左大臣・源高明が失脚（安和の変）
円融	13歳	天元元（978）	10/2	父兼家、右大臣となる	
円融	15歳	天元3（980）	正/7	道長、従五位下となり貴族になる	
			6/1	次姉詮子、円融天皇皇子の懐仁親王（一条天皇）を出産する	
花山	19歳	永観2（984）			●8/27 円融天皇譲位。花山天皇践祚
一条	21歳	寛和2（986）	6/24	兼家、摂政となる	●6/22～23 花山天皇が出家し退位。一条天皇践祚
			7/5	詮子、皇太后となる	
			7/23	道長、五位蔵人となる	
			8/15	道長、少納言となる	
			10/15	道長、左少将となる	
				この年、道長、源明子と結婚か	

一条				
22歳	永延元（987）	9/20	道長、非参議従三位となり公卿に	
		12/16	道長、源倫子を正妻とし、左大臣・源雅信家に婿入り	
23歳	永延2（988）	正/29	道長、参議を経ず権中納言となる	
			この年、倫子に彰子生まれる	
24歳	永祚元（989）	2/23	長兄道隆、内大臣になる	
		3/4	道長、右衛門督となる	
25歳	正暦元（990）	5/8	兼家、出家。道隆、関白となる	●正/5 一条天皇（11歳）、元服
		5/26	道隆、摂政となる	●正/25 定子（14歳）、一条天皇に入内
		7/2	兼家、飲水病（糖尿病）により薨去（享年62）	
		10/5	道長、定子の中宮大夫となる	●10/5 定子、中宮となる
		12/25	彰子、着袴の儀	
26歳	正暦2（991）	9/7	道長、権大納言となる	●2/12 円融院、崩御（享年33）
		9/16	詮子、出家し女院（東三条院）となる	
27歳	正暦3（992）	正月	倫子に頼通生まれる	

一条					●8/28 道隆の子・伊周(19歳)、権大納言となる
	28歳	正暦4(993)	3/12	道長、道隆邸で行われた弓の儀に勝利し、賞品を得る	●冬頃 清少納言、中宮定子に出仕
			4/22	摂政・道隆、再び関白となる	
				この年、明子に頼宗生まれる	
	29歳	正暦5(994)	2/20	道隆、積善寺法会を開く	●3/26 九州から始まった疫病が都に広がり大規模な恩赦を行う
			3月	倫子に妍子生まれる	●8/28 伊周(21歳)、内大臣となる
			8/28	次兄道兼、右大臣となる	
				この年、明子に顕信生まれる	
	30歳	長徳元(995)	2/17	道長、道兼の息子・兼隆の元服式で加冠の役を務める	●疫病流行により左大臣・源重信、藤原朝光、済時など公卿たちが次々死亡
			4/10	道隆、持病で薨去(享年43)	
			4/27	道長が左大将となり、道兼に関白の詔が下る	
			5/8	道兼、疫病により薨去(享年35)	
			5/11	道長、内覧の宣旨を受ける	

天皇	一条		
年齢		31歳	32歳
年号		長徳2（996）	長徳3（997）
月日	6/19	6/7 7/20	
道長関係	道長、右大臣に。藤原氏の長者となる この年、明子に能信生まれる	倫子に教通生まれる 道長、左大臣となる	
一般事項		●正/16 故道隆の息子・伊周と隆家が花山法皇に矢を放つ（長徳の政変の始まり） ●4/24 伊周を大宰権帥、隆家を出雲権守とする流罪の勅命下る ●5/1 隆家の身柄確保。定子、衝動的に落飾（出家） ●5/4 伊周、逮捕される ●7/20 藤原公季の娘・義子、一条天皇に入内 ●11/14 藤原顕光の娘・元子、一条天皇に入内 ●12/16 定子、一条天皇の第一皇女・脩子内親王を出産	●4/5 伊周と隆家に召還の宣旨

一条				
		7/26	道長、瘧病（マラリア）にかかる	●6/22 定子、「職の御曹司」に移る
33歳	長徳4（998）	3月	道長、腰病にかかり辞表を提出、慰留される	●夏から疫病（麻疹）が大流行する
		8月	道長、流行り病（麻疹）にかかる	
34歳	長保元（999）	2/9	彰子（12歳）、裳着の儀	●6/14 内裏が火事で全焼
		8/9	道長、公卿を誘い宇治行きを決行し定子の行啓を妨害	●8/9 定子、出産へ向けて平生昌宅に遷御
		11/1	彰子、一条天皇に入内	
		11/7	彰子、女御に。一条天皇と公式の顔合わせと祝宴	●11/7 定子、一条天皇の第一皇子・敦康親王出産
		11/17	道長、霍乱（急性胃腸炎）で倒れる	
		12/23	倫子に威子生まれる	
			この年、明子に寛子生まれる	
35歳	長保2（1000）	2/25	彰子、中宮となる（皇后・定子と中宮・彰子の二后冊立）	
		4/23	道長、内裏で発病	
		4/27	道長、辞表を提出（一条天皇、拒否）	

天皇	年齢	年号	月日	事項	その他
一条			5/19	道長、道兼の霊に取り憑かれる	●12/16 定子、媄子内親王を出産も、難産で崩御（享年24）
			5/25	道長、道隆の霊に取り憑かれる	
			12/16	道長、（道隆か道兼の）怨霊に襲われる	
	36歳	長保3（1001）	8/3	敦康親王を彰子のもとへ引き取る	
			閏12/22	次姉詮子、崩御（享年40）	
	37歳	長保4（1002）			●定子の妹・御匣殿死去
	39歳	寛弘元（1004）	2/6	頼通、春日祭使となる	
			11/27	妍子、尚侍となる	
	40歳	寛弘2（1005）	8/20	明子に長家生まれる	●12/29 紫式部、彰子の女房として出仕
	42歳	寛弘4（1007）	正/5	倫子に嬉子生まれる	
			8/11	道長、吉野の金峯山を参詣	
	43歳	寛弘5（1008）		この頃に道長と紫式部の間で、恋の和歌を贈答か？	●2/8 花山院、崩御（享年41）
			9/11	彰子、敦成親王（後一条天皇）を出産する	
			10/16	一条天皇が土御門殿に行幸。倫子、従一位となる	

天皇	年齢	年号	月日	出来事	関連事項
一条			11/1	敦成親王、五十日の祝い この年、紫式部から彰子への漢文の進講が始まる	●11/1 紫式部、藤原公任から『源氏物語』の若紫の名で呼ばれる
一条	44歳	寛弘6(1009)	2/20	道長・彰子・敦成親王、中関白家残党から呪詛され、犯人処分	
			11/25	彰子、敦良親王(後朱雀天皇)を出産する この年頼通、具平親王の娘・隆姫と結婚する	
一条	45歳	寛弘7(1010)	2/20	妍子、居貞親王（三条天皇）の春宮妃となる	●正/28 伊周、薨去（享年37）
一条	46歳	寛弘8(1011)	5/25	道長、占いにより一条天皇の死の予告を受け、天皇にも知られる	●6/13 一条天皇、病により譲位。三条天皇践祚 ●6/22 一条院、崩御（享年32）
			6/13	敦成親王、春宮となる	
三条			8/23	妍子、三条天皇の女御となる	
三条	47歳	長和元(1012)	正/16	道長の三男・顕信、出家する	

天皇	年齢	年号	月日	事項	その他
三条			2/14	彰子、皇太后となる。妍子、三条天皇の中宮となる	
			4/27	道長、妍子を内裏へ参入させ、娍子立后の儀を妨害する	●4/27 娍子、三条天皇の皇后となる
			6月	道長、発病し辞表を提出するも三条天皇は拒否	
	48歳	長和2（1013）	7/7	妍子、三条天皇の皇女・禎子内親王を出産する	
	49歳	長和3（1014）	3/25	道長、三条天皇に譲位を迫る	●2/9 内裏、全焼
	50歳	長和4（1015）	8月	道長、三条天皇に譲位を迫る	●11/17 新造の内裏、全焼
			10/27	道長、准摂政就任の宣旨を受ける	
			11/18	道長、三条天皇に譲位を迫る	
			12/8	頼通、発病し12月14日に平癒	
後一条	51歳	長和5（1016）	正/29	後一条天皇（敦成親王、母彰子）践祚。道長、外祖父摂政となる	●正/29 三条天皇譲位。三条院の皇子・敦明親王、春宮となる
			4月	この頃から道長、飲水病の兆候	
			7/20	土御門殿、全焼	

後一条

52歳	寛仁元（1017）	3/16	道長、摂政を退任。頼通、摂政となる	●5/9　三条院、崩御（享年42）
		8/9	敦明親王の春宮退任により、敦良親王、春宮となる	●8/25　敦明親王、小一条院となる
		11/22	寛子を小一条院の女御とする	
		12/4	道長、太政大臣となる（後一条天皇の元服式のため）	
53歳	寛仁2（1018）	正/3	後一条天皇、元服する	
		正/7	彰子、太皇太后となる	
		2/9	道長、太政大臣を辞し無官の「大殿《おほとの》」となる	
		3/7	威子、後一条天皇に入内する	
		閏4月	道長、「胸病」の発作に何度も襲われる	
		10/16	威子、後一条天皇の中宮となり、道長、宴で和歌「この世をば」を詠む	
			この頃から道長、白内障の兆候	
54歳	寛仁3（1019）	3/21	道長、出家する	

後一条				
年齢	年号	月日	事項	関連事項
		12/22	頼通、関白となる	●4/10 小一条院の女御・延子、死去
55歳	寛仁4（1020）	3/22	無量寿院落慶供養（造営重ね、のちに法成寺となる）	
56歳	治安元（1021）	2/1	嬉子、敦良親王の春宮妃となる	●5/25 藤原顕光、薨去（享年78）
		2/28	倫子、出家する	
57歳	治安2（1022）	7/14	法成寺金堂供養	
60歳	万寿2（1025）	7/9	小一条院女御・寛子、薨去（享年27）	
		8/3	嬉子、親仁親王（後冷泉天皇）を出産する	
		8/5	嬉子、薨去（享年19）	
61歳	万寿3（1026）	正/19	彰子、出家し上東門院となる	
62歳	万寿4（1027）	5/14	顕信、死去（享年34）	
		9/14	妍子、崩御（享年34）	
		12/4	道長、薨去（享年62）	

山本淳子（やまもと・じゅんこ）
1960年、金沢市生まれ。平安文学研究者。京都大学文学部卒業。石川県立金沢辰巳丘高校教諭などを経て、99年、京都大学大学院人間・環境学研究科修了、博士号取得（人間・環境学）。現在、京都先端科学大学人文学部教授。2007年、『源氏物語の時代』（朝日選書）で第29回サントリー学芸賞受賞。15年、『平安人の心で「源氏物語」を読む』（朝日選書）で第3回古代歴史文化賞優秀作品賞受賞。選定委員に「登場人物たちの背景にある社会について、歴史学的にみて的確で、（中略）読者に源氏物語を読みたくなるきっかけを与える」と評された。17年、『枕草子のたくらみ』（朝日選書）を出版。各メディアで平安文学を解説。著書多数。

朝日選書 1039

道長《みちなが》ものがたり
「我《わ》が世《よ》の望月《もちづき》」とは何《なん》だったのか——

2023年12月25日　第1刷発行

著者　山本淳子

発行者　宇都宮健太朗

発行所　朝日新聞出版
〒104-8011　東京都中央区築地5-3-2
電話　03-5541-8832（編集）
03-5540-7793（販売）

印刷所　大日本印刷株式会社

Published in Japan by Asahi Shimbun Publications Inc.
ISBN978-4-02-263129-9
定価はカバーに表示してあります。